やわらかアカデミズム
〈わかる〉シリーズ

よくわかる
流 通 論

番場博之/大野哲明

|編著|

ミネルヴァ書房

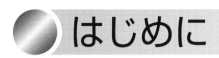

はじめに

　生産から消費への商品の社会的な移転に関わる一連の経済活動を流通と呼ぶが，本書はその流通について学ぶための基本テキストとして企画された。

　流通や商業を取り扱う流通論は，これまでその研究対象を広げ，研究手法を拡大してきた。その背景には，従来は問題として認識されなかった事柄が，経済や社会の変遷のなかで重要性を高め，それに関わる流通のありようにも変化が要求されていったという経緯がある。また，経済や社会を取り巻く問題がより重層化し複雑化していくなかで，従来の個別の研究の手法だけでは解決できなくなり，そこに流通論の視点が取り込まれることが要求されていったこともあった。そこで，本書では，流通論の基本的な内容を押さえつつ，その諸側面や新しい動向にも配慮した。新しい研究課題では，流通論としてそれらが既存研究とどのように結びつき位置づけられるのかを明示することに心掛けた。また，重要かつ学びの基礎となる理論と歴史についても，先行研究を整理し従来からの理論を検証しつつ，複数のアプローチから解説している。

　このように本書は，「流通って何だろう？」から始まり，その理論や歴史，そして最新の問題や海外の事情にまでおよぶ広い範囲を取り扱っている。また，全体として一定の体系化を図りつつも，1つ1つの項の内容はそれぞれ独立しておりかつそのなかでおおよそ完結するように執筆されている。そのため，最初から順番に読み進めていってもよいし，目次をみて関心のある章や項目から読み始め，誘導指示に従って関連する項へと読み進めるなど多様な学習方法に対応できるようになっている。テキストとして，あるいは事典として，本書が各方面で活用されることを願ってやまない。

　思えば，企画の立ち上げから上梓までには長い月日を要したが，このような企画の趣旨に賛同いただき，たくさんの流通論研究者にご参加いただけたことは，大きな喜びである。最後に，「やわらかアカデミズム・〈わかる〉シリーズ」の企画にお声掛けいただき，上梓まで漕ぎつけていただいたミネルヴァ書房の浅井久仁人氏及び編集部の皆さんに御礼申し上げたい。

　2022年10月

編　者

もくじ

はじめに

I　流通・商業の理論

第1章　流通の基礎理論

1　流通とは何か？ ………………… 2

2　経済的懸隔 …………………… 4

3　流通機能 ……………………… 6

4　流通システム ………………… 8

5　流通政策 ……………………… 10

第2章　商業の役割と機能

1　商業の分化と統合 …………… 12

2　商業の機能と卸売業 ………… 14

3　小売業の役割と機能 ………… 16

4　小売業の諸形態 ……………… 18

5　小売業の組織化とチェーンストア
　　システム ……………………… 20

第3章　商業の基礎理論

1　商業の存在根拠 ……………… 24

2　商業の両義的性格
　　──商業経済論と流通サービス論 …… 26

3　商業の品揃え形成活動と消費生活
　　………………………………… 28

4　小売業態とは何か？ ………… 30

第4章　流通・商業の経済理論

1　商業経済論体系 I
　　──商業資本の自立化論 ………… 32

2　商業経済論体系 II
　　──自由競争段階の商業 ………… 34

3　商業経済論体系 III
　　──独占段階の商業 …………… 36

4　マーケティングと商業
　　──現代流通法則の解明 ………… 38

第5章　マーケティングの経済理論

1　寡占とマーケティング ……… 42

2　企業的マーケティング論と社会経
　　済的マーケティング論 ………… 44

3　マーケティングの展開 ……… 46

4 マーケティングと現代社会 ……… *48*

⎛ Ⅱ ⎞ 現代流通の展開

第6章 流通の経済史

**1 大規模小売店舗法（大店法）成立
の背景** ……………… *54*

**2 大規模小売店舗法（大店法）の
成立とその影響** ……………… *56*

3 大店法の改正
──大型店出店の規制強化 …………… *58*

**4 日米貿易摩擦の激化と大型店規制
政策の転換** ……………… *60*

第7章 流通の経営史

**1 経営史における流通，流通企業の
経営史** ……………… *64*

**2 小売業の経営史（百貨店，スーパ
ーマーケットなど）** ……………… *66*

3 総合商社の経営史 ……………… *68*

4 個別産業の流通経営史…………… *70*

第8章 流通システムの発展

**1 メーカー主導型流通から小売起点
型流通へ** ……………… *74*

2 延期型流通システムの展開 ……… *76*

3 現代流通の調整機構
──市場・階層組織・ネットワーク …… *78*

第9章 現代消費とマーケティングの展開

1 マーケティングと消費の相互関係
……………… *80*

2 消費欲望とマーケティング ……… *82*

3 マーケティングの基底と規範…… *84*

4 偶有性とブランド ……………… *86*

⎛ Ⅲ ⎞ 現代流通の諸側面

第10章 情報化と流通

1 情報化と流通 ……………… *90*

2 インターネット社会の流通 …… *92*

3 求められる流通制度の革新 …… *94*

第11章 マーケティングと消費者行動

**1 マーケティングの発展と高度化
する消費分析** ……………… *98*

2 消費者行動のミクロとマクロ…… *100*

3 消費パターンの歴史的変化 …… *102*

第12章 流通活動と法

1 流通活動と法 ……………… *106*

2 マーケティング活動と競争の確保
……………… *108*

3 マーケティング活動と消費者保護
　　………………………110

4 新たな流通課題への対応：優越的
　　地位の濫用について ……………112

第13章　消費経済と流通

1 消費活動における家計消費と所得
　　の役割 ……………………………114

2 日本の低い完全失業率と非正規雇
　　用の増加 …………………………116

3 格差の拡大 ………………………118

4 人手不足の現状と流通業界 ……120

Ⅳ　流通論の新しい潮流

第14章　フードデザート問題と流通

1 フードデザート問題とは何か？
　　………………………………126

2 フードデザート問題の発生要因と
　　流通論の重要性…………………128

3 日本におけるフードデザートの性質
　　………………………………130

4 フードデザート問題対策の課題と
　　流通の役割 ………………………132

第15章　食品ロスと流通

1 食品ロスとは何か？ …………136

2 フードサプライチェーンにおける

　　食品ロスの発生原理 ……………138

3 外食産業の食品ロス問題 ………140

4 食の過剰性と貧困問題 …………142

第16章　環境問題と流通

1 地球環境問題と法整備 …………146

2 流通論における環境問題の位置づけ
　　………………………………148

3 流通業における環境対策とその意義
　　………………………………150

4 流通に関する新しい環境ビジネス
　　………………………………152

第17章　まちづくりと流通

1 流通政策の展開とまちづくり ……156

2 流通論とまちづくり ……………158

3 まちづくり三法 …………………160

4 地域商業とまちづくり …………162

Ⅴ　海外の流通事情

第18章　フランスの流通

1 フランスの小売業の特徴 ………166

2 フランスの流通企業 ……………168

3 フランスの流通政策 ……………170

第19章　アメリカの流通

1　巨大市場と流通の特徴 ………… *174*

2　チェーンストアと商取引・制度 … *176*

3　熾烈な小売競争と市場動向 …… *178*

第20章　台湾の流通

1　台湾の流通の特徴 ………… *182*

2　流通政策および新旧小売業への影響
　　………………………… *184*

3　台湾の主要小売業態および小売企業の概況 ………………… *186*

第21章　韓国の流通

1　韓国の流通の進化と特徴 ……… *190*

2　韓国の流通政策の変遷 ………… *192*

3　韓国の小売業態の特徴 ………… *194*

索　引

コラム

1　現在に続く定期市 ………… *22*

2　コミュニケーション資本主義における消費者 ……………… *40*

3　クリティカル・マーケティング
　　………………………… *50*

4　高度成長期における日用品小売商業の展開と「買物バス」の運行 … *62*

5　近江商人の経営遺産 ………… *72*

6　フィンテックで進む電子決済 … *96*

7　変革を迫られるアパレル業界 … *104*

8　ウォルマート化と「格差社会」 … *122*

9　日本における欧米型フードデザート問題発生の可能性 ………… *134*

10　日本の「チラシ」文化と食品ロス
　　………………………… *144*

11　レジ袋有料化とライフスタイルの変化 …………………… *154*

12　小売業の海外進出 ………… *172*

13　低価格競争に打ち勝つイギリス食品小売業の own　brand 戦略 … *180*

14　激変する中国の小売流通20年 … *188*

I

流通・商業の理論

流通とは何か？

 商　品

　商品について，それを生産した人はあらゆるものと交換したいと考えるし，消費する人は特定の目的で使用して役立てようと考える。また，それは何かと交換することを目的に作られた生産物である。家族のために作った手作り弁当は商品ではないが，貨幣に替えることを目的としてスーパーマーケットやコンビニエンスストアで販売されている弁当は商品ということである。

　商品は様々に分類することができるが，産業財と消費財という分類がよく使われる。産業財は，事業や生産のために必要な商品である。一方，消費財は個人的な理由で購入する，再販売を目的としない，いわゆる**個人的最終消費者**が購入する商品のことである。

　消費財はその消費者の購買行動を基準にして，最寄品・買回品・専門品に分類されることが多い。**最寄品**は，比較的安価で，おおよそどこで買っても価格や品質に差がないため手近な小売の店舗で購入する傾向の強い商品である。**買回品**は，ある程度の時間をかけて比較・検討して購入する商品である。**専門品**は，購入のために十分な時間や労力をかける商品である。

 流通という経済活動

　その商品という生産物を市場を通じて取引する市場経済社会の中で生きる私たちは，生活に必要なほとんどのものを自分で生産するのではなく，商品として購入して使用している。このような，生産という経済活動と私たちの行う消費という経済活動を結びつける経済活動が「流通」である。その意味で，商品の流れは生産→流通→消費で説明される。

　しかし，それぞれの経済活動は相互に入り組んでいる。生産工程の中にも消費があるし，消費工程の中にもモノの流れがある。自動車を生産するために鉄やゴムなどの原材料を消費するし，個人的最終消費者が商品を購入した後に様々なカスタマイズをすればそれは一種の生産であり，最終的にその商品がゴミになるまでにはモノの流れが生まれる。このような活動が何度も複雑に繰り返されながら全体として生産，流通，消費という大きな流れを形成するのである。すなわち，各工程は重層的に相互に入り組みながら全体としての経済活動を成立させているのである。

▷**個人的最終消費者**
消費者には，例えば自動車企業のように生産のために消費する，あるいは税理士事務所のように事業のために消費する産業用消費者（業務用使用者，ユーザー，事業用消費者，使用者などという場合もある）もあるが，一般的に「消費者」と呼ぶ場合，流通段階の末端に位置する個人的最終消費者を意味する。

▷**最寄品・買回品・専門品**
例えば，最寄品には肉・魚・野菜・ビールなどの一般食料品，雑誌や洗剤などの日用品等が該当し，買回品には衣料品や靴あるいはスマートフォンやパソコンなどを含む日用家電等が該当し，専門品には自動車・ピアノ等のほか高級な時計やブランド品が該当する。

したがって，商品の流れを研究する流通論は，単に生産者が作ったものを消費者に架橋する1回限りの現象を対象にしているのではなく，生産や消費の中にも踏み込んで研究対象としているのである。

③ 流通と商業

この流通の中で**商業者**によって担われる部分，あるいは担われることを**商業**という。商品が生産されてそれが消費者に届く，その流れの中で商業者が担う部分が商業ということである。

原始的な社会のように生産者と消費者が同じであれば流通は存在しない[1]。その両者の間に隔たりが生じたときに流通は発生するのである。しかし，生産された商品を消費者自らが生産者のもとへ買いにいくのであれば，流通はあるが商業は存在しない。生産と消費の間に商品の売買を仲介する専門の商業者が存在してはじめて商業が登場するのである[2]。

商業者には卸売業者と小売業者がある[3]。一方で，流通業者といった場合には，それに流通活動に関わる様々な事業者が加わるので，運輸業者，倉庫業者，情報関係の業者などが含まれることになる。

商業者の最も重要な機能は，アソートメント（Assortment）機能である。アソートメントとは商品の意味ある組み合わせのことである。私たちは生活に必要なものをすべて自分で生産者から直接集めることは難しい。しかし，商業者の店舗に行けば必要なものがある程度まとまって手に入る。このように，商業者は様々な商品を取り揃えることで消費者にとってのアソートメントの形成を支援するのである。

④ 4つのフロー

流通は4つのフロー（流れ）から構成されている。

1つめは，商流（商的流通）である。生産者から消費者への商品の所有権の移転のことであり，権利の流通のため取引流通と呼ばれることもある。流通の最も基本となるフローである。

2つめは，物流（物的流通）である。生産場所から消費場所への商品の移動，生産時期から消費時期までの商品の保管という，物理的なモノとしての商品，それ自体の動きに関わるフローである[4]。

3つめは，資金流である。商品の権利の移転や物理的な移転に付随して発生するお金の流れのことである。主に消費者が商品を購入した後に代金として生産者に戻っていくお金のフローを指す。

4つめは，情報流である。商品の売買に関わり，生産者が欲しい情報や消費者が必要な情報のフローを意味する。情報流は，商流・物流・資金流と一体となって流れることも多い。

▷商業者と商業
商業者と商業を同じ意味で使用することも多い。卸売業者と卸売業，小売業者と小売業も同様である。
商業者は本来，独立した存在として，自身にとって利益になるとの判断から，様々な生産者の商品の中から価格や品質等を比較・検討して仕入れて販売をする。それが結果的に消費者にとって安価で良い商品を手に入れることにつながる。このようなことを「商業の社会性」と呼ぶ（第4章1参照）。
▷1 →第1章2「経済的懸隔」
▷2 →第4章「流通・商業の経済理論」
▷3 →第2章2「商業の機能と卸売業」，3「小売業の役割と機能」

▷4 →第1章2「経済的懸隔」，3「流通機能」

第1章　流通の基礎理論

 ## 経済的懸隔

 ### 社会的分業

　原始の社会では，人々は必要なモノを自ら狩猟したり作成したりして使っていた。その後，技術の発展などに伴って，様々なモノが作られその生産量が増えていくと，必要なモノをそれぞれ交換によって手に入れるようになっていく。このように自ら作り自ら使うという自給自足経済の社会から，モノを交換することでお互いの必要性を補おうとする物々交換の社会を経て，作ったモノを売って利益を得ようとする市場経済の社会に移行することになる。

　このような流れの中で，当初は同一であった生産と消費という行為に隔たりが生じることになる。この隔たりのことを「経済的懸隔」という。一般的に，経済的懸隔は市場経済の発展に伴って拡大していく。

　一方，市場経済への移行とその発展に伴い，関係者それぞれの特性や地域性にあわせて，作るモノを皆で分担するようになり，またモノを作らないが，それを運んだり，売ったりする専門の人も登場してくるようになる。このように経済活動を分担することを社会的分業と呼ぶ。

　経済的懸隔が存在すると私たちの生活は不便であり，モノが手に入りにくいし，手に入るとしても時間がかかる。そのため，その隔たりをできるだけ埋めて生産と消費をつなぐ（架橋する）ことで生活を便利にしようとする。これが流通の働きや役割（流通機能）である。

人的懸隔

　経済的懸隔には様々なものがあるが，最も基本的な隔たりが「作った人と使う人が違う」という人的懸隔（人格的懸隔）である。

　現在，私たちが着ている洋服の多くは自分自身が作成したモノではないし，食べているモノのほとんども自分自身で育てたモノではない。みんなで手分けをして様々なモノを作っているのである。

　このように，人的懸隔は，社会的分業によって，**モノの生産者と消費者が分離**されたことで生ずるのである。

空間的懸隔

　空間的懸隔とは，「作った場所と使う場所が違う」という隔たりで，場所的

▷モノの生産者と消費者が分離

一般的にモノを生産する人は，別のモノの消費者である。「生産だけする人」というのはおらず，また消費者は直接的でなくとも何らかの生産に関わっているものである。

懸隔ともいう。

　私たちが消費する商品は遠くから運ばれてくることも多い。例えば，岐阜県で作られた洋服が関東地方で消費されたり，北海道で採れたじゃがいもが日本中で消費されたり，といった具合である。また，一般的に，生産は産地という特定の場所で行われるが，消費場所は広く分散する傾向にある。

　このように商品が生産される場所と消費される場所の間に距離があることで生じる隔たりが空間的懸隔である。企業活動の**グローバル化**や情報化の進展の中で，空間的懸隔は拡大傾向にある。

④ 時間的懸隔

　時間的懸隔とは，「作った時と使う時が違う」という隔たりである。

　生産された商品がただちに消費されるとは限らない。例えば，夏物の洋服は冬から春にかけて生産されることが多いし，秋に収穫された米は1年かけて消費される。

　このように商品の生産時期と消費時期の間に生じる隔たりが時間的懸隔である。

⑤ 情報懸隔とその他の懸隔

　情報懸隔は，生産者と消費者の間に生じる情報の量と質の違いのことをいう。

　生産者は消費者が何を欲しがっているのか，何を作っていくらで売ったら売れるのかなどの情報を十分にもたないことがある。一方で，消費者も何がどこで売られているのかといった基本的な情報を十分にもたないことがある。このような情報に関わる差が情報懸隔である。

　その他にも，生産と消費の間には資金量やリスクにおける隔たりなど様々な懸隔があるし，それぞれの**懸隔は相互に関連**しあっている。

▷グローバル化
グローブは Globe（地球）のことで，グローバル化とは地球全体を国や地域といったことをあまり考慮することなく1つのものとしてみるという考え方や現象の広がりのことである。経済や産業の分野では，地球全体を1つの市場と考えていく傾向や，バラバラな要素が地球規模で密接なつながりをもっていく傾向を示す。

▷懸隔相互関係
空間的懸隔が広がれば，注文してから届くまでの時間も長くなることが多いので時間的懸隔は拡大する傾向にあり，その間に商品が何らかの影響で損傷するリスクも高まる，といったようにそれぞれの懸隔は相互に関連しあっているのである。

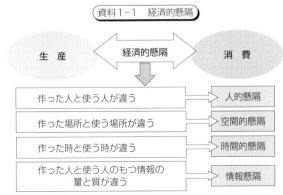

資料1-1　経済的懸隔

出典：筆者作成。

参考文献
番場博之編（2021）『基礎から学ぶ　流通の理論と政策（第3版）』八千代出版。

第1章　流通の基礎理論

 流通機能

1　流通機能とは何か？

▷1　→第1章2「経済的
懸隔」

　生産と消費の間の隔たりである経済的懸隔[注1]を橋渡しする機能が流通機能である。それは，流通の働きのことで，供給から需要への商品の円滑な社会的移転を処理する経済的な機能である。

　経済的懸隔を架橋するのが流通機能であるから，流通機能は経済的懸隔の種類に応じて細分化できる。そして，その流通機能を実際に担うのは，卸売業や小売業のほか物流会社や金融機関，広告会社や情報関係の企業など様々な流通業者（流通機関）である。

2　所有権移転機能

　経済的懸隔のうちの人的懸隔を架橋する流通機能が所有権移転機能である。所有権移転機能とは，商品の所有権が生産者から消費者に移行することに伴う売買に関わる機能である。需要と供給を結びつけることから，需給結合機能ともいう。

　どこに・何を・いくらで・いつ・いくつ販売するのかといった，商品の品質や数量あるいはブランド付与そして価格や納期など取引に関わるもっとも基本的な機能である。

3　輸送機能と保管機能

　経済的懸隔のうちの空間的懸隔を架橋する流通機能が輸送機能である。生産場所から消費場所に商品を円滑に移動する機能である。また，経済的懸隔のうちの時間的懸隔を架橋する流通機能が保管機能である。生産された商品が消費されるまでの間，安全に保存される機能である。これらは，実際の物理的な商品に関わる流通機能であることから，権利に関する流通機能に対して物流機能（物的流通機能）と呼ばれる。

　生産場所から消費場所へ，商品はトラックや航空機あるいは船などで輸送される。また，消費されるまでの間，商品は倉庫などで安全に保管される。その際，商品は積み替えられたり，品質を維持するために包装・養生されたり，販売しやすいように小分けにされたりする。運輸業や倉庫業など，物流機能を担う流通業者を物流企業と呼ぶ。

④ 情報伝達機能

経済的懸隔のうちの情報懸隔を架橋する流通機能が情報伝達機能である。生産と消費の間の情報格差の解消を目的とする流通機能である。

生産者は消費者が何を求めているのかという情報を必要としているし，作った商品を消費者にたくさん買ってほしいと思っている。また，消費者は自分に適した商品の販売場所や，その価格の情報を必要としている。そのため，生産者は市場調査や消費者行動分析を行う。また，商品を売るためにテレビ CMやチラシ広告などで宣伝する。一方，商業者や消費者は必要な情報をパソコンで調べるなど様々な方法で収集している。

5 補助的機能

所有権の移転や物的流通などをよりスムーズにするための機能を補助的機能という。

生産者が商品を流通させるのに必要な資金を調達したり，また商業者が仕入れのために一時的に資金の融資を受けたり，あるいは消費者が商品の購入に際してクレジットカードを利用することで支払期日を先延ばしにしたりといった，流通活動のお金に関わる機能が，補助的機能のうちの金融機能と呼ばれるものである。

また，商品が生産者から消費者に輸送される途中で輸送業者が何らかのトラブルに巻き込まれることがあり得るし，商品を保管していた倉庫が災害にあう可能性もあり得る。あるいは売れると思って仕入れた商品が実際には想定より売れないこともあり得る。このような流通活動に関わるリスクを，保険や経営手法あるいは**返品や仕入れの慣習等**によって軽減したり転嫁したりする仕組みが存在する。このような機能を危険負担機能という。

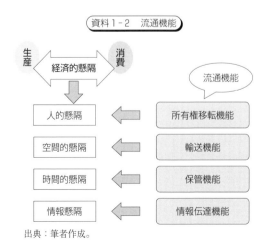

資料1-2　流通機能

出典：筆者作成。

▷ 2　POS（Point of Sales, 販売時点情報管理）システムの登場は，情報伝達機能を飛躍的に向上させた。それまでの仕入段階の情報を中心にした分析から，何がいつ売れたのかなどの販売時点の情報を単品で管理できるようになったことで，商業者のアソートメント機能は飛躍的に向上した。
→第10章 1「情報化と流通」

▷ 3　情報伝達機能を担う流通業者（流通機関）には，テレビ局・ラジオ局や新聞社などのマスコミ，広告会社や市場調査会社，そして通信システム関係会社などがある。

▷返品や仕入れの慣習等
それぞれの国や商品分野によっては独自の商取引慣行が存在する。例えば，日本の書籍流通では，書店は売れ残った本や雑誌を出版社に返品するのが一般的である。それは，多くの場合，生産者である出版社や取次と呼ばれる卸売業者から商品としての本や雑誌を書店が買い取るのではなく，預かって販売するという形式をとっているからである。

（参考文献）
番場博之編（2021）『基礎から学ぶ 流通の理論と政策（第3版）』八千代出版。

第1章　流通の基礎理論

流通システム

① 直接流通と間接流通

　生産と消費の間に懸隔が生じたとき，それを架橋する流通が登場する。しかし，それは必ずしも商業者が媒介せずとも架橋することが可能である。商業者が媒介しない流通を「直接流通」といい，媒介する流通を「間接流通」という。

　図の中のＡのように生産者から直接消費者に商品が販売される直接流通には，製造小売のパン屋や菓子屋，あるいはファーマーズマーケットや朝市・**道の駅**等での農家による出店などがある。

　一方で，Ｂ・Ｃ・Ｄのように，商業者を媒介して商品が流通する間接流通には，個人的最終消費者に商品を販売する小売業者だけを媒介させるタイプと卸売業者と小売業者の両方を媒介させるタイプがある。さらに，媒介する卸売業者の流通段階は，Ｃのように１段階のこともあれば，Ｄのように多段階になることもある[1]。

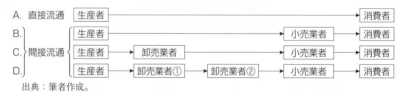

資料1-3　直接流通と間接流通

A. 直接流通	生産者					消費者
B.	生産者				小売業者	消費者
C. 間接流通	生産者	卸売業者			小売業者	消費者
D.	生産者	卸売業者①	卸売業者②		小売業者	消費者

出典：筆者作成。

　商業者が何段階にもわたって介入することで，私たちが手にするときの商品の価格が高くなるように思える。もしそうだとすれば，世の中はすべて直接流通になっているはずである。個別の事例でみればそのようなこともあり得るが，全体としては，必ずしもそうとはいえないのである。例えば，小売業は様々な商品を取り揃えて販売しており，そこで私たちは各地で生産された様々な商品をまとめて購入できる。また，私たちは商業者を通して様々な国の商品と出合い，商業者がいることで商品を各地から集める時間とお金を節約でき，安価にそれを購入できているのである[2]。

② 流通チャネル

　生産者から消費者までの商品の経路を流通**チャネル**という。流通チャネルは取り扱われる商品によって特徴をもつことが多い。

▷**道の駅**
道の駅とは，道路管理者と連携して市町村等が設置する道路に隣接した国土交通省登録の施設である。道路利用者のための休憩施設であり，多くは農家等の産直施設などを抱える商業施設でもある。また，地域の情報発信や振興などの役割もあり，必ず一般道からアクセスできるようになっている。国土交通省（国土交通省ホームページ，https://www.mlit.go.jp，最終閲覧日：2022年10月13日）によれば，現在，全国の道の駅の数は1,198か所に上る。
▷1　→第2章2「商業の機能と卸売業」

▷2　→第3章1「商業の存在根拠」
▷**チャネル**
チャネル（Channel）とは，水路・運河・海峡などを意味するCanalに由来し，道筋や経路を意味する。チャンネルともいう。

　例えば，魚や野菜といった生鮮食用品は天候・気候に影響されやすい生産特性をもつ。自然相手のため，商品の規格は必ずしも統一されず，鮮度の点から管理も難しい。また，生産量と消費量のバランスで価格も変動するし，取り扱いに専門性が求められる。そのため，**卸売市場**を通してセリ（糶・競り）によって，そのような生産と消費の間の調整を図ることが一般的であった。しかしながら近年では，卸売市場を通さずに直接，小売業者と生産者が価格や売買数量などを決める相対取引も増えてきている。

　生産者が流通チャネルを自社の管理の中に組み込んでいく仕組みを流通系列化と呼ぶ。流通系列化によって生産者は競争を抑制し，チャネル管理を容易にし，結果的に商品の値崩れを防ぎブランド力を維持しようとするのである。

　小売業の段階まで組み込んだ生産者による流通系列化は，家電や化粧品の分野で以前は強くみられた傾向である。これらの分野では卸売業や小売業はあくまで独立した別の事業者であって，それを仕組みによって自社の管理下に組み込むことがなされた。例えば，生産者が組織する小売業組織に対象となる小売業者を加入させ，組織化することなどである。系列内にある商業者は，その生産者の商品しか取り扱わない代わりに，生産者から優先的な商品供給や資金の援助など様々な支援を受けたのである。しかしながら，大規模小売業の台頭によって家電や化粧品の分野での流通系列化は脆弱化していった。

③　物流（物的流通）

　物流は，生産と消費の間の物理的な商品それ自体の流通のことであり，調達物流，生産物流，販売物流，回収物流等に大別される。

　調達流通とは，例えば生産者の場合，商品を生産する際の原材料を調達する場合の実際のモノの流れを意味するし，小売業の場合には卸売業者等からの仕入れに際してのモノの流通を意味する。生産物流は，出来上がった商品を生産者が販売するまでの間に自社の倉庫などに運び保管する際のモノの流れを意味する。また，その商品が売れて卸売業や小売業そして消費者に納品される際の物流を販売物流という。これらは，生産者から消費者へモノが押し出されていく流れであるため，人体で血液が心臓から押し出されていく現象に例えて動脈物流と総称する。

　それに対して，消費者側から生産者側へのモノの流れもあり，それを静脈流通ということもある。静脈物流は，回収物流のことであり，例えば，返品された商品が生産者に戻る場合や，動脈物流で**商品が運ばれる際に使用した機材**を再利用のため生産者側に戻す物流などがそれにあたる。

▷卸売市場
日本では，主として青果・水産物・食肉・花卉（かき）を対象として，競売取引を行う市場のことをいう。都道府県や大都市等が農林水産大臣の許可を受けて開設する中央卸売市場と，都道府県知事の認可を受けて開設される地方卸売市場などがある。卸売市場を経由する流通を市場流通，朝市等での生産者の直接販売など卸売市場を通さない流通を市場外流通という。

▷3　経済活動のグローバル化に伴って，物流の効率化が大きな課題となってきている。3PL（3rd Party Logistics）は物流を荷主・生産者や卸売業・小売業といった当事者以外の第三者に委託し，一元管理を行うことをいい，物流の効率化に資するものと期待されている。

▷商品が運ばれる際に使用した機材
このような機材には多様な種類があるが，代表的なものとして，パレットと呼ばれる荷物台やコンテナ，カゴ車などがある。

第1章　流通の基礎理論

流通政策

▷**小振法**
正式名称は「中小小売商業振興法」である。アーケードの設置および店舗の共同化や組織化などを促し，そのために有利な助成の利用ができるようにすることで，主として商店街の近代化と発展を目指すことを目的とした法律である。

▷**1**　→第12章「流通活動と法」

▷**独占禁止法**
正式名称は「私的独占の禁止及び公正取引の確保に関する法律」である。経済活動全般の基本的なルールのため「経済の憲法」と呼ばれ，独立性の高い行政機関である公正取引委員会が所管している。

▷**不当な取引制限**
複数の事業者が価格や数量などについて共同で合意することで競争を制限すること。具体的には，価格カルテル，市場分割協定，入札談合などを指す。

▷**不公正な取引方法**
独占禁止法における不公正な取引方法には，共同の取引拒絶・差別対価・不当廉売・再販売価格の拘束・優越的地位の濫用のほかに公正取引委員会が指定するものがある。公正取引委員会が指定するものには，すべての事業分野に適用される一般指定と特定の事業分野での行為を指定する特殊指定がある。現在，一般指定

① 流通政策とは何か？

　流通政策とは，流通活動に関して国や自治体等が示すルールのことをいう。市場を通じて自由な商品の取引が行われる市場経済の社会において，市場を健全に機能させるための政策のほかに，主体となる国や自治体等の目指す経済社会のあり様に資するための方針や方向性など，その内容や手法等は多様である。

　また，同一の主体であっても，目指すあり様が変化すれば当然ながらそれに対応して政策の内容や手法も変化する。そして，流通政策は流通の中のどの部分に着目するかによって細分化される。

② 流通近代化政策と流通システム化政策

　同じ流通段階の中で，規模の小さな事業者が共同・協同することで大規模な事業者と同等の経済性を得ることができるようにする政策を流通近代化政策という。百貨店および高度経済成長期を通して台頭してきた大規模スーパーと中小事業者が同じ土俵で戦えるように，中小事業者の組織化や共同化等を進める政策がとられた。その流れで，1970年代に入ると**小振法**が成立した。

　一方で，流通段階を超えて生産から消費までの流通全体の効率性を上げようとする政策を流通システム化政策という。流通全体の効率化を目指し，流通をシステムとしてとらえて，その効率化のために物流システムなどを整備し情報化を進めていこうというもので，1960年代後半から進められた。

③ 競争政策と独占禁止法

　流通政策における競争政策とは，流通という経済活動における公正性を担保するための政策である。その競争政策の中心となる法律が**独占禁止法**である。独占禁止法は流通分野に特化した法律ではなく，経済活動全般に関わる一般的なルールを設定する法律である。したがって，その中の流通に関わる部分が流通政策の範疇となる。

　独占禁止法は，私的独占・**不当な取引制限**・**不公正な取引方法**の3つを禁止している。その中の，不公正な取引方法とは，公正な競争を阻害するおそれのある取引行為や状態のことであり，日常的な商取引に直接かかわる問題として流通分野に顕著にみられる問題である。

競争を阻害する目的で，不当に安売りをしたり取引相手が値引きをできないようにしたり，あるいは自身の優越的な地位を利用して取引相手に無理な要求をしたりなどといった行為が行われないようにすることで，競争の公正性を担保しようとするのである。

4 振興 – 調整モデル

小売業に関わる政策体系として「振興 – 調整モデル」が設定されてきた。競争政策による基本的な取引のルールのもとで中小小売業の事業機会を確保し，小売業全体の健全な発展を目指そうとする政策モデルである。

競争政策によって競争の公正性が確保されても，事業者間の規模の格差によって競争力には大きな差があるので，中小事業者を支援しようという政策が振興政策である。振興政策の中心となる法律は，商店街の整備・店舗共同化・ボランタリーチェーン[12]への組織化の支援を主な内容とする小振法である。

一方で，振興政策の効果が表れるまでの間，大規模事業者による大型店の出店や営業活動について一定の制限をする政策が調整政策である。調整政策の中心となる法律は**大店法**であった。大店法では，店舗面積・開店日・閉店時刻・年間休業日数において大型店の規制を行っていた。

5 まちづくり政策

日本での小売業に関わる政策では，長く振興—調整モデルを用いてきたが，大型店の出店だけでなく退店も近隣の商店街等の衰退を招き，人口の郊外化にくわえ都市機能も郊外化して街の中心部が空洞化し，少子高齢化等の影響で消費市場が縮小するなどの環境変化の中で，事業者の規模の格差に着目した調整政策のそれまでの有効性は相対的に薄れていった。そこで，地域空間という括りの中で小売業のあり方も考えていこうという「商業まちづくり」という考え方が注目され，21世紀に入る頃から**まちづくり政策**が小売業に関わる中心的な政策として位置づけられるようになっていった。

まちづくり政策では，都市計画法に基づいて大型店が出店できる地域を決めて，それを前提にして大店立地法によって出店してくる大型店の周辺の生活環境を良好に維持することになった。一方，買い物の場である中心市街地については，中活法によって賑わいを維持・再生していくことになった。

▷2 第2章5「小売業の組織化とチェーンストアシステム」
▷**大店法**
正式名称は「大規模小売店舗における小売業の事業活動の調整に関する法律」である。大規模小売店舗立地法の施行に伴って2000年に廃止された。
→第6章「流通の経済史」
▷**まちづくり政策**
まちづくり政策を担う都市計画法・大店立地法・中活法の3つの法律は，それぞれ別々の法律であるが，相乗効果が期待されたことから「まちづくり三法」と総称されることが多い。なお，大店立地法の正式名称は「大規模小売店舗立地法」であり，中活法の正式名称は1998年の制定当時は「中心市街地における市街地の整備改善及び商業等の活性化の一体的推進に関する法律」であったが，2006年の改正で「中心市街地の活性化に関する法律」となった。
→第17章「まちづくりと流通」

には15の行為が指定されている。

資料1-4 小売商業政策の体系

出典：番場博之編『基礎から学ぶ流通の理論と政策（第3版）』八千代出版，2021年，117頁。

第 2 章　商業の役割と機能

商業の分化と統合

1　商業の発展と分化

　私たちの生活は，自ら作ったモノを自ら使うという自給自足の状態から，それを他の人が作ったモノと交換する物々交換のスタイルへと移行していった。しかし，物々交換の場合，自分が必要としているモノとその数量およびそれを必要とするタイミング等と相手の求めるそれらのマッチングがとても難しいという問題がある。そこで，いったん「貨幣」というものに交換して，その貨幣を用いて必要なときに必要なモノと交換するという方法が考え出された。

　こうして経済の仕組みが整っていっても，消費者にとっては自分が必要なものをすべて自分で探して購入することは難しいという問題が残った。それは，生産者にとっても逆の意味で同じことであった。そこで登場してくるのが商品の再販売を専門とする**商業者**である。商業者は様々な商品を集めてきて，それを必要な消費者に販売する。商業者は生産者にとっては販売代理機能を果たし，消費者にとっては購買代理機能を果たすのである。

　商業者の登場によって，生産者は消費者への販売にかかる時間と費用を節約でき，商業者は生産者のやるべき販売という役割を代替することで生産者の利益の一部を受け取ることができるのである。

　商業者が登場したことで，生産者は商品が消費者に届く前に代金を商業者から回収し生産に再投下でき，おおよそ販売活動から解放され生産に専念できるため，生産規模は拡大し多くの商品が生産されるようになる。そうなると，限られた商業者だけでそれらの商品を再販売することはできなくなり，複数の多様な商業者によってそれが担われるようになる。それを「商業の分化」という。

2　商業の水平分化

　商業の分化には，地域別や取扱商品の種類別に販売を分担する分化がある。このような同じ**流通段階**で分化が進むことを「水平分化」と呼ぶ。

　代表的な水平分化が業種による分化である。1 つの店舗で肉，魚，野菜，布，薬など様々なものを少量ずつ扱っていたのが，魚屋・八百屋・本屋などと商品別に別々の店舗になっていくことである。そのことにより，魚なら魚の中で多種類の商品を扱えるようになるし，商品の管理や販売等における専門性が発揮され，効率的な商品販売が可能となるのである。

▷**商業者**
→第 1 章 1「流通とは何か？」

▷ 1　→第 4 章 2「商業経済論体系Ⅱ」

▷**流通段階**
流通の中の卸売業や小売業といった段階のこと。さらに，卸売業は第 1 次卸，第 2 次卸というふうにその段階が多段階になることがある。

また，消費者は同じ商品でも TPO に応じて買い方を使い分けるものである。例えば，急いでいるときは価格よりも利便性を優先してコンビニエンスストアを利用することもあれば，同じものをディスカウントストアなどで安く大量に購入することもある。このような消費者の購買行動に応じた商品の販売方法等による分類を**業態**と呼ぶが，業態による分化も商業の水平分化の1つである。

3 商業の垂直分化

商業の分化のうち流通段階を超えての分化を「垂直分化」という。

流通の中に最初に登場する商業は個人的最終消費者に商品を販売する「小売業」である。その後，生産者は遠く離れた場所でも商品を販売したいと考え，一方で小売業も各地からの商品を仕入れたいと考える。そのため，各地から商品を集め散在する小売業に販売する「卸売業」が登場する。

生産者にとって，大量の商品を短時間で販売し代金を回収するためにも卸売業は重要となる。また，生産量や販売地域の拡大によって1段階の卸売業では対応できなくなると，さらに卸売業はその段階を分化させるようになる。

4 商業の水平統合

生産量の増加や取引の地理的範囲である商圏の拡大は常に商業の分化を招くとは限らない。例えば，冷凍・冷蔵設備の発明やその性能の向上，セルフサービスや POS システムの普及などによって商品販売に関わる小売技術の標準化が進むと，それまでの肉や魚などに関する専門的な知識や技術がなくともそれらを大量に販売できるようになり，電卓やそろばんなどの計算技術を習得していなくても商品販売が容易にできるようになる。それに伴い，肉屋・魚屋・八百屋などといった**業種店**と呼ばれる店が減少して，それらを1か所で販売するスーパーマーケットが登場するといったことが起きる。

このような，分化していたものが集約されることが商業の統合であり，同じ流通段階内で起きる統合を商業の「水平統合」という。商業の統合は，それによって人件費等の経費が節約されるなどといった利点があり，多くの場合，その契機には POS システム開発などといったイノベーション（技術革新）がある。

5 商業の垂直統合

流通段階を集約するかたちでの商業の統合を「垂直統合」という。**流通系列化**のように生産者が卸売業や小売業を統合するような場合もあるし，小売業が卸売業の機能を実質的に取り込むような場合もある。

後者は，**チェーンストアシステム**の展開に伴い，例えば，大規模な小売企業が自らの物流センターをもつようになり，そのセンターを通して生産者と直接取引することで大量かつ安価に商品を仕入れるといったことなどを意味する。

> ▷ TPO
> Time（時間）・Place（場所）・Occasion（機会）の頭文字をとった略語である。状況に応じた行動を意味する。消費者の購買行動を分析する際の重要な指標の1つである。
>
> ▷業態
> →第3章4「小売業態とは何か」
>
> ▷2 →第2章2「商業の機能と卸売業」
>
> ▷ POS システム
> →第1章3「流通機能」
>
> ▷業種店
> 酒や魚といった特定分野の商品を中心に取り揃えている，酒屋・魚屋・八百屋・薬屋などといった小売の店舗のこと。
>
> ▷流通系列化
> →第1章4「流通システム」
> ▷チェーンストアシステム
> →第2章5「小売業の組織化とチェーンストアシステム」

第 2 章　商業の役割と機能

 商業の機能と卸売業

① 商業の機能

　商業者は，消費者・使用者の求める商品の情報を把握して，商品を組み合わせて取り揃えるアソートメント機能をもつ。そのことにより，消費者・使用者にとって商業は，自分の必要なものを代わりに集めてきてくれる購買代理機能をもつのである。また，消費者は小売業との接点で新しい商品と出合い，その商品購入を通じてほかの国や地域の文化に触れる機会をもつ。

▷ 1　→第 1 章 3「流通機能」

　くわえて商業は，生産と消費という供給と需要をつなぐ需給結合機能をもつ。商業者は生産に必要な原材料や設備の購入を担い，生産された商品を他の商業者や消費者・使用者などに販売する。また商業者には，商品を安いところで購入して高く販売できるところで販売することを繰り返すことで市場を広域化させ，その中での価格を形成していくという機能もある。

　さらに，商業は地域社会の中でも重要な役割を担っている。商業が発達することでその地域の雇用を作り出し，商品の移動を盛んに行うことで交通機関や道路などの整備を促し都市の形成に寄与することになる。また，商店街などにおける物理的な小売業に関わる設備はその地域の特徴を作り出す。小売の店舗がその地域独自の商品を取り揃え，事業者が地域の行事に貢献することなどを通じて地域文化の保持・発展に寄与しているのである。

② 卸売業と小売業の違い

　商業には卸売業と小売業という 2 つのかたちがある。両者は 2 つの指標から区別される。1 つめは，誰に販売するのかという指標による区別である。**個人的最終消費者**に商品を販売する商業が小売業で，それ以外に商品を販売する商業が卸売業である。

▷個人的最終消費者
→第 1 章 1「流通とは何か？」
▷ 2　→第 2 章 3「小売業の役割と機能」，4「小売業の諸形態」，5「小売業の組織化とチェーンストアシステム」

　もう 1 つは，流通段階の特徴での区別である。小売業は個人的最終消費者にしか商品を販売しないのでその流通段階が多段階になることはない。一方で，卸売業では必ず多段階になるというわけではないが，多くの場合で流通段階が多段階化する。生産者から商品を仕入れる第 1 次卸（元卸），そこから商品を仕入れて消費地に近い卸売業に再販売するような第 2 次卸，小売業に商品を販売する第 3 次卸といったかたちで，卸売業は多段階構造になる可能性がある。

③　卸売業の役割と機能

　卸売業とは，商品を仕入れて個人的最終消費者以外の産業用消費者や**再販売業者**等に商品を販売する売買業のことである。卸売業は様々な生産者から商品を集めて様々な再販売業者等に販売する役割を担っている。また，商品分野によっては，生産者や小売業者に市場情報を提供するなどしてその活動を支援する役割ももつ。卸売業が間に入ることで流通に関わる費用と時間が節約されることが多い。

　卸売業の分類で代表的なのが，立地による分類と流通段階による分類である。生産地にある生産地卸，集散地にある集散地卸，消費地近くにある消費地卸といった分類が立地による分類であり，既述の第 1 次卸，第 2 次卸，第 3 次卸といった分類が流通段階による分類である。

④　流通段階と W/R 比率

　流通段階の多段階性の目安となる指標の 1 つが W/R 比率（Wholesale/Retail sales ratio）である。W/R 比率は，年間卸売総販売高÷年間小売総販売高で算出する。

　例えば，第 1 次卸の年間販売額が100万円で，第 2 次卸のそれが120万円，そして小売業の年間販売額が150万円だとすると，W/R 比率は（100＋120）÷150≒1.5になる。これに年間販売額130万円の第 3 次卸が加わると，（100＋120＋130）÷150≒2.3になる。この数値が大きくなればなるほど卸売業が多段階化していることを意味する。

　先進資本主義諸国の中でも日本はこの W/R 比率が高いという特徴があり，そのことで日本では商品価格が高くなる傾向にあると指摘されることがある。しかし，企業規模の問題や物流の問題など国によって前提条件が異なるので単純比較は難しいし，また卸売段階が多段階になることは必ずしも悪いことではない。企業数が増えて雇用が創出されることや，各卸売段階で商品チェックがなされるため商品の品質が確保されるなどのメリットもあるからである。

⑤　商社

　卸売業の中で海外との取引，すなわち貿易に関わる事業者のことを「商社」と呼ぶ。特定の商品分野を中心に貿易を行う卸売業のことを「専門商社」，様々な商品分野を対象とする商社のことを「総合商社」と呼ぶ。また，地方に基盤をおく商社を「地方商社」と呼ぶこともある。

　日本にはいくつかの巨大な総合商社が存在する。売上高は数兆円，従業者は数万人といった規模で，「鉛筆から飛行機まで」あるいは「カップラーメンからロケットまで」といわれるようにその取扱商品の幅は広く，また生産や小売のほか様々な事業に直接的・間接的に関わっている。

▷再販売業者
卸売業者や小売業者のような，再び販売する目的で商品を購入する事業者のこと。小売業者の商品販売先は私たち個人的最終消費者であるが，卸売業者のそれは，生産者・他の卸売業者・小売業者・レストランや居酒屋などの飲食業者・学校・寺社や教会・役所など多岐にわたる。

▷ 3　→第 3 章 1 「商業の存在根拠」

▷卸売業の分類
特定の業者の代理をして商品の仕入れや販売を行う「代理商」や，特定の業者には属さないで売り手と買い手をつなげる役割を果たす「ブローカー」も広義では卸売業の一種である。ともに商品の所有権を有することなく商品の売買をサポートしている。

▷ 4　→第20章 1 「台湾の流通の特徴」

▷ 5　→第 7 章 3 「総合商社の経営史」

▷ 6　→第 7 章 3 「総合商社の経営史」

小売業の役割と機能

 ## 1　小売業の機能

　小売業とは個人的最終消費者に商品を販売する商業のかたちである。

　小売業は消費者に代わって商品を集めてきてくれるという購買代理機能を果たす。また，消費者は生産者から直接商品を購入するよりも，小売業を通して購入したほうが全体としてみれば購入に要する時間と費用が節約できる。そして，小売業は消費者の商品の購入に際しての所有権の移転機能はもちろん，消費者の使い勝手に合わせて商品を小分けにする機能や商品の輸送・保管および包装などの物流機能を果たし，生産者の情報を消費者に届ける情報伝達機能なども果たす。さらに，小売業の店頭で新しい商品を発見したり，比較検討しながら商品を購入したりすることは，消費者にとっての楽しみとなることが多い。

　一方で，小売業は生産者や卸売業にとって自らに代わり商品を販売するという販売代理機能をもつ。また，小売業は消費者に最も近い産業であるため，そこに消費者に関する情報が多く集まっているといえる。そのため，小売業は卸売業や生産者に消費者の動向や指向などの情報を提供するといった川上に向けた情報伝達機能も担っている。

　また，小売業の機能の中で注目されるのがまちづくりの機能である[1]。経済セクターとしての直接的な機能ではないが，地域を商圏とする小売業は地域の様々な行事等の具体的な担い手となっているのである。

▷1　→第17章「まちづくりと流通」

2　小売業の分類

　小売業は消費者に最も近い産業であるため，消費者の生活のあり方に影響を与え，逆に消費者の動向に応じて様々に姿を変えてきた。そのため，多様なかたちが存在し，多様な基準で分類される。

　ⅰ．店舗の有無による分類

　　有店舗小売業と**無店舗小売業**に分けられる。

　ⅱ．業種による分類

　　八百屋，服屋，本屋，薬屋などといった取扱商品を基準にした分類である。

　ⅲ．業態による分類

　　スーパーマーケット，コンビニエンスストア，ドラッグストアなどといった商品の販売形態，営業形態による分類である。

▷**無店舗小売業**
無店舗小売業には自動販売機業，訪問販売業，通信販売業の3つがある。

▷2　→第3章4「小売業態とは何か」

iv，組織形態による分類

株式会社，**協同組合**などといった組織形態による分類である。

③ 小売業の構造

「経済センサス」と「**商業統計表**」によれば，2016年の日本の小売業は店舗数（事業所数）がおよそ99万店であり，そこに765万人が働いている。小売業全体の店舗数は1980年代には170万店を超えていたが，その後は徐々に減少して1990年代には150万店を切り，2010年代に入ると110万店を切るようになった。近年では，少子化・高齢化・人口減少の影響で消費市場が縮小傾向にあるため，厳しい状況にある小売業者も少なくない。

日本の小売の商業構造の特徴の１つに，人口比当たりの店舗数が多いという点がある。また，店舗数において小規模な店舗の割合が高いという点もその特徴とされる。同統計をみると，従業者数が数名程度の店舗が1980年代までは圧倒的多数を占めていたが，近年ではおよそ６割程度にまで下がっている。それでも，依然として飲食料品店を中心にそのような小規模な店舗が多数存在し，日本の消費者の**当用買**という購買行動を支えている。高齢化の進む現在において，むしろそのような存在の意義は再確認されているといってよいであろう。

④ 小売商業集積

小売業の店舗が多数集まっている空間を小売商業集積と呼ぶ。具体的には，自然発生的な集積である商店街や開発による集積であるショッピングセンターを指すが，そのほかにも駅ビルやファッションビルなども小売商業集積の一種である。また，ショッピングセンターの中には，自動車利用を前提にし，アミューズメント施設やサービス施設あるいは病院等を併設した複合型の大規模な施設もある。

いずれにしても，その集積を構成する個々の店舗にとっては集積することによって得られる利益が増え商圏が拡大するというメリットがある。一方，消費者にとっても１か所で諸々の商品が手に入るなどのメリットがある。

▷**協同組合**
構成する組合員のための組織で，利用者である組合員が所有し自らのために運営する相互扶助の組織である。医療，住宅，芸能，農業，漁業，卸売業，信用金庫・信用組合等の金融など様々な分野にあるが，小売業の分野では生協が主となる。生協は，協同を意味するcooperativeからコープと呼ばれることも多い。

▷**商業統計表**
経済産業省により定期的に実施されてきた「商業統計調査」の結果をまとめたものである。日本の商業について網羅的に実施された調査の結果であり，産業別，都道府県別，従業者規模別等で事業所数，従業者数，年間商品販売額などを公表してきた。また，業態別，流通経路別，立地環境特性別等にも２次加工して公表していた。しかし，「経済構造実態調査」への統合・再編により商業統計調査は廃止された。なお，本節での2016年のデータは「経済センサス」によるものであり，それ以外は「商業統計表」による。

▷**当用買**
その日に必要な商品をその日に購入する，したがってほぼ毎日買い物にいくという買物習慣のこと。住宅事情や多数の小売店舗が身近にあることなどを背景に，商品の鮮度を重視する日本では特に食料品分野において一般的な買物習慣となってきた。

資料２-１　商店街タイプ

近隣型商店街	最寄品※中心の商店街で，地元住民が徒歩または自転車などで移動して日用品の買い物をおこなう商店街
地域型商店街	最寄品および買回品が混在する商店街で，近隣型商店街よりもやや広い範囲であることから徒歩，自転車，バス等で来街する商店街
広域型商店街	百貨店，量販店等を含む大型店があり，最寄品より買回品が多い商店街
超広域型商店街	百貨店，量販店等を含む大型店があり，有名専門店，高級専門店を中心に構成され，遠距離から来街する商店街

注：最寄品，買回品の説明は p.2 を参照のこと。
出典：中小企業庁（2022）「商店街実態調査報告書」に加筆修正し作成。

第2章　商業の役割と機能

 小売業の諸形態

▷**近代的な商法**

現金販売，正札販売（しょうふだはんばい：すべての顧客に同一の価格で商品を販売すること），返品可能，薄利多売など。このような現在の小売業経営で一般的になっていることのうちの多くが百貨店から始まったとされる。

▷**ワンストップショッピング**

本来的には，総合的に品揃えした１つの店舗で衣・食・住の全領域にわたる商品の買い物ができることあるいはそのような消費者の購買行動を意味する。ただ，多くの場合は，全領域をカバーしていなくとも様々な商品を幅広く取り揃えている店舗等での買い物のことを意味する。

▷**呉服屋系百貨店・電鉄系百貨店・地方百貨店**

呉服屋系百貨店は，三越・松屋・松坂屋・高島屋・大丸など，おおよそ江戸時代に呉服屋として創業され明治時代以降に百貨店になったもの。電鉄系百貨店は，阪急百貨店・東急百貨店・西武百貨店など，昭和に入って電鉄会社により展開されたもの。また，地方都市で創業され地方で展開されているものを地方百貨店と呼ぶ。

▷**ネットスーパー**

Webサイトで商品を注文して，指定場所に配達してもらう方式のスーパー。実

① 百貨店（デパートメントストア）

　近代的な商法を取り入れたことで，近代的小売業の始まりとされるのが百貨店である。百貨店とは**ワンストップショッピング**が可能な大規模な小売業のことである。セルフサービスは限定的で対面販売が中心となっており，現在では高級感のある小売業とされる。

　世界で初めての百貨店はフランス・パリにあるボンマルシェ（Le Bon Marché, 1852年）とされている。その後，アメリカのメイシーズ（Macy's, 1858年）やイギリスのホワイトリー（Whiteley, 1863年）などが登場してくる。

　日本で最初の百貨店は1904年に創業（それまでの呉服屋から百貨店化した）された東京・日本橋の三越である。日本の百貨店は，**呉服屋系百貨店・電鉄系百貨店・地方百貨店**に大別される。

② スーパー（スーパーマーケット）

　スーパーは，セルフサービスで低価格での商品販売を志向する小売業態のことである。それにくわえて，もともとは消費者が現金で商品購入することやある程度大きな売場面積をもつことなどが特徴的にみられる小売業態とされたが，現在ではほとんどの店舗でクレジットカードや電子マネーが利用できるほか，ミニスーパーや高級志向のスーパー，あるいはオンラインで注文や決済が可能な**ネットスーパー**も登場するなど非常に多様なかたちで展開されている。

　スーパーは，食料品を中心に販売する食品スーパー，衣料品を中心に販売する衣料品スーパー，総合的な品揃えの**総合スーパー**と取扱商品によって分類することが多い。また，出店範囲によって，全国展開する全国スーパー，関東地方など広範地域で店舗展開する地域スーパー，限られた幾つかの都道府県などで展開する地方スーパーという分類をすることもある。

③ コンビニ（コンビニエンスストア）

　コンビニは，小規模店舗・年中無休・長時間営業・厳選した品揃え・セルフサービス・仕入れ時の**多頻度小口配送**といった特徴をもつ小売業態である。価格ではなく，その名の通り利便性を追求している点にこの小売業態の最大の特徴がある。

各種の支払い，コンサートや交通機関などのチケットの発券，宅配便の取り次ぎ，イートインスペースの設置のほか，最近では御用聞きや配達などを行う店舗もある。さらに，郵便業務や配食サービス，また証明書等の発行といった行政サービスなどを担う店舗もある。そのため，小売業の枠を超えた地域の基礎インフラとしても注目されている。

コンビニの起源は1920年代のアメリカとされる。日本では，1970年代以降に総合スーパーにより展開されていった。その頃から日本では，スーパーのような大規模な小売の店舗の新規出店が**法律によって厳しく規制**されるようになっていった。そこで，各スーパーは規制対象とならない小規模な店舗であるコンビニを展開していくようになったのである。例えば，イトーヨーカ堂によるセブン・イレブン，ダイエーによるローソン，西友によるファミリーマート，イオン（ジャスコ）によるミニストップである。

もともとコンビニは主に市街地やその周辺住宅地で通りに面して立地し，管理が難しい生鮮食料品の取り扱いを限定し，徒歩10分程度を商圏と想定した小売業態であった。しかし，近年では店舗数の増加と消費需要の縮小などから新たな活路を求めて，学校・ホテル・役所・病院のほか高速道路のサービスエリアや駅・空港など多様な場所に出店するとともに，店舗の規模やレイアウトなども多様となってきている。また，独自の進化を遂げた日本のコンビニは，その手法でアジア諸国を中心とした海外での店舗展開にも積極的である。

④ オンラインショップ

オンラインショップは無店舗小売業の中の通信販売業の1つとして位置づけられる。通信技術の発展とスマートフォンや一般家庭へのPCの普及，そして物流システムや配達に資する輸送網の整備等によって発展してきた。特に日本では，配達の時間指定ができる等の細かなサービスに宅配ボックスの設置といった物理的なアイディア，冷蔵・冷凍での宅配などの物流技術の進歩などによって急激に発展してきた小売業態である。

取扱商品を特化しているオンライン書店やオンラインスポーツ用品店などのほか，様々な商品を総合的に取り揃えるオンラインショップもある。それに対応して，電子書籍や映像・音楽のオンライン配信のように商品自体が電子化されたケースもある。

商品を買い取ってそれを自社サイトで販売するオンラインショップに対して，モール型と呼ばれるタイプは主宰者がバーチャルショップとなる出店者を募集し契約してバーチャルモール（仮想商店街）を設置・運営するものである。また，クリック・アンド・モルタルと呼ばれる実店舗とオンラインショップとを併用したタイプも多い。このように，オンラインショップには様々な方式と形態があり，さらにそれらを混合して運営するタイプもある。

店舗の展開を行っている大手スーパーが，既存の実店舗から商品を配達する方法が主流である。人口減少や少子高齢化の影響もあって，実店舗と組み合わせることで実店舗の売上の確保を狙う目的もある。2020年春から感染拡大した新型コロナウィルスの影響によって需要が一気に拡大した。

▷総合スーパー
総合スーパーの中でも特に規模が大きいものをGMS（General Merchandise Store）と呼ぶ。日本でのスーパーの展開は食料品の取り扱いが中心となってきた経緯から，日本のGMSも食料品取り扱いを中心とした店づくりになっている。イトーヨーカ堂，イオン，西友などが代表的な日本のGMSである。

▷多頻度小口配送
少量の商品を頻繁に店舗に配送すること。これにより，バックヤードが狭いコンビニでは多くの在庫をもつ必要がなくなる。

▷法律による規制
1973年に制定された大店法（「大規模小売店舗における小売業の事業活動の調整に関する法律」）では一定程度以上の大きさの店舗の新規出店が規制された。その後，1978年に改正された大店法では，規制面積基準が引き下げられて店舗面積500m²以上の小売店舗の出店を規制することとなった。一方，店舗面積がおおよそ100m²前後であることが多かったコンビニはこの大店法の規制を受けることなく出店ができた。
　　→第6章「流通の経済史」

第2章　商業の役割と機能

 5　小売業の組織化とチェーンストアシステム

1　チェーンストアシステムの考え方

　消費者の購買行動は個別的で零細という特徴をもつ。一般的に私たちが購入する商品は自らのためのものであって，同時に大量に購入するということはない。一方で，消費者の商品購入先である小売業にとっては，同じ商品を大量に仕入れて大量に販売することができれば効率的である。両者のこの考え方の違いを乗り越える方法として考え出されたのが，大量仕入ながら店舗での小口販売が可能で，なおかつ全体では大量販売を可能にする**チェーンオペレーショ ン**という店舗運営の仕組みであった。そして，そこでのチェーンストアと呼ばれる店舗を多数展開していくシステムがチェーンストアシステムである。

　それは小売業が規模の経済性を発揮できる方法であった。有店舗の小売店舗には**商圏**がある。そのため，小売業にあっては1つの店舗の規模の拡大では利益拡大に限界があって，店舗数を増やすことで規模の経済性を獲得し，事業者単位として成長を目指すことになる。チェーンオペレーションの導入で小売業は店舗を増やしつつ，全体として大量仕入・大量販売が可能になったのである。

　チェーンストアシステムには，RC，VC，FC の3種類の組織形態がある。

2　RC（Regular Chain，レギュラーチェーン）

　RC は直営型の組織形態のことである。1つの企業が直接的に複数の支店を自ら運営するためコーポレートチェーンとも呼ばれる。基本的にすべての意思決定はヘッドクォーターである本部・本社に委ねられ，各店舗での意思決定事項は販売に関する点などに限定的される。

　従来からの本店・支店型方式と異なるのは，それぞれの店舗が独自に商品を仕入れ販売するのではなく，仕入は本部で一括して行うなど中央集権的な本部の統合的な管理のもとで全支店が運営される点にある。

　多くのスーパーマーケットが採用している組織形態である。

3　VC（Voluntary Chain，ボランタリーチェーン）

　VC は任意のチェーン組織形態である。RC による店舗が大量仕入によって安価な商品を提供できるようになると，同様の商品を販売している独立の中小小売業者は競争上不利になる。そこで，そのような小売業者がそれぞれ独立性

▷**チェーンオペレーション**
仕入と販売の業務を分離し，商品の仕入とその管理は本部が一括して担う店舗運営のこと。一方，商品の販売に関わる業務は基本的に各店舗の裁量で行われる。一括仕入によって低価格で商品を仕入れられるほか，本部の統合的な管理によってプロモーションや情報収集あるいは商品や店舗の開発などに関わる費用の節約が可能となる。

▷**商圏**
店舗が顧客を集められる地理的な範囲のこと。小売商圏の場合，商圏規模は店舗規模や取扱商品などによって異なる。また，一般的に最寄性の高い商品を取り扱う店舗ほど商圏は狭く，買回性・専門性が高い商品を取り扱う店舗ほど広くなる傾向にある。

▷1　チェーンストアシステムは，小売業のほかにもファストフードやレストランなどの飲食店，学習塾，不動産など様々な分野で利用されている。一般的に，店舗の外見だけから RC，VC，FC の3つの違いを区別することは難しい。

を維持しつつ自ら本部をつくり，一括仕入や物流の共同化を図るなどで相互の協力を目指すVCがとりわけ高度経済成長期以降に多数誕生してくるようになった。

VCには，本部も担う卸売業者が中心となって小売業者を組織化するパターンと，独立の小売業者が自分たちで本部を設置するパターンがある。いずれにしても，各加盟店が独立性を維持している緩やかなつながりの組織である。そのため，統一感が弱く，戦略性の弱さが指摘されることもある。

多様な業種・業態でみられるが，特に食料品スーパーやミニスーパー，コンビニ，ドラッグストアなどでみられる組織形態である。

④ FC（Franchise Chain，フランチャイズチェーン）

FCは異なる事業者が対等の立場で契約によって結びついた組織形態である。フランチャイザーと呼ばれる経営ノウハウと資金をもつ本部が，フランチャイジーと呼ばれる加盟店を募集し，両者の契約（フランチャイズ契約）に基づいて運営される組織の形態である。

フランチャイザーは自己の開発した経営ノウハウやブランドの利用権，商品の販売権あるいは一定地域での経営権などをフランチャイジーに供与する。それを受けて，フランチャイジーはそのような商品を仕入れたり，ノウハウを利用したりする。

一方，フランチャイジーからフランチャイザーへは加盟料のほか，**ロイヤリティ（Royalty）**と呼ばれる経営指導料やノウハウ等の使用料等を定期的に支払うことになる。

本来，独立した事業者同士の対等な立場での契約に基づく組織化ではあるが，実際には経営規模の格差や経営ノウハウに従うことで店舗を経営するという仕組みの関係から，どうしてもフランチャイザーの力が強くなってしまう傾向がある。そのため，その関係性に起因するトラブルが発生することもある。

FCはコンビニエンスストアで利用されることが多い組織形態である。

⑤ 併用型，混在型

これらの組織形態はそれぞれ単独で使われることも多いが，併用や混在させて使う例も少なくない。例えば，同じブランドの中でRCの店舗とFCの店舗が併用されるケースは多い。コンビニエンスストアの店舗の中にはFCのチェーン店も多いが同じブランドで直営店も存在する。また，フランチャイジーが直営で複数の店舗を運営するケースもある。

特定の地域内で多店舗展開するフランチャイジーをエリアフランチャイジーと呼び，複数のFCに加盟して様々なブランドの店舗を大規模展開することを事業とするものをメガフランチャイジーと呼ぶ。

▷2 小売業によって組織化され，共同で自らの本部を設置するVCをコーペラティブチェーン（Cooperatives Chain）と呼ぶ。

▷ロイヤリティ（Royalty）ロイヤリティの算出方法は様々で，固定額の場合もあれば利益や売上等に対しての一定の割合としている場合もある。

▷3 第12章4「新たな流通課題への対応」

現在に続く定期市

人々が集う空間としての「市」

　高知市の中心部には毎週日曜日になると，約１キロに渡って300店舗ほどの露店が立ち並ぶ。有名な「高知の日曜市」である。また，千葉県の勝浦の朝市，岐阜県の飛騨高山の朝市（陣屋朝市・宮川朝市），石川県の輪島の朝市は日本三大朝市と呼ばれ，いつも観光客で賑わっている。

　数百年前に起源することも多いこのような「市」は，私たちの回りに今でも身近なものとして存在し，そこにはスーパーやコンビニでの買い物とは違った楽しみがある。

定期市の成り立ち

　このような「市」の多くが定期市である。定期市とは，定期的に開催される主に露店の集まる小売の「市」である。１年に何回かといった頻度で開催される市を「大市」という。それに対して，比較的短期間に定期的に開催される市を斎市と呼ぶ。

　いずれの場合も，その多くが卸売市場を通さない市場外流通であって，ローカル色が強い点に特徴がある。そのため，呼称や形態などはそれぞれ極めて地域的で多様である。

　斎市は日を決めて開催されることから日切市（日限市）とも呼ばれる。例えば，二・七の市と呼ばれる「市」は，２・７・12・17・22・27日の月６回開催される。このような「市」は，三・八の市，四・九の市，五・十の市と中４日で開催され六斎市と呼ばれる。月三回の場合は三斎市である。

　現在は12月と１月に各２日間だけ開催されている「世田谷のボロ市」，高知の日曜市のように曜日を決めて開催される「市」，あるいは輪島の朝市のような毎日開催の「市」などももともとは斎市であった。斎市が現在でも比較的集中して多数開催されている代表的な地域には，秋田県の八郎潟周辺，新潟県の越後地方，千葉県の上総地方がある。また，四日市・六日町・八日市といった「市」に由来する地名は各地に残っている。

定期市の仕組み

　開催周期の短い定期市の多くが，現在では市町村や協同組合などにより管理・運営されている。一般的に，出店者は年間で契約することもできるし，１回数百円程度の出店料で何回かだけ参加するということもできる。

　出店者の多くが，野菜・果物・花卉・山菜などを売る近隣の農家などであるが，「市」を専門に巡回して出店する市掛商人と呼ばれる専門業者の出店も少なくない。店舗を持ちつつ市掛（市に出店）する商人もいる。市掛商人が主に取り扱うのは，農家出店者が販売しない洋服・魚介類・お菓子・果物・味噌や山菜・花卉などである。

近隣の開催日の異なる「市」を巡回することで，ほぼ毎日，どこかの「市」に出店することができ，それを専業とできるのである。すなわち，市掛商人が存続できるためには，ある一定の地域内に複数の「市」が日を違えて開催されることが必要となる。

　このような「市」の多くは朝市として午前中に開催されることが多いが，高知の日曜市は終日開催だし，輪島には朝市とは別に近接の住吉神社境内に夕市が立つ。

定期市を生かしたまちづくり

　道の駅との競合や高齢化など課題も多い定期市であるが，多くが観光資源化されたり，まちづくり活動に組み入れられたりと様々に変化してきている。開催日のなかの特定の日を決めて，その日だけの出店者を募り，バザーやフリーマーケットあるいは飲食等の要素を追加しイベント性を高めるなどの取組もその1つである。

　秋田県の五城目市場は，もとは六斎市であったが，現在は2・5・7・0の十二斎市になっており，その開催日と日曜日の重なる日を「ごじょうめ朝市 plus＋」と称してイベント性を高めている。このような取組は，街おこし・まちづくりの活動として，「二・七の市×三条マルシェ」を開催する新潟県・三条市など多くの地域でみられる。

（番場博之）

第3章　商業の基礎理論

 商業の存在根拠

① 取引数量最小化の原理

　商業は，自らの消費のために商品を購入するのではなく，再販売のために購入を行う再販売業者である。商業は，第三者として生産（者）と消費（者）を仲介し両過程に架橋する。商業は，なぜ社会に存在しているのだろうか。最も一般的な説明として取り上げられるのが，M. ホールの取引数量最小化の原理である（資料3-1）。いま生産者がP人，消費者がC人いるとしよう。生産者はすべて異なる商品を生産し，すべての消費者がこれらの購入を望んでいると仮定すると，生産者と消費者が直取引を行う直接流通の場合，取引総数はP×Cとなる（資料では4×5＝20）。だがそこに商業者Mが介入し取引を仲介すると，取引総数はM（P＋C）となる（同様に1×(4＋5)＝9）。**商業者**が介入した間接流通の方が，取引総数が節約されるのは明白であろう。PとCの数が多くなればなるほど，節約効果が大きくなる点はいうまでもない。

② 情報縮約・整合の原理

　第2は，情報縮約・整合の原理である。商業のもとには，多数の生産者・商品に関する供給情報と消費サイドの需要情報が集中する。商業者は自らの存続をかけ，販売できるかどうかわからない商品の仕入れ・再販売活動を行うのであるから，多様な需給情報は整理・縮約され，商業者の品揃えには，供給可能な商品群と，消費者の需要動向が，まさに鏡のように正確に反映されることになる（ミラー効果）。商業者の品揃えは，社会における市場情報を集約的に表現したものとなり，商業者との取引は，生産者と消費者の双方に，情報収集・分析に関する探索コストや探索時間の削減・節約をもたらす。重要なのは，商業にたんに情報が集中するだけでなく，商業者がそれを編集することで，独自の社会性を

▷**商業者** →第1章1「流通とは何か？」

▷**集中貯蔵の原理**
取引数量最小化の原理とともに，M. ホールによって示された原理。不確実性プールの原理ともいわれる。生産や消費の不確実性からくる在庫の保有量は，個々の生産者（あるいは個々の小売業）が少量ずつ分散的に保有するより，商業（卸

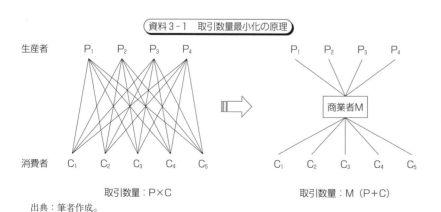

資料3-1　取引数量最小化の原理

生産者　P₁　P₂　P₃　P₄　　　　　P₁　P₂　P₃　P₄

商業者M

消費者　C₁　C₂　C₃　C₄　C₅　　　C₁　C₂　C₃　C₄　C₅

取引数量：P×C　　　　　取引数量：M（P＋C）

出典：筆者作成。

もつ市場情報が新たに生成される点である。2つの原理はいずれも，商業が多数の販売と購買を結びつけ，売買を社会的に集中させる結果，生産者や消費者が本来負担すべき流通コストの削減が可能になる点を示唆している。これらは，たんなる専門化の利益や規模の利益を超えた商業固有の役割を明らかにしており，**集中貯蔵の原理**[4]とともに存立根拠論の定説とされている。

③ 商業の存立根拠論と現代の流通

ただ留意しなければならないのは，このような売買の社会的集約化は，商業が適正水準にある場合にのみ実現可能なメリットであり，それを超えて商業が増大するとメリットは消失し，逆に流通の不効率性が高まる点である[1]。

利潤追求を原則とする自由競争下の資本主義社会のもとで，競争による産業部門間の自由な資本移動（参入・退出）を通じ商業が社会的な適正水準に収束することを原理として明らかにしたのは，**商業経済論**である。商業経済論は，資本の運動法則の客観的解明という視点から，流通費用の節約を希求する資本の社会的要請の帰結として，商業資本が産業資本から分離・独立してくる論理を体系的に説明した（商業資本の自立化論）。しかし経済の寡占化により，部門間競争が著しく制限され自由な資本移動が困難化する現代では，事情は大きく異なる。商業経済論が「配給過程の成立」と呼んだような，マーケティングの展開による商業の排除傾向（直接販売や系列化の進展），さらには大規模小売企業の成長など流通をめぐる今日の歴史的状況は，上述の存立根拠論に対し，慎重かつ立ち入った検討を要する重要な問題を提示しているといえよう[2]。

④ インターネット社会の商業

現代的な論点として特に重要なのは，生活における情報化の進展，とりわけインターネットの普及により，商業の存立基盤が大きく揺らぎはじめている点である。消費者が端末から有益な情報を自ら検索・収集し購買する，オンライン・ショッピングが急速に成長している。そこにおいて，流通の結節点は，商業（実店舗）ではなく，個々の消費場面において形成されることになる。インターネットの普及とともに，生産者と消費者の直接販売の有効性が高まり，商業は衰退，死滅の道を歩んでゆくのだろうか。

流通における無店舗化の進展は，金融・物流業であれ，広告代理店やプラットフォームビジネスに携わる情報産業であれ，情報縮約・整合作業を効率的に行う編集能力をもつ企業の流通過程への参入を促してゆく。流通の担い手は，再販売購入者としての「伝統的商業」とはいえない，様々な主体に多元化され開放されつつある[3]。商業とは何か，そして現代流通における商業の社会的意義は何なのか，あらためて考えてみる必要がある。

売業）によって集中的かつ大量に保有されている方が全体として少なくて済み，流通コストの社会的節約がもたらされると説いた。

▷1 例えば，取引数量最小化の原理で説明した例を用いるなら，商業介入の限界点は，$\frac{PC}{P+C}=2.2$となり，商業者が3人以上介入すると，その節約効果は消失することになる。適正水準を超える商業の介入は，現実の消費需要なき再販売購入（仕入れ活動）を社会的に加速化し，市場の撹乱要因となる。商業が光の部分だけでなく，影の部分を同時に併せもつ点に留意が必要である。

▷商業経済論
日本の流通研究において一大潮流となっている，マルクス経済学に依拠した流通・商業研究の総称を指す。森下二次也が1960年に書いた『現代商業経済論』（改訂版1977年）は，流通論の古典として，現在もなお大きな影響を与え続けている。商業経済論の体系については，本書の第4章を参照。

▷2 →第4章「流通・商業の経済理論」，第5章「マーケティングの経済理論」，第8章「流通システムの発展」参照。

▷3 田村正紀「流通インフラ革命」同著『現代の市場戦略』日本経済新聞社，1989年，179～194頁。

参考文献

Hall, M., *Distributive Trading: An Economic Analysis*, 1949（片岡一郎訳『商業の経済理論』東洋経済新報社，1957年）。
石井淳蔵「商人の存在根拠再考」石井淳蔵『マーケティング思考の可能性』岩波書店，2012年。

第3章　商業の基礎理論

 # 2 商業の両義的性格
──商業経済論と流通サービス論

 ### 1 商業活動の二面的性格

　物流業や倉庫業，金融業といった他の流通業から商業を区別し，その機能を果たさなければ存在意義が消失するという意味での商業活動の本質はどこに求められるのだろうか。これらの問いは，読者が想像する以上に複雑である。なぜなら商業は物財の販売を行う反面，その活動それ自体がサービス性をもつという，固有の二面性をもつからである。商業は，販売代理業として製造業者に貢献する側面と，購買代理業として消費者に寄与する側面を併せもつ両義的な存在である。商業をどのように認識するかという基本問題をめぐって，流通論には対照的な2つの分析フレームワークが存在する。

2 商業経済論の分析視角

　商業活動の本質を，物財の再販売業者としての側面，すなわち製造業者の販売活動を集約的に代行することによって，生産と消費の懸隔への架橋を効率的に達成する点に一貫して求めたのは，商業経済論である。商業者が特定の製造業者のために販売活動を行うこと，同様に特定の消費者のために仕入れ活動を行うこと，それ自体に意味があるのではない。商業活動の本質として商業経済論が重視するのは，商業が多数の売買を社会的に集中・集約する結果，物財生産を軸とする経済の再生産が円滑に進行し効率化する，まさにその点にあった。したがって，商業者が獲得する利潤も，社会的空費である流通コストの削減をもたらす商業活動への，多数の製造業者の側からの報酬とみなされることになる。商業経済論によると，商業活動はあくまでも物財商品の売買を成立させるために必要な技術的操作に過ぎず，売買の対象ではない。商業が消費者に販売するのは製造業者によって生産された物財商品以外の何ものでもなく，商業活動それ自体がサービス商品とはなりえない点を，商業経済論は一貫して強調しているのである。

3 流通サービス論の分析視角

　流通サービス論は，商業（小売業）の活動をサービスの産出行為と理解し，消費者の購買代理業としての側面を具体的に説明する。消費者の買物行動は多様である。自ら買物に出向き商品を持ち帰るのか，宅配にするのか。また商品

▷1　→第1章4「流通システム」

▷2　→第4章1「商業経済論体系Ⅰ」，第4章2「商業経済論体系Ⅱ」
▷3　商業経済論は，商業資本を商品買取資本と売買操作資本の機能的に異なる2つの資本から構成される流通主体と捉え，前者がその本質をなすと考える。
▷4　若干補足しておくと，小売業が行う運送や保管などの諸活動は，商業経済論の中で，小売業の再販売購入業者としての本質的活動から除外されるべき付帯活動とみなされる。運送や保管は，商品の時間的・場所的移転に関わる「延長された生産過程」にすぎない。

情報を自ら収集するのか，店員の説明に委ねるのか。実用性や利便性重視か，あるいは娯楽性重視かによる行動の相違もある。このように考えると，消費者にとって価格とは，必ずしも商品の本体価格のみを意味するのではなく，商品探索や情報収集のためのコスト，交通費など，購入に至る様々なコストを含むと考えてよい。流通サービス論は，小売業者と消費者の間の流通コストの分担関係，具体的には，小売業がサービスの提供を通じ消費者の購買コストを機能的に代位・縮小する点に，その本質と，今日における多様な業態展開の基礎を見出す。

　資料3-2は，流通における産出を5つのレベルで整理し，これを流通サービス水準との関係でみたものである。例えば，小売店舗の立地が地理的に分散していればいるほど消費者の移動距離は短縮するので，流通サービス水準は高くなり（立地分散化），入荷までの待ち時間が長くなれば，流通サービス水準は低くなる（配達時間）。また消費者による商品比較や情報収集を容易化する豊富な品揃えは，流通サービス水準を高めるし（品揃えの広さ），生活場面での必要量にほど遠い大ロットで販売されれば，流通サービス水準は低くなる（ロットサイズ）。さらに，娯楽型の買物行動への対応として，モールやオープンスペース，飲食店や娯楽施設の併設，商業施設の全体的雰囲気など，消費者にとっての魅力度が高まれば，流通サービス水準は高くなる（アメニティ）。

④ 販売代理業から購買代理業へ

　商業経済論の中で物財販売のための手段にすぎない商業活動が，流通サービス論においてはまさに目的そのものになり，固有のサービス市場を形成すると理論的に考えられている点に留意しておこう。今日の消費者はどのような目的で店舗に来訪しているのだろうか。サービス経済化や情報化の進展ともに，かつて明確なかたちで存在した物財とサービスの境界線は希薄化し，商業活動の内容もまた，伝統的な販売代理業から購買代理業としての性格をより強化したものへと，質的な変貌を遂げている点を銘記しておく必要がある。

▷5　→第3章4「小売業態とは何か」

▷6　両研究の間に存在する商業認識の相違について整理し，流通サービス論の理論的課題について示した文献として，風呂勉「サービス論的商業分析の性格について」石原武政・小西一彦編『流通論パラダイム風呂勉の世界』（碩学舎，2015年）がある。

参考文献

森下二次也『現代商業経済論（改訂版）』有斐閣，1977年。
田村正紀『流通原理』千倉書房，2001年。

資料3-2　流通産出の次元と流通サービス水準

流通産出の次元	定義	流通サービス水準との関係
立地分散化	密接な関係にある生産者の集団（ある商品の生産部門）から供給をうけている一定地域内の取引地点（たとえば小売店舗）の数と分散の程度	＋
配達時間	消費者がある商品を発注して後その商品を受け取るまでの待ち時間	－
品揃えの広さ	地理的に独立した流通機関内で見られる異なる種類の商品の数	＋
ロットサイズ	特定商品の小売店の基本販売単位数量	－
アメニティ	買物場所が消費者に提供する楽しさ	＋

注：＋は正の関係，－は負の関係を示す。
出典：田村正紀『流通原理』千倉書房，2001年，13頁。

第 3 章　商業の基礎理論

商業の品揃え形成活動と消費生活

① オルダースンの品揃え形成概念

売買の集中原理や情報縮約・整合の原理とともに，流通論におけるもう 1 つの中核的コンセプトとされているのが，W. オルダースンの「品揃え形成」概念である。流通活動の社会的意味を生産の側からではなく，消費の側から捉える点に議論の最大の特徴がある。消費生活に多大な影響を及ぼしている商業の能動的側面を浮き彫りにしたコンセプトとして，同概念は，流通過程を物財商品のたんなる価値移転プロセスと捉える経済学の伝統的考え方とは，一線を画している。

彼の議論に耳を傾けることにしよう。個々の財は確かに有用性をもつとしても，それだけでは消費生活に直接役立つものとはなりえない。人間の消費にとって重要なのは，個々の財の有用性（使用価値）というより，むしろ相互に関連しあった複数の財の組み合わせであり，これらの組み合わせによってはじめて，個々の財は私たちの消費対象となる。オルダースンは，私たちの消費にとって意味のある財の集合を品揃え物（assortment）と呼ぶ。そして，消費欲求を充足するという点では無意味な財の単なる集合である集塊物（conglomeration）を，有意味な品揃え物に変換させてゆく行為こそ流通活動の本質に他ならないと述べ，その具体的プロセスを斉合（matching）と名づけたのである。

オルダースンによると，斉合のプロセスは，形態付与，適合調整，品揃え形成の 3 種類の活動から成る（資料 3-3）。形態付与（shaping）は，そのままでは消費対象とならない原材料や素材を加工し形態を変更する活動であり，いわゆる財の生産を意味する。適合調整（fitting）は，形態付与された財を実際の使用に合わせて微調整する活動である。小売段階で行われる衣服補正やオプション取付けなどがこれに該当するが，生産過程の延長線上で理解されるべき活動である。

流通論との関わりで最も重要なのが，財の形態には何の変更も加えず，財の組み合わせを変更してゆく品揃え形成（sorting）である。最終消費段階における消費者の品揃え物の完成に向け，川上から川下に至る流通の各段階で，**仕分け・集積・配分・取り揃え**といった品揃え形成活動が行われ，無意味な財の集合は，消費者にとって有意味な組み合わせへと徐々に変換されてゆく。

▷1　→第 3 章 1「商業の存立根拠」および第 4 章 1「商業経済論体系 I」

▷仕分け・集積・配分・取り揃え
品揃え形成は，流通の川上から川下段階に向け遂行される 4 つの活動からなる。仕分けと集積は生産地から流通の仲継地点までの財の収集に関連する活動と考えてよい。異質で雑多な財は仕分けされ，同種・同質的な財の集合へと編成されながら仲継地にひとまず集積される。そして集積された同種・同質の財の集合を，散在する多数の消費者に向け分散させてゆく活動が，配分・取り揃えである。とくに最終小売段階でなされる取り揃えは，まさに消費需要に直結した財の組み合わせパターンの形成に関わる活動であり，最も重要な意味をもつ。

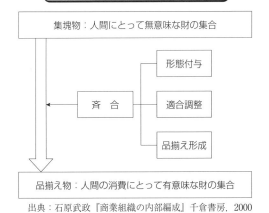

資料3-3 オルダースンの品揃え形成概念

集塊物：人間にとって無意味な財の集合

形態付与

斉 合　適合調整

品揃え形成

品揃え物：人間の消費にとって有意味な財の集合

出典：石原武政『商業組織の内部編成』千倉書房，2000年，47頁。

② 小売業の品揃え形成活動と生活文化

　重要なのは，オルダースンがこのような説明の中で，小売段階における品揃え物が消費生活の具体的内容に直接的影響を及ぼす点で，まさに社会における「文化の在庫」に他ならないと書いている点である。消費者は，商品の購買を通じ，各々の価値観に合致するようなライフスタイルを追求する。しかしいうまでもなく，商品が消費者に購買され使用可能になるのは，小売業者の個々の価値判断や評価基準によってなされる品揃え，すなわち入手可能な膨大な商品群の中からの小売業者の事前選択を仲介してである。消費者は小売業者によって取り揃えられた諸商品の組み合わせの中からの消費選択を余儀なくされる点で，小売業の品揃え活動は，商品の普及とともに形成されてくる消費者のライフスタイルの質的な内容を大きく左右することになる[2]。

　とりわけ今日の小売業の活動が，巨大商業施設やモールにおける生活空間の演出にみられるような総合的な生活情報サービス提供型の活動として，ますます能動的な性格を帯びるようになった点に，留意が必要である。今日の小売業は，たんなる売買の技術的操作，あるいは価格・品質に関する商品情報の伝達といった経済レベルを超えた，商品・サービスの購買からその生活場面での使用に至る総合的で社会的な生活情報・空間を消費者に提供することによって，ライフスタイルや価値観の形成に大きく関与しているのである[3]。

　小売業の現代的活動のバックボーンに存在しているのは，サービス経済化という社会的な構造変化である。家庭や血縁，近隣関係といった地域の伝統的な人間関係の中で，相互扶助的かつインフォーマルに営まれてきた生活行為は，サービス化の進展とともに，ますます商品・市場関係へと置き換えられることになる。今日の小売業が，売買仲介業を超えた，生活総合産業へと変貌を遂げている社会経済的根拠もここにあるといえよう。

▷2　快楽的消費や消費文化研究の第一人者であるE. C. ハーシュマンらは，小売業はその社会的ポジショニングゆえに，大衆文化の普及プロセスで突出した役割を果たすと述べ，商品の普及におけるゲートキーパーやオピニオンリーダー，イノベーターといった小売業の機能に注目した（Hirshman, E. C. and Stampfl, R. W., "Roles of Retailing in the Diffusion of Popular Culture", Journal of Retailing, Vol. 56, 1980)。→第11章1「マーケティングの発展と高度化する消費分析」
▷3　→第11章2「消費者行動のミクロとマクロ」，第11章3「消費パターンの歴史的変化」

参考文献

Alderson, W., *Marketing Behavior and Executive Action*, 1957（石原武政・風呂勉・光澤滋朗・田村正紀訳『マーケティング競争と経営者行為』千倉書房，1984年）。とくに第7章「斉合と品揃え形成：交換の論理」を参照。
阿部真也監修『現代の消費と流通』ミネルヴァ書房，1993年。

第 3 章　商業の基礎理論

 小売業態とは何か？

1 多様化する小売業態

　小売業の歴史は，まさに変革の歴史といってよい。小売市場が全体的に停滞し，中小零細業種店の著しい減少が進展するなか，大規模小売業を中心とする業態間の競争が激しさを増し，既存の勢力図を塗り替えつつある。コンビニや食品スーパーが安定的地位を確立する中で，急成長しているのは，家具・家電関連の専門量販店，ファッション衣料における SPA，さらにインターネット通販などの新業態である。これに対し，かつて小売部門の主役として君臨した百貨店や総合スーパーは，業態として存亡の危機に直面し，経営統合や専門大店化，さらにはショッピングセンター開発といった諸改革に，回復の活路を見出そうとしている。このような業態の盛衰はなぜ引き起こされ，どこに向かおうとしているのだろうか。まさにこの点に小売業態論のテーマがある。

2 「小売の輪」理論とその後

　業態研究における最大の古典とされているのが，マックネア（McNair, M. P.）の「小売の輪」理論（1958年）である。小売業における業態革新は常に価格訴求をベースにはじまり，既存の業態がより価格訴求型の新業態に代替される技術革新のサイクルが停止することなく繰り返されるというのが，その主旨である。同仮説によると，新業態は既存業態に対し，低価格・低サービスを可能にするコストリーダー型の業態として登場する。しかしこの新業態も，参入後，市場地位の確立のため，店舗設備投資や取扱商品の拡大，高級化やサービスの多様化など，徐々に格上げ（trading-up）に着手せざるをえない。新業態が高価格・高サービス・高マージン型の差別化型業態へシフトする結果，新たなコストリーダー型業態の参入を誘発するというわけである。

　アメリカをはじめ多くの先進諸国で高く評価される一方で，同仮説には，下記の疑問や批判が集中することになった。すなわち，価格訴求型業態の参入のみが，業態の発展を説明する唯一のパターンなのか。また，新業態参入に対する既存業態の対抗的行動は，仮説の中でどのように理解すべきなのか。問題の焦点は，日本の百貨店やコンビニエンスストアの参入例からも観察可能な，高価格・高サービス分野からの新規参入や，その普及・大衆化に伴う格下げ（trading-down）という逆の展開パターン，そしてこれら新旧業態間の競争を通

▷ SPA
Speciality store retailer of Private label Apparel の略で，製造小売と一般に呼ばれる。アパレル専門店が，商品企画から生産・物流・販売まで自社で一貫して手がける垂直統合型の小売業態として知られている。

じた小売業における新しい秩序の形成を，どう説明するかにあった。その後，上述の論点を考慮した**「真空地帯」論**や**「小売の3つの輪」論**などが，小売の輪理論の修正モデルとして相次いで発表されることになる。また，品揃えの広狭・浅深という，これまでの議論とは異なる側面から業態展開におけるもう1つの法則性を明らかにした，「アコーディオン」理論（S. C. ホランダー）もある。同理論は，収縮し拡張するアコーディオンになぞらえ，業態の発展を品揃えの総合化と専門化の反復的プロセスと説明する。中小業種店から，高度成長期の百貨店や総合スーパー，さらには近年のコンビニエンスストア，専門量販店，ショッピングセンターに至る日本の小売業態の発展を，同仮説の援用によって跡づけることも可能だろう。

3 小売業態の分析視角

とはいえ，これらの研究が業態の歴史的な発展パターンの解明に十分な成果をあげているかというと，必ずしもそうとはいえない。業態とは何か，業態革新をどのレベルで捉えるのかという根本問題について，先行研究は明確な視点を提供していないからである。一般に業態は，業種とともに小売業の類型化に関わる基本概念と理解されてきた。業種が何を販売しているかによる分類なのに対し，業態はそれをどのように販売しているかという販売方法の相違による分類とされている。この基本的考え方からすると，業態の様式ないしそこにおける革新の内容は，店舗における品揃えの広狭，立地や営業時間（アクセスの利便性），セルフサービスの有無など，まさに流通サービスを含む**小売ミックス**の具体的内容によって規定されることになる。

だが何より重視しなければならないのは，小売ミックスに象徴される店舗レベルの業態革新が，チェーン・システムの採用に象徴される店舗間関係の改革，さらにこれらを後方で支えるバック・システム，すなわち取引先であるメーカーや卸・物流業者との組織間関係の変革と，表裏一体の関係にある点である。とりわけ近年のコンビニエンスストア，専門量販店やSPA業態における革新の内容は，商品供給体制や流通の垂直的関係の変革にさかのぼる，より広くて深い革新である点に特徴をもつ。業態の発展は，供給先との既存の取引構造の変化，換言すれば，流通過程に内在するパワー関係の強い影響下で形成される流通システムの変容プロセスと，深く結びついているのである。

業態を既存の業種の壁を超えて確立する商品取り扱い技術の革新と捉え，現代流通をメーカー主導の業種別流通から小売起点の業態型流通への転換期と位置づける，商業経済論の立場からの意欲的研究もはじまっている。ネット通販の急成長が既存業態に大きな脅威を与え，店舗販売と無店舗販売の融合化も進む中，店舗レベルの革新や業態の新旧交替プロセスのみに注目するだけでは，小売業の歴史的発展の内実を明らかにすることは不可能であろう。

▷**「真空地帯」論**
O. ニールセンが1966年に発表した仮説。新業態は，既存業態の格上げや格下げの結果生じる2つの領域，すなわち低価格・低サービス，高価格・高サービスという両極の空白地帯に参入するとする仮説。

▷**「小売の3つの輪」論**
D. イスラエリが1973年に発表した仮説。差別化型とコストリーダー型という2つの新規参入業態とこれらの中間に位置する既存業態との間の，三者間の相互作用を考慮した小売の輪理論の修正モデルとして知られている。

▷1 →第2章4「小売業の諸形態」，第7章「流通の経営史」，および第19章「アメリカの流通」

▷2 →第2章3「小売業の役割と機能」

▷**小売ミックス**
小売業におけるマーケティング・ミックス（目標達成のための諸戦略の組み合わせ）のこと。価格，品揃え，プロモーション，店舗施設，立地・営業時間などが小売ミックスの構成要素となる。

▷3 石原武政『商業組織の内部編成』千倉書房，2000年，第7章「小売業における業態革新」を参照。
→第8章1「メーカー主導型流通から小売起点型流通へ」

▷4 第10章2「インターネット社会の流通」

参考文献
田村正紀『業態の盛衰』千倉書房，2008年。
石井淳蔵・向山雅夫編著『小売業の業態革新』中央経済社，2009年。

第4章　流通・商業の経済理論

 商業経済論体系Ⅰ
——商業資本の自立化論

1 産業資本の運動

　商品生産が支配的となった資本主義社会における生産は，産業資本（生産者）による自己増殖を目的とした運動によって媒介されている。その運動を式で表せば，次のように示すことができる（資料4-1）。

 資料4-1　産業資本の運動

$$G — W \left\langle \begin{matrix} P_m \\ \\ A \end{matrix} \right. \quad \cdots\cdots \quad P \quad \cdots\cdots \quad W' — G'$$

| 流通過程 | 生 産 過 程 | 流通過程 |

出典：筆者作成。

　まず産業資本は，資本である貨幣（G）を投下し，機械や原材料といった生産手段（Pm）と労働者が提供する労働力（A）という商品（W）を購入（G—W）する。次に，それを生産（P）によって合体させ，**剩余価値**を含んだ新たな商品（W'）をつくりだす。最後に，それを販売（W'—G'）することによって，最初に投下した以上の貨幣（G'）を回収する。そして，産業資本はその回収した貨幣を再び投下し，それ以上の貨幣を回収するという終わりなき自己増殖の運動を繰り返していく。

2 商業資本による販売の代理

　マルクス経済学をベースにして理論の体系化が行われた**商業経済論**においては，商品の販売と購買が行われる流通は，生産とは異なり価値も剩余価値も生まない不生産的な過程として位置づけられる。産業資本にとってみれば，この流通にかかる時間や費用をできるだけ節約し，その分を生産に振り向けていくことが課題となる。

　しかし，流通における商品の販売はいつでも「命がけの飛躍」の過程である。流通においては，売り手の販売と買い手の購買は非対称的な関係にあり，産業資本がつくりだした商品を販売できるかどうかは，それに対応する購買にいつも依存している。さらに，消費を目的とした生産とは異なり，剩余価値を目的とした資本主義社会の生産は際限なく拡大していく傾向にあり，生産と消費の不均衡はどんどん大きくなっていく。そのため，流通における時間の大部分は

▷**剩余価値**
マルクス経済学の基本概念。生産過程で労働が生み出す全ての価値から，労働者が提供する労働力（A）という商品に支払われる部分（賃金）を除いた価値。マルクス経済学では，この剩余価値が利潤の源泉であるとする。

▷**商業経済論**
→第3章1「商業の存在根拠」

商品の販売に対応する購買を探索する時間が占めるようになる。

この流通における商品の販売（W'—G'）を，産業資本に代わって独立の事業として担当するのが，販売の専門家である商業資本（商業者）である。商業資本は流通過程で資本である貨幣（G）を投下し，産業資本が生産過程でつくりだした商品を購買（G—W）し，それを消費者に販売（W—G'）することで利潤を獲得する。そうした商業資本の運動を式で表せば，G—W—G'となる。このような社会的分業によって，商業資本が商品の販売を代理するようになれば，産業資本は販売問題に追われることなく生産に専念することができる。

③ 商業資本の自立化と売買の社会的集中

商業資本が販売を代理するとしても，産業資本が自ら販売を行うよりも流通にかかる時間や費用を節約することができなければ何も意味がない。それでは，商業資本が産業資本の販売を代理し，独立した事業として社会的に自立化していくための根拠を何に求めればよいのか。商業経済論ではこの自立化の根拠を，産業資本の直接的な販売では決して実現することができない，商業資本の売買の社会的集中という独自の販売形態に求める。

商業資本は産業資本の販売を代理するとしても，特定の産業資本の販売を担当する専属の販売代理人であるわけではない。商業資本は，不特定多数の産業資本の販売代理人であり，売れると判断すれば誰からでも商品を購入する。その結果，商業資本の手元には多種多様な商品が集中することになり，それによって多くの消費者を引きつけることになる。このように，商業資本は不特定多数の産業資本の共同販売代理人であることによって，その反射として不特定多数の消費者の共同購買代理人としての性格を併せもつようになる。商業経済論では，この特定の産業資本から独立している商業資本の性格を「商業の社会性」と呼ぶ。

商業資本がこのような社会性をもてば，商業資本の手元には売買が社会的に集中することになり，孤立して行われていた産業資本の販売と消費者の購買を効率的に結びつけることができるようになる。もちろん，これによって「売れるかわからない」という販売そのものがもつ偶然性の問題が全面的に解消されるわけではないが，産業資本の個別的な販売の偶然性は大幅に緩和される。

商業経済論では，このような商業資本の売買の社会的集中によって，産業資本の販売と消費者の購買が効率的に結び付けられ，流通における費用が社会的に節約される働きを「**売買集中の原理**」と呼ぶ。こうした働きは，産業資本による直接的な販売のなかには見出すことができない効果であり，商業経済論は商業の社会性にもとづく売買の社会的集中という独自の販売形態のなかに，商業資本が自立化していく根拠を求める。

▷**売買集中の原理**
森下二次也によって展開された商業経済論のコア概念。商業経済論では，売買集中の原理によって，資本主義社会における商業資本の存立根拠を説明する。また，売買集中の原理と商業の社会性は切り離せない関係にある。

（参考文献）
大阪市立大学商学部編『ビジネス・エッセンシャルズ 5 流通』有斐閣，2002年。森下二次也『現代商業経済論』有斐閣，1960年。

第4章　流通・商業の経済理論

 商業経済論体系Ⅱ
──自由競争段階の商業

1　商業利潤

　商業資本は，流通過程において産業資本の販売を代理することで利潤を獲得する。この商業利潤は，目に見える形においては，商業資本が産業資本から商品を購買（G－W）し，それを消費者に販売（W－G'）することで利潤を獲得していくわけであるから，その源泉は販売価格と仕入価格の差として映る。

　しかし，商業経済論においては，こうした理解は表面的なものであり，流通は**剰余価値**を生み出さない不生産的な過程であることを考えると，商業利潤の源泉は，産業資本が生産過程で生み出した剰余価値の一部が分与されたものであると考える以外にないとする。

　ここで商品が価値通りに交換される**等価交換**を前提にすれば，いま見た商業利潤の分与は次のように説明することができる。商業資本は産業資本が生産過程でつくりだした商品をその価値以下の価格で購買し，それを消費者に価値通りの価格で販売することで商業利潤を獲得する。それでは，なぜ産業資本はそのような価格で販売を行うのか。それは，産業資本が，商品の価格を多少引き下げて価値以下で販売したとしても，商業資本が販売を代理してくれることで，本来自らが支出しなければならなかった流通における費用を大幅に節約してくれるのであれば，利潤率は高まると判断するからである。これによって，商業資本は価値通りで商品を消費者に販売したとしても，商業利潤を獲得することができ，その源泉を辿れば生産過程で生み出された剰余価値が分与されたものであるということになる。

　資本主義社会においては，商業資本も産業資本と同様に利潤の獲得を目的として運動している。もし，商業資本が流通における販売を担当しても産業資本と同率の利潤を獲得することができないのであれば，高率の利潤を獲得することができる産業資本に転身することになるだろう。それは，立場を逆にしても同じであり，結果として産業資本と商業資本の利潤率は平均化されていく。

2　商業労働

　商業資本は，商業利潤の獲得をめざして商品の売買を行うわけであるが，それは資本家自らが1人で行う場合と，賃金を支払って労働者を雇用して行う場合とに分けることができる。後者のように，商業資本に雇用された労働者が行

▷**剰余価値**
→第4章1「商業経済論体系Ⅰ」

▷**等価交換**
マルクス経済学では，商品交換は等しい価値をもつ商品同士の交換である等価交換が前提となっており，ある商品Aと別の商品Bの価値が等しいかどうかは，価値法則によって決まるとする。価値法則とは，商品の価値はそれを生産するためにかかる社会的必要労働時間によって決まるという法則。

う労働を商業労働と呼ぶ。

　産業資本の生産力が低い段階においては，商品の売買は資本家1人の活動で十分に対応することができた。しかし，産業資本の生産力が拡大すると，そこから産出される商品の種類や量は増加し，次第に資本家1人の活動では手に負えない状況になってくる。そこで，商業資本はこうした生産力の拡大に対応するために，労働者を雇用することが必然化する。

　商業経済論では，この商業資本に雇用された労働者と産業資本に雇用された労働者とではその性質が全く異なると考える。産業資本に雇用された労働者は，生産において価値や剰余価値をつくりだすが，商業資本に雇用された労働者は単に売買を実現するための労働なので，それをつくりだすことがない。それゆえ，商業労働は**不生産的労働**として位置づけられる。

　しかし，商業労働は価値も剰余価値も生産しないかもしれないが，売買の実現のためには社会的に必要な労働であり，商業資本はその労働に対する対価を支払わなければならない。商業資本に雇用された労働者も，産業資本に雇用された労働者と同様に賃金労働者である。そこで，商業資本は，売買によって獲得した商業利潤の一部を，商業労働の対価として支払うことになる。

3 商業資本の回転

　商業資本は，G―W―G' 運動を繰り返すことでより多くの利潤を獲得しようとする。こうした運動において，最初に投下した貨幣が購買（G―W）と販売（W―G'）の2つの過程を通過し，再び商業資本の手元に貨幣の姿で戻ってくることを1回転と呼ぶ。例えば，ある商品を900万円で産業資本から購買し，それを消費者に1,000万円で販売したとすると，その商業資本は1回転したことになる。

　商業資本の回転には時間を必要とする。この時間から，商業資本が回転する速度を計測すれば，1年間の回転数が10回の場合と15回の場合とでは，後者の方が回転速度は高いということになる。商業資本の回転速度が高まれば，流通に必要な商業資本の量は減少し，産業資本の生産のために投下される資本の量は社会的に増加する。その結果，生産される剰余価値は増加し，利潤率は高まる。

　この商業資本の回転速度は，ミクロ的条件とマクロ的条件に規定されている。ミクロ的条件とは，個々の商業資本における販売技術のことである。個々の商業資本は，より多くの利潤を獲得するために，販売技術を駆使することで回転を速めようとする。マクロ的条件とは，商業資本のコントロールが及ばない外的条件のことである。社会的な生産と消費の規模・速度も商業資本の回転に影響を与える。

▷不生産的労働
ここうでいう生産的労働とは，商品の価値や剰余価値を形成する労働のことを指し，不生産的労働はこれを形成しない労働のことを指す。

参考文献
森下二次也『現代商業経済論』有斐閣，1960年。
加藤義忠・齋藤雅通・佐々木保幸編『現代流通入門』有斐閣，2007年。

第 4 章　流通・商業の経済理論

 商業経済論体系Ⅲ
——独占段階の商業

 流通の配給過程化

　比較的小規模な企業同士が自由に競争を行う自由競争段階においては，産業資本は流通過程における販売（W'—G'）を商業資本に任せることで，生産に専念することができた。そうした社会的分業によって，産業資本の生産力が次第に発展していくと，**資本の集積・集中**によって圧倒的な商品供給能力をもつ独占的産業資本（＝寡占的製造企業）が現れるようになる。

　こうした状況が最初に現れたのは，20世紀初頭のアメリカである。フォード社のモデル T に代表されるように，大量生産体制の確立によって，単純化・規格化された商品が工場から休みなく吐き出されていくようになる。しかし，こうした生産力の飛躍的な発展にともなって，消費はそれと同じペースで拡大しない。独占的産業資本の商品供給能力は，販売の専門家である商業資本が開拓した市場をはるかに凌駕するようになり，「つくることよりも，売ることの方が難しい」という深刻な販売問題に直面するようになる。

　そこで，独占的産業資本はこの深刻な販売問題を解決するために，流通過程で商業資本に販売（W'—G'）を依存することをやめて，直接的に消費者と結びつき，自らの手で販売を試みるようになる。商業経済論では，こうした独占的産業資本による商業資本を媒介としない直接的な販売を配給と呼び，過剰生産が常態化する独占段階においては支配的な流通の姿になるとする。

 商業資本の排除

　独占段階においては，商業資本への販売依存から脱却する動きが目立つようになり，独占的産業資本による直接的で無媒介な販売が支配的となっていく。しかし，こうした流通の配給過程化は，独占的産業資本による直接的な販売の方が，商業資本を媒介にした間接的な販売よりも効率的であるという理由で進むわけではない。独占段階においても，商業資本が**売買の社会的集中**によって流通費用を社会的に節約することが期待できるにも関わらず，独占的産業資本は自らの販売問題を解決するために，流通から商業資本を半ば強制的に排除する。商業経済論ではこれを「商業資本の排除」と呼ぶ。

　これ以上拡大することが難しい市場で，独占的産業資本が販売問題を解決していくためには，競争関係にあるライバルの市場を奪い取るしかない。全体と

▷資本の集積・集中
資本の集積とは，獲得した利潤を蓄積することによって，自社の資本規模を拡大していくこと。資本の集中とは，買収や合併によって他の企業と結合することで，自社の資本規模を拡大していくこと。

▷売買の社会的集中
→第 4 章 1 「商業経済論体系Ⅰ」

して見れば，販売の専門家である商業資本が隅々まで開拓した市場をこれ以上拡大することは難しいかもしれないが，個別的に見れば，競争によってライバルの市場を奪い取ることができれば，市場は拡大することができる。そこで，独占的産業資本はライバルが生産した商品ではなく，自らが生産した商品の優先的な販売を商業資本に求めるようになる。しかし，こうした個別的な販売の要求は，**商業の社会性**と矛盾する。商業資本は不特定多数の産業資本の共同販売代理人であり，すべての産業資本の商品を平等に取り扱う。そこで，独占的産業資本はこうした矛盾を解決するために，流通から商業資本を強制的に排除しようとする。

　しかし，独占的産業資本による消費者への直接的な販売は，商業資本を媒介にした間接的な販売よりも不効率であり，流通にかかる費用は増加する。そこで，独占的産業資本は十分に利潤を獲得することができる独占価格を新たに設定し，流通にかかる費用の増加分を回収しようとする。

③ 独占的商業資本

　独占段階においては，産業資本だけでなく商業資本においても資本の集積・集中が進む。それを促すのは利潤の獲得をめざした商業資本間の競争であり，商業資本は競争力を高めていくために，大量購買や大量販売を実現するための方法を追求するようになる。その結果，商業資本は少数の大規模商業資本と多数の中小商業資本に分かれていく。

　しかし，どのような革新的な方法も，自由競争を前提とする限りいずれはライバルに模倣され平準化される。そうした状況で最大限の利潤を獲得しようとすれば，自由競争を制限するしかない。そこで，大規模商業資本は，購買（G—W）と販売（W—G'）の両面において自由競争を制限するための働きかけを行うようになる。例えば，購買におけるバイイングパワーの行使や販売における価格競争の制限などがそれに当たる。こうなると，大規模商業資本は単なる巨大企業ではなくなり，自由競争の制限を行う独占的商業資本に姿を変える。商業における独占は，このように最大限の利潤を獲得するために，大規模商業資本が自由競争の制限に乗り出したときに始まる。

　また，商業資本は独占的商業資本に成長していく過程において，銀行資本との結びつきを強めていく。なぜなら，商業資本が大規模化していくためには膨大な資本が必要であり，それを自らで調達することはできないからである。こうした銀行資本との結びつきは，産業資本が大規模化していく過程でも同じである。独占段階においては，銀行資本と独占的産業資本との結びつきも強くなっている。そうなると，銀行資本を媒介にして，最大限の利潤の獲得をめざして，全く取引関係のなかった独占的産業資本と独占的商業資本が結びつくようになり，三位一体の関係が展開される。

▷**商業の社会性**
→第4章1「商業経済論体系Ⅰ」

（参考文献）

森下二次也『現代商業経済論──序説＝商業資本の基礎理論』有斐閣，1960年。
加藤義忠・齋藤雅通・佐々木保幸編『現代流通入門』有斐閣，2007年。

第4章　流通・商業の経済理論

4 マーケティングと商業
——現代流通法則の解明

① マーケティングの「個別性」と商業の「社会性」

　独占段階において深刻な販売問題に直面した独占的産業資本は，直接的に消費者と結びつき販売を行おうとする。こうした産業資本の新しいタイプの市場への働きかけが最初に現れたのはアメリカである。アメリカでは，このような市場への働きかけをマーケティングと呼び，伝統的に **AMA**（アメリカ・マーケティング協会）を中心に「生産者から消費者に至るまでの財・サービスの移転に関わる諸活動」（1948/1960年）として定義されてきた。

　これに対して，日本で独自の発展を遂げてきた商業経済論では，こうした市場への直接的な結びつきを「**配給**」と呼んできた。それは，AMA の定義では，「商業」などの類似した用語との区別がつかず，その独自性がはっきりしないからである。

　商業経済論では，このマーケティングの独自性を**商業の社会性**との対立から説明する。商業経済論では，マーケティングを「独占的産業資本の市場獲得・支配のための諸活動」と定義したうえで，独占的産業資本の販売問題の解決という個別的な要求が，全ての商品を平等に取り扱おうとする商業の社会性と対立するため，それを否定し消費者との直接的な結びつきを試みるマーケティングという新しい市場への働きかけが現れたとする。こうした独占段階に現われた販売における「個別性」の要求は，これまでの用語では説明できない内容を含んでおり，商業経済論はこの点にマーケティングの独自性を求める。

② 犯された商業論

　商業経済論では，独占段階における流通は配給が支配的になるとする。しかし，これに対しては，独占段階においてもなお存在する商業資本を媒介にした流通をどのように位置づけるのかという問題提起がなされており，現代流通の全体像を理解するための重要な課題となっている。

　この課題に対して，マーケティングによる個別性の要求と商業の社会性との交錯から現代流通の全体像を説明しようとするのが石原武政の「犯された商業論」である。この理論では，独占段階におけるマーケティングの展開によって商業資本の社会性がどのように「犯されている＝制限されている」のかを3つの集計レベルから説明する。

▷ **AMA**（American Marketing Association）：アメリカマーケティング協会。NAMT（全米マーケティング教職者協会）と実務家を中心に創設された AMS（アメリカマーケティング学会）が合併して1937年に設立された。今日でもマーケティングに関する中心的かつ世界最大の学会である。1948年と同じ定義を行った1960年以降，1985年，2004年，2007年にマーケティングの定義を改定して発表している。
▷ 配給
→第4章3「商業経済論体系Ⅲ」
▷ 商業の社会性
→第4章1「商業経済論体系Ⅰ」

▷1　石原武政「商業資本の自立性と社会性」『経営研究』第33巻第4号，1982年。

第1の集計レベルは「体制レベル」である。独占段階においては，商品供給能力は少数の独占的産業資本に集中する。こうした経済体制においては，商業資本が取り扱う商品の大部分は独占的産業資本の商品によって構成されるため，商業の社会性は構造的に制限

資料4-2　現代流通の構造モデル

出典：阿部真也「配給論の限界と現代の流通法則」『福岡大学商学論叢』第31巻第3・4号を一部修正し，筆者作成。

される。第2は「産業レベル」である。各産業では激しいマーケティング競争が繰り広げられており，製品差別化などによる消費者への働きかけが行われている。これによって，消費者が特定の産業資本の商品を購買に先立って指名するようになると，商業資本はそれを取り扱わざるをえなくなるため，商業の社会性は産業レベルの競争によって間接的に制限される。第3は「企業レベル」である。個々の独占的産業資本が，競合する商品の取り扱いを禁止する**流通系列化**を進めると，商業資本は独占的産業資本の自家販売組織の一員のような存在となり，商業の社会性は直接的に制限される。

　このように，犯された商業論では，マーケティングによって商業の社会性が制限される度合いを重層的に分析しながら，流通の配給過程化は独占産業資本が意図した通りに完全な形で進むわけではなく，「配給」とも「商業」とも呼ぶことができない中間的な領域が形成されることを説明する（資料4-2）。

③　現代流通の解明

　現代流通の全体像の理解とその法則性の解明は，今なお流通研究の課題となっている。現代流通の理解のためには，商業経済論で展開されてきた「配給」と「商業」という単純な二分法ではなく，マーケティングの個別性と商業の社会性の交錯によって形成される中間的な領域を独自の研究対象として定め，その法則性を解明していくことが求められる。

　この課題に対して，日本の流通研究は，蓄積されてきた商業経済論の基礎理論をベースにしつつ，アメリカのマーケティング研究を批判的に取り込みながら，独自の理論を展開してきた。例えば，風呂勉の「マーケティング・チャネル行動論」，石原武政の「犯された商業論」，阿部真也の「中間組織論」は，商業経済論における二分法的な理解から脱し，現代流通を理解するための理論を切り開いてきた。

　現在においては，商業経済論体系が流通研究において顧みられることは少なくなってきたが，基礎理論を欠いた現実の分析は，一瞬の輝きを放ってすぐに消えてしまう「流れ星」のような研究になりやすい。現代流通を捉えるための新しい理論は，基礎理論と現実の絶え間ない対話によって生まれる。

▷流通系列化
→第7章1「経営史における流通，流通企業の経営史」

参考文献

阿部真也「配給論の限界と現代の流通法則」『福岡大学商学論叢』第31巻第3・4号，1987年。

石原武政「商業資本の自立性と社会性」『経営研究』第33巻第4号，1982年。

コラム 2

コミュニケーション資本主義における消費者

インターネットの発展と「便利」な生活

インターネットの商用利用が本格化したのは1990年代半ばのことである。そこから四半世紀が経過した今，私たちはスマートフォンを片手に絶え間なくデータのやりとりを行いながら，日々の生活を送っている。

ランチでタイ料理を食べたいと思えば，「検索」エンジンですぐに周辺のお店を見つけ出すことができるし，共感できるニュースがあれば「いいね！」をクリックする。楽しかった思い出の写真は Instagram に投稿し，おしゃれなカフェを散歩中に見つければ Twitter でつぶやき，情報を「シェア」する。インターネットで買い物をすれば，おすすめの商品に関する情報が表示される。

インターネットの発展によって，私たちの生活はずいぶん「便利」になった。また，こうしたデータのやり取りを行うためのサービスは，「プラットフォーマー」と呼ばれる企業によって，多くの場合無料で提供されており，スマートフォンなどの携帯端末からいつでも・どこからでもアクセスすることができる。私たちはもうスマートフォンの無い生活を送ることはできないし，それ以前の生活がどのようなものであったかを想像することさえ難しくなっている。

「あちら側」では何をしているのか？

プラットフォーマーが提供してくれるサービスのおかげで，私たちの生活は確かに「便利」になった。しかし，ここで立ち止まって考えなければならないのは，なぜ，このようなサービスを，「あちら側」のプラットフォーマーは，「こちら側」の消費者に対して親切に惜しげもなく提供してくれているのかということである。「こちら側」にいる消費者からは，「あちら側」にいるプラットフォーマーが何をしているのかを見ることはできないが，事業を継続するためには何らかの方法で安定的に利益をあげるビジネス・モデルを構築しているはずである。

それでは，そのビジネス・モデルとは何か。簡潔に言えば，データの商品化である。プラットフォーマーは，データのやり取りを仲介するだけでなく，そこで収集された膨大なデータを分析・加工し販売することで利益をあげている。具体的には，収集されたデータから消費者行動のパターンを予測するデータを産出したり，それに即した行動ターゲティング広告を販売したりすることで利益をあげている。このようなデータの商品化がプラットフォーマーの利益の源泉となっている。

コミュニケーション資本主義における消費者

こうした関係から，「あちら側」のプラットフォーマーが提供する「便利」なサービスを利用する「こちら側」

の私たちは，実は「消費者」であると同時に「労働者」であるという受け入れがたい事実に気づくはずである。なぜなら，プラットフォーマーにとってデータの商品化が利益の源泉であるのならば，私たちが日常的に行っているデータのやり取り，つまり，コミュニケーション自体が「フリー労働」として搾取されていることになるからである。

　アメリカの政治学者のジョディ・ディーンは，このように日常的に行われているコミュニケーション自体が「フリー労働」として組織化される資本主義の新しい形態を「コミュニケーション資本主義」と呼んでいる。コミュニケーション資本主義においては，社会的なコミュニケーションのあらゆる過程が「お金儲けの論理」によって組織化されることが目指される。それゆえ，これまでとは全く異なる論理で，「こちら側」の私たちの消費過程のコミュニケーションが同時に労働となっているような，心地よく搾取するためのマーケティングが「あちら側」から展開されることになるだろう。まだ，こうした理論研究は体系化が進んでいないが，流通・マーケティング研究が新しいフェーズに入ったことは確かである。

（河田祐也）

第 5 章　マーケティングの経済理論

 寡占とマーケティング

▷ **NAMT** （National Association of Marketing Teachers）
全米マーケティング教職者協会。広告について議論すべく，1915年に全米広告教職者協会が創設されたが，議論の幅をマーケティングにまで拡大するため，団体名を変更することで1933年に設立された。団体名変更前の1931年にマーケティングに関する用語の統一性を図るべく「定義委員会」が設置され，その最終結果が1935年に発表された。
▷ **AMA** → 第 4 章 4「マーケティングと商業」
▷ 1　R・バーテルズ／山中豊国訳『マーケティング学説の発展』ミネルヴァ書房，1993年。
▷ **完全競争**
経済学の理論上の市場状況の 1 つ。ある財について，誰も市場価格に影響を与えることができないほど無数の供給者と需要者が存在し，相互に完全な市場情報と商品知識を有しており，売買される財は全く同質で商標や特許などによる商品の差別化がなく，供給者と需要者の市場への参入と退出が自由であることを主たる条件とする。
▷ **不完全競争**
完全競争と完全独占との中間にある競争形態の総称。競争者の数が少数である寡

1　流通とマーケティング

「流通」としばしば同列に扱われる用語がある。「マーケティング」である。「流通・マーケティング」という表記は決して珍しくない。実際，NAMT が1935年に行った定義によれば，「マーケティングとは，生産から消費に至る財・サービスの流れにかかわるビジネス諸活動」であり，「マーケティング」を「流通」に置き換えても意味が通るように見える。AMA が初めて行った1948年の定義，「マーケティングとは，生産者から消費者・使用者に至る財・サービスの流れを統制するビジネス諸活動の遂行」も同様である。

だが，同じ意味であるなら，用語は 2 つも必要ない。「流通」と「マーケティング」は何が違うのだろうか。

2　寡占の確立とマーケティングの生成

R・バーテルズによれば，20世紀初頭のアメリカで，「流通」に代わる「マーケティング」という用語の採用を実現し，この分野を確認することになった概念的諸変化が生じた。そうであれば，この概念的諸変化を明らかにすることで，「流通」と「マーケティング」の違いを理解することができる。

20世紀初頭のアメリカで生じたのは，**完全競争**から**不完全競争**へ，とりわけ寡占へという市場の質的変化である。無数の企業が競争する完全競争に対し，寡占とは少数の企業が市場を支配している状態を意味する。実際，生産財部門を皮切りに広範囲の消費財部門でも寡占が形成され始め，1920年代後半には耐久消費財部門においても少数の企業が市場を支配するに至っている。

市場を支配しているこれら少数の製造企業，すなわち寡占的製造企業は，巨大企業であると考えることができる。なぜなら，それまで無数の企業で賄っていた生産を少数で賄うことができるからである。逆に考えれば，完全競争における企業は小規模であり，小規模企業同士の競争に勝ち残った企業が敗れ去った企業の分まで生産を賄い，規模を徐々に拡大していくということができる。規模拡大に先に成功した企業は，**規模の経済**を活かした価格競争によって競争者を駆逐し，さらに大規模化していく。こうして，少数の巨大企業が相対峙する寡占が確立する。

寡占が確立すると，企業の競争行動が変化する。今や競争は実力伯仲の寡占

企業の間での競争であり，規模格差を前提にしていた価格競争によって決着を
つけることはできない。一方の価格切り下げは，他方の対抗的な価格切り下げ
を引き起こし，互いの利潤を圧迫する。巨額の**固定資本**を投下しており，長期
にわたって安定的に利潤を獲得しなければならない巨大企業にとって，終わり
の見えない価格競争は破滅的である。

　しかしだからといって，競争が停止されるわけではない。寡占企業は価格競
争を協調的に排除しながら，同時に自己の市場占有率を最大にすべく競争しな
ければならない。この課題に応えるために展開される企業の競争行動こそ，非
価格競争としてのマーケティングに他ならない。

　ここでのマーケティングの中心をなした手段は全国広告であり，その基礎と
しての製品差別化である。それまで販売の推進力となってきたのは，中間商人
と自社の販売員と若干の地方的な広告であったが，それだけでは全国的な広が
りをもつ市場を集約的に耕作することはできない。寡占企業の生産量は今や膨
大であり，それを売り尽くすためには全国市場を目指さなければならない。そ
の場合，全国広告が最も有効で経済的な手段となる。

　広告が説得力をもつためには，広告される商品に何らかの特性を与え，他の
商品と識別できるようにしておかなければならない。これが製品差別化である。
パッケージングやブランディングなどの製品差別化が行われる。

　このような製品差別化は，競争者の販売価格以上での販売を可能にする。ま
た，広告は中間商人排除の強力なテコともなり，流通経路支配に寄与する。

　このように，寡占の確立による生産量の増大と市場の狭隘化との深まりゆく
矛盾は，企業の関心を市場の問題に引きつけずにはおかなかったのであり，そ
の解決を志向する寡占企業の対処こそ，マーケティングの諸活動に他ならなか
ったのである。

③ マーケティング論の対象と方法

　以上の議論から，マーケティングとは，寡占的製造企業の対市場活動であり，
マーケティング論の研究対象はこのように規定されたマーケティングである，
という結論にひとまず到達することができる。

　ここで確認すべきは，マーケティングは寡占という歴史の一定の段階の所産
であるということである。社会科学が追及する法則は発展の法則であり，マー
ケティングが歴史の一定の段階で成立し，発展し，やがて死滅していく必然性
を，現実の分析を通じて追及していくのがマーケティング論の課題である。そ
して，マーケティングの発展にとって規定的な役割を果たすのは，経済的側面
である。したがって，マーケティングの理論は何よりもまずマーケティング経
済論でなければならず，そこで追及すべき法則はマーケティングを支配する経
済法則でなければならないのである。

占と，多数である独占的競
争とに大別される。寡占の
場合，企業の少数性のゆえ
に，各企業は競争者の行動
を意識した生産と販売を行
い，独占的競争の場合，各
企業は差別化された商品の
生産と販売を行うことが想
定されている。
▷2　山本義徳「独占の形
成と独占の市場行動」森下
二次也監修『マーケティン
グ経済論（上巻）』ミネル
ヴァ書房，1972年，第4章。
▷**規模の経済**
生産量が大きくなるほど，
生産物1単位当たりの生産
コストが低下し，収益性が
向上するという経営学上の
定理。例えば，100万円の
機械によって生産した商品
の数が1個であれば，単位
当たりの機械のコストは
100万円であるが，生産量
が2個に増えれば50万円に
なり，100万個生産すれば
1円にまで低下する。
▷**固定資本**
古典派経済学によれば，資
本とは，土地，労働と並ぶ
生産の3要素の1つであり，
原材料，機械，建物などの
生産手段のことであるが，
このうち，原材料など一期
間において完全に使用され
てしまうものを流動資本と
いい，機械，建物など数期
間にわたって継続的に使用
可能で，その価値が徐々に
生産物に移転するものを固
定資本という。
▷3　A・W・ショー／丹
下博文訳『市場流通に関す
る諸問題（新訂版）』白桃
書房，2018年。
▷4　→第4章4「マーケ
ティングと商業」

参考文献

森下二次也『マーケティン
グ論の体系と方法』千倉書
房，1993年。

第5章　マーケティングの経済理論

 ② 企業的マーケティング論と
社会経済的マーケティング論

▷1　→第5章1「寡占と
マーケティング」

▷2　Shaw, A. W., "Some
Problems in Market Dis-
tribution," *Quarterly Jour-
nal of Economics*, Vol. 26,
No. 4, 1912, pp. 703-765.
この論文に，経営問題に関
するショーの見解を要約し
た第1章が書き加えられた
同名の単行本がハーバード
大学出版局より1915年に刊
行されている。

▷**科学的管理法**
「経営学の父」と呼ばれた
F・W・テイラーとその同
志によって提唱された工場
管理の方式。ストップウォ
ッチを用いて工場労働者の
作業を分析し，作業ごとの
標準時間や作業の合理的な
順序，そして，それに基づ
く1日当たりの標準的な作
業量を設定することで，作
業の総合的管理を行い，そ
の能率向上が図られた（テ
イラー／有賀裕子訳『科学
的管理法（新訳）』ダイヤ
モンド社，2009年）。

▷**開差**
生産者の受取額と消費者の
支払額との差。ウェルドは，
牛乳やクリーム，バター脂
肪など11種類の農産物の最
終小売価格のうち，農家の
受取額の割合は53.1%に過
ぎないことを示し，農家が
消費者の支払額と比較した
場合に満足な額を受け取っ
ていないことから，その原
因としての流通を問題にし，
合理化策を考案した（Weld,

① 企業的マーケティング論

　NAMT と AMA の最初のマーケティングの定義が流通と同義であったのは
何故だろうか。その理由を明らかにするためには，マーケティング学説史の検
討が必要である。

　マーケティングに関する体系的記述を初めて行ったとされる A・W・ショ
ーは，1912年に発表した論文で，市場流通の問題を体系的に研究しなければな
らないと主張した。なぜなら，当時のアメリカでは，**科学的管理法**によって生
産活動の合理化が進み，生産能力は飛躍的に向上していたにもかかわらず，商
品を販売する合理的な方法については研究が進んでおらず，莫大な社会的浪費
が生み出される恐れがあったからである。それゆえ，ショーの課題は，商品を
販売するための活動を体系的に把握し，その合理化策を提示することにあった。

　そのためにショーが関心を向けたのは，製品差別化によって市場価格以上で
の販売を実現していた大規模製造企業である。大規模製造企業は，中間商人と
自社の販売員と広告の3つの機関を組み合わせて販売を行うことができたが，
中間商人を排除する傾向があった。排除を可能にした理由を，ショーは中間商
人の機能を分析することによって明らかにしている。それによれば，中間商人
の一般的機能として，(1)危険負担，(2)輸送，(3)金融，(4)販売（商品に関するアイ
デアの伝達），(5)集荷，仕分け，再発送の5つが挙げられるが，(1)は保険業者，
(2)は運輸業者，(3)は金融業者，(4)は広告業者か製造企業によってより効率的に
遂行されるようになってきているため，中間商人の役割は(5)に限定されつつあ
り，地位が弱体化しているために排除される傾向があったのである。

　このように，ショーは，大規模製造企業の流通活動が社会的浪費を削減する
と考え，その合理化に焦点を当て分析を進めた。中間商人の機能や排除傾向と
いう社会経済レベルの分析も，個別企業レベルの流通活動の合理化の分析のた
めに行われている。ショーは個別企業レベルの流通活動を主たる研究対象とし，
それを「マーケティング」と考えたのである。こうしたマーケティング論は，
企業的マーケティング論と呼ばれている。

② 社会経済的マーケティング論

　ショーに対し，社会経済的マーケティング論の創始者とされるのが，L・

D・H・ウェルドである。当時拡大していた農産物価格の**開差**と，その原因としての流通を問題にしたウェルドは，小麦やバター，鶏卵など商品別に流通を分析し，その合理化策を提示している。

ここでウェルドは，「流通」を表すのに，"distribution" ではなく "marketing" を用いている。なぜなら，"distribution" では，「流通」の他に「分配」の意味を表してしまうからである。つまり，「流通」の意味を明確にするために「マーケティング」を用いたのである。このことからもウェルドが，流通活動の社会経済レベルでの集計結果を主たる研究対象とし，それを「マーケティング」と考えていたことが分かる。すなわち，社会経済的マーケティング論である。

ウェルドはショーを参考にしながら機能分析を行い，ショーと極めて似た分類を行っているが，それを「中間商人の機能」ではなく**「マーケティング機能」**と呼ぶ。なぜなら，それを遂行するのは中間商人だけでなく様々な主体であり，それら主体の流通活動の総体がウェルドの「マーケティング」だからである。

このように，同じ「マーケティング」であっても，そこには2つの意味があり，どちらの意味で捉えるかによって含意も変わってくる。それにもかかわらず，あるいはそれゆえに，両方の意味を含み込んだ定義を目指した結果，NAMT と AMA のマーケティングの定義は流通と同義になっているのである。

③ マーケティング科学論争

ショーとウェルドもそうであったように，戦前のマーケティング論のアプローチは，商品別，機関別，機能別の3つに大別することができる。小麦やバター，鶏卵など商品別の分析，中間商人や自社の販売員や広告など機関別の分析，危険負担，輸送，金融といった機能別の分析である。

これら伝統的アプローチの意義は疑いえない。だが，アプローチ相互の関連が欠如しているという問題と，技法や現象の記述に過ぎず，論理的・体系的展開がみられないという問題があった。それゆえ，1945年に P・D・コンバースがそれまでのマーケティング論の発展を跡づける論文を発表すると，それが発端となり，2つの論点をもつ論争が起こった。「マーケティング論は科学たりうるか，それともしょせん技法にとどまるのか」という論点と，「もし科学たりうるとして，それを科学たらしめるべき統合的体系を形成する基礎概念と理論枠組みはどこに求められるべきか」という論点である。

第1の論点は，結局のところ科学をいかに定義するかによって見解が相違することとなり，その後，科学の条件論争を経て，**マーケティング科学哲学論争**が展開されることになった。また，第2の論点によって，従来とは質的に異なるマネジリアル・アプローチが展開されることになった。すなわち，経営者行動の観点からマーケティング諸活動の総合的統一を目指す**マネジリアル・マーケティング**が提唱されることになったのである。

L. D. H., *The Marketing of Farm Products*, The Macmillan Co., 1916)。

▷**マーケティング機能**
ウェルドが挙げた機能は，(1)収集，(2)保管，(3)危険負担，(4)金融，(5)再調整，(6)販売，(7)輸送の7つである (Weld, L. D. H., "Marketing Functions and Mercantile Organization," *American Economic Review*, Vol. 7, No. 2, 1917, pp. 306-318)。

▷3　ウェルドによれば，中間商人を排除してもマーケティング機能が排除されるわけではなく，誰かが代行せねばならないのだから，マーケティング・コストは，ショーの意味では削減されることがあっても，ウェルドの意味では削減されない。つまり，大規模製造企業の流通活動の合理化は社会経済レベルの流通活動の効率化に必ずしもつながらないのである。

▷4　Converse, P. D., "The Development of the Science of Marketing: An Exploratory Survey," *Journal of Marketing*, Vol. 10, No. 1, 1945, pp. 14-23.

▷**マーケティング科学哲学論争**
マーケティング科学はどの科学哲学に依拠すべきかを巡って争われた論争。大きく，実証主義的・経験主義者と相対主義的・構成主義者の間で争われた。前者は，科学は客観的で，科学的知識は絶対的かつ累積的であるとするのに対し，後者は，科学は主観的で，科学的知識は文脈や歴史に相対的であるとする点で大きな違いがある。

▷**マネジリアル・マーケティング**
→第5章3「マーケティングの展開」

第5章　マーケティングの経済理論

3 マーケティングの展開

▷1　→第5章1「寡占と
マーケティング」

▷フォード　1903年に設立
されたアメリカの自動車メー
カー。ゼネラル・モーター
ズ，クライスラーと共に
自動車産業のビッグ・スリ
ーと呼ばれる。設立者のヘ
ンリー・フォード1世は，
機械部品の規格化とベルト
コンベアーによる流れ作業
方式を結合したフォードシ
ステムによって，生産能率
の飛躍的向上と原価の引き
下げを実現した。

▷消費者信用　消費者が商
品を購入するに当たって，
その生産者や金融機関から
供与される貸付のこと。生
産者からの貸付は分割支払
いを認める割賦方式で行わ
れ，金融機関からの貸付は
消費者ローンの形態で行わ
れる。これにより消費者は，
「今買って，後で支払う」
ようになり，企業は，消費
者の将来所得を先取りする
ことができるようになる。

▷2　三浦信「マーケティ
ング論の成立と展開」『商
学論究』第23号，1958年，
33～58ページ。

▷**国家による市場の人為的
創出**　社会保障計画，団体
交渉，累進所得税，農業計
画，銀行預金の保証，政府
の貸付および保険操作，住
宅建設計画，抵当および資
本市場における諸改革とい
った経済の体質改善と，対
外的な軍事・経済援助，後
進国開発などが行われた。
また，固定資本の特別償却

1 高圧的マーケティング

　20世紀初頭のアメリカで寡占の確立に伴って生成したマーケティングは，その後どのような展開を辿ったのだろうか。

　第一次世界大戦の終了と共に軍需が消滅し，戦後恐慌に見舞われたアメリカでは，そこから脱出するために産業合理化政策が実施された。この政策はフォードによって典型的に実現された大量生産方式に結実したが，標準化された大量の商品が市場をさらに圧迫することにもなった。

　この解決のために実行されたのが，高圧的マーケティングである。最終需要の状態にかかわりなく，全国広告や製品差別化，**消費者信用**など，販売手段のすべてにわたって巨額を投じ，大量規格商品を市場に押し込むことが行われた。

2 低圧的マーケティング

　「黄金の20年代」を支えた高圧的マーケティングは，1929年に大恐慌が起こると，その手段を選ばない販売方法のゆえに消費者大衆から強い反抗を示されるようになり，消費者中心主義を強調する低圧的マーケティングへと戦術転換を余儀なくされた。消費者ニーズが重視され，PRが強調された。

　低圧的マーケティングの中心的地位を占めたのは，マーチャンダイジングである。これは潜在的需要のある商品の特性を確かめ，生産すべき商品について製造工場に指示を与えることを意味する。それまでの製品差別化がパッケージングやブランディングなど本来的な生産過程の外部で行われていたのに対し，マーチャンダイジングはその内部で行われる製品計画のことであり，ここにマーケティングが企業の全生産計画の態様を支配するといわれる所以がある。

　ただし，マーケティングが生産部面に指示を与えるといっても，当時の膨大な遊休設備を前提としての製品計画への関与という域を脱しておらず，この点で，次の第二次世界大戦後のマーケティングとは著しい対照をなしている。また，低圧的だからといって，高圧的マーケティングの諸手法の欺瞞性が消失したわけではなく，その本性は持続されたままにあった。

3 マネジリアル・マーケティング

　第二次世界大戦後のアメリカ企業の生産力は，動力部門における原子力利用

や作業工程におけるオートメーション化などの軍事技術を取り入れたことにより，量的にも質的にも飛躍した。これによるいわば法則的な市場の狭隘化を抑制するために**国家による市場の人為的創出**が行われると，新規設備投資が誘発され，マーケティング競争は新製品開発のための技術革新（イノベーション）の競争となった。

一般に技術革新のためには巨額の**固定資本**が必要であり，その投下は，それによって生産される大量の新製品が投資に見合うほど長期にわたって安定的に販売される見通しが得られない限り実現されない。したがって，ここでのマーケティングの任務は，長期の安定市場の見通しを与え，それを確保することにある。こうした長期的マーケティングは，期待される長期的利潤を最大化するように組織された一定期間にわたるマーケティング計画の総体であり，マーケティング戦略と言い換えることができる。これは，**STP**と**マーケティング・ミックス（4P）**という2つの部分から構成される。

だが，同じく一般に技術革新はそれ自体が変化であり，競争を通じて絶えず変動する。つまり，技術革新の競争は最初から矛盾を孕んでいる。一方で巨額の資本を固定させなければならないが，他方でその陳腐化を促進してやまないのである。したがって，ここでのマーケティングの任務は，できるだけ短期間に大量の製品を生産し，それを迅速に売り尽くして固定資本の回収を早めることにある。こうした短期的マーケティングは，眼前の事態に即応して，局部的ではあるがそれだけに具体的な諸問題の解決を志すものであり，マーケティング戦術と言い換えることができる。マーケティングの長期計画を前提に，製品戦術，価格戦術，流通経路戦術，販売促進戦術などが実行される。

長期と短期の2つのマーケティングの統一的管理を内容とするマーケティング・マネジメントは，マネジリアル（経営者的）・マーケティングでなければならない。なぜなら，それは，マーケティングの終局的な目標設定や，それに到達するための長期的・戦略的な計画の樹立，この計画を基準とする諸活動の統制など，最高経営層が処理すべき問題を含んでいるからである。

マネジリアル・マーケティングはこの他に，企業のあらゆる活動をマーケティングの見地から計画し，組織し，発動し，統制するという企業活動の基本理念たる内容を含んでいる。すなわち，トータル・マーケティング，あるいは戦略的マーケティングである。これは，技術革新のマーケティングが，生産されたものを販売するという経営活動の終点にのみかかわっていることができず，いかなる設備をもって何を生産するかを決定する経営活動の始点にまで遡らざるをえないという事態を反映している。マーケティングはもはや，単に流通の領域にとどまらず，生産の領域にまで入り込み，製品計画はもちろん，設備投資の分野でも重要な役割を果たすようになっており，企業経営において最も重要な地位を占めるようになっているのである。

制度も実施された。

▷**固定資本** →第5章1「寡占とマーケティング」

▷3 J・A・ハワード／田島義博訳『経営者のためのマーケティング・マネジメント』建帛社，1960年。

▷**STP** Segmentation（セグメンテーション），Targeting（ターゲティング），Positioning（ポジショニング）の3つの要素からなるマーケティング戦略の基本枠組み。P・コトラーが提唱。年齢や性別など特定の基準に沿ってニーズが共通しているセグメントに市場を細分化し，その中からターゲットとすべき顧客層を選定し，その顧客層に対して独自のポジションを確立するための一連の活動（コトラー／木村達也訳『コトラーの戦略的マーケティング』ダイヤモンド社，2000年）。

▷**マーケティング・ミックス（4P）** 売上や市場占有率などのマーケティング目標を達成するために，Product（製品），Price（価格），Place（流通経路），Promotion（販売促進）などのマーケティング諸手段を，別々の技法としてではなく，全体で1つとして考え，適切に組み合わせること。この用語を最初に用いたのはN・ボーデンであるが，E・J・マッカーシーが提唱した4Pが広く知られている（マッカーシー／粟屋義純監訳『ベーシック・マーケティング』東京教学社，1978年）。

▷4 cf. A・R・オクセンフェルト／清水猛訳「市場戦略の形成」E・J・ケリー・W・レイザー／片岡一郎他訳『マネジリアル・マーケティング（上）』丸善，1969年，第2章第8節。

第5章　マーケティングの経済理論

 # マーケティングと現代社会

▷1　→第5章2「企業的
マーケティング論と社会経
済的マーケティング論」
▷**経済のサービス化・ソフ
ト化**　産業構造におけるサ
ービス産業のウェイトと，
各産業における情報や企画，
デザインなどの業務の重要
性が増大する社会経済現象。
高度経済成長期から安定成
長期へと移行する中で，生
活水準の向上や，生活意識
の変化，生活様式の変化な
どを背景に消費者ニーズが
高度化・多様化するにつれ
て生じる。
▷2　Kotler, P. and Levy,
S. J., "Broadening the Con
-cept of Marketing," *Jour-
nal of Marketing*, Vol. 33,
No. 1, 1969, pp. 10-15.
▷3　Kotler, P. and Zalt-
man, G., "Social Market-
ing : An Approach to
Planned Social Change,"
Journal of Marketing, Vol.
35, No. 3, 1971, pp. 3-12.
ソーシャル・マーケティン
グを非営利組織のマーケテ
ィングの意味で用いたコト
ラーらに対し，W・レイザ
ーらは，企業の社会的責任
や社会貢献と結びついた社
会志向のマーケティングの
意味で用いた（Lazer, W.
and Kelley, E. J., *Social
Marketing : Perspectives
and Viewpoints*, Richard
D. Irwin, 1973）。この2つ
を区別するために，後者は，
ソサイエタル・マーケティ

① ソーシャル・マーケティング

　伝統的アプローチにせよマネジリアル・アプローチにせよ，マーケティング
の主体は営利企業であり，客体は経済的財・サービスであることが前提とされ
ている。しかし，1960年代後半以降，アメリカで**経済のサービス化・ソフト
化**が進み，病院や学校，市役所などによる社会的業務の適切な遂行が重要にな
ってくると，それら非営利組織の経営にも顧客志向を理念とするマーケティン
グの技法を適用すべきであるというマーケティング概念の拡張論が提唱される
ようになった。主導的提唱者であるP・コトラーは，例えば病院であれば患者
に医療サービスを，大学であれば学生に高等教育をというように，いかなる組
織も「消費者」に「製品」を提供しており，利用者の減少やイメージの悪化と
いった「マーケティング問題」を抱えているのであるから，マーケティングを
行わないという選択肢はないと主張し，そうしたマーケティングをソーシャ
ル・マーケティングと呼んで，その実行可能性を説明している。

　拡張論者によれば，マーケティングの主体は社会のすべての組織であり，
「消費者」は通常の消費者だけでなく，後援者，被雇用者，供給者，代理人，
一般大衆，特定公衆，政府，競争者にまで拡張され，「製品」も，財，サービ
ス，組織，人，場所，アイデアにまで拡張される。こうした拡張は，マーケテ
ィング論にとっても，分析の範囲を拡張できることになるから，好ましいこと
のように見える。しかし，そこには，拡張の前後でマーケティングの意味が変
わってしまい，アイデンティティが失われてしまうという大きな問題があった。

　この問題から，マーケティング概念の拡張を巡って激しい論争が巻き起こっ
た。だが，マーケティング研究者の大多数が拡張を支持し，1985年には，
AMAが1948年以来変えることのなかったマーケティングの定義を，「個人お
よび組織の目的を満足させる交換を創出するために，アイデア，財，サービス
の構想，価格設定，販売促進，流通を計画し実行するプロセス」へと変更する
ことになった。マーケティングの主体が「個人および組織」に，客体が「アイ
デア，財，サービス」に拡張されることになったのである。

② サービス・マーケティングとリレーションシップ・マーケティング

　経済のサービス化・ソフト化という社会経済環境の変化によって同じく注目

されたのが，サービス・マーケティングである。店員の説明や行為，店舗の雰囲気，注文や配達の利便性といった無形なサービスが，有形な財と同じく，顧客の効用を生み出す重要な構成要素として捉えられるようになり，そうしたサービスを取り込んだマーケティングが展開されるようになった。

この分野において注目を集めているサービス・ドミナント・ロジックという考え方によれば，サービスとは，他者あるいは自身の便益のために，行為，プロセス，パフォーマンスを通じて専門化された知識と技能を適用することである[4]。この定義に従えば，いかなる有形財にも制作者の知識と技能が埋め込まれているから，マーケティングにおける交換の対象はすべてサービスであるということになる。また，便益のために知識と技能を適用するのは消費者も同じであるから，顧客もサービスの行為者であるということになる。こうして，企業と顧客との価値共創が強調される。自動車であれパソコンであれ，それにどれだけの知識と技能が埋め込まれていたとしても，顧客の側にそれに対応する知識と技能が備わっていなければ，価値を創出することはできないのである。

1990年代以降特に，価値創造における顧客の役割が大きくなってくると，企業と顧客とが，一過性の取引者ではなく，長期的な取り組み者同士として一体化し，強い信頼関係で結ばれながらパートナーとして新しい価値を継続的に共創していくことを目的とする，リレーションシップ・マーケティングが提唱されるようになった[5]。こうした考え方は，単純な顧客志向のマーケティングが行き詰まりを示し始める中，実務的に納得的であるということもあり，今日の**マーケティング・パラダイム**として支配的な地位を占めている。

③ マクロマーケティング

この他にも，経済のグローバル化による国際マーケティングや，情報化によるデジタル・マーケティングなど，社会経済環境の変化を受けて，様々なマーケティングが展開されている。ここで確認したいのは，そうした社会経済環境の変化にマーケティングが規定される側面だけでなく，反対に，規定する側面をもっているということである。例えば，マーケティングによる**消費文化**の標準化や地球環境破壊といった事態である。このようなマーケティングと社会との相互関係の総合的把握のための理論枠組みをマクロマーケティングと呼ぶ。

マクロマーケティングの問題領域は，(1)マーケティングの社会に対する影響とその結果，(2)社会のマーケティングに対する影響とその結果，(3)集合的レベルのマーケティング・システムであるとされている[6]。(3)には，戦前主流であった**社会経済的マーケティング論**の意味も含まれており，戦後，**企業的マーケティング論**が主流になる中で，ともすれば希薄になりがちなマーケティングの社会経済的意味という視点を想起させる。このような視点をもつマクロマーケティングは，今日特に重視されるべき研究分野である。

ング，ソシオエコロジカル・マーケティングなどとも呼ばれている。(→第16章「環境問題と流通」)

▷ AMA →第4章4「マーケティングと商業」

▷4 R・F・ラッシュ・S・L・バーゴ／井上崇通監訳『サービス・ドミナント・ロジックの発想と応用』同文舘出版，2016年。

▷5 嶋口充輝『柔らかいマーケティングの論理』ダイヤモンド社，1997年など。

▷**マーケティング・パラダイム** パラダイムとは，ある時代に支配的なものの見方，考え方のことであり，嶋口充輝によれば，これまでのマーケティング・パラダイムには，企業が消費者を説得する「エナクトメント・パラダイム」，企業が消費者に適合する「フィットネス・パラダイム」，企業と消費者とが価値を共創する「インタラクション・パラダイム」の3つがある(嶋口，同上書)。

▷**消費文化**→第11章3「消費パターンの歴史的変化」

▷6 Fisk, G., "Editor's Working Definition of Macromarketing," *Journal of Macromarketing*, Vol. 2, No. 1, 1982, pp. 3-4. この雑誌内に専門セクションが置かれ，早くからマクロマーケティングの主要な研究分野とされてきたのは，「マーケティング史」，「マーケティングと開発」，「マーケティングと生活の質」の3分野である。

▷**社会経済的マーケティング論** →第5章2「企業的マーケティング論と社会経済的マーケティング論」

▷**企業的マーケティング論** →第5章2「企業的マーケティング論と社会経済的マーケティング論」

クリティカル・マーケティング

マーケティング論に求められているもの

　マーケティングをテーマとする私のゼミでは，ゼミ募集の際，応募者に「志望動機」を書いてもらう。それを読むと，今の大学生がマーケティング論に求めているものが分かる。近年の志望動機を最大公約数的に紹介すれば，次の通りである。「私は将来，企画や商品開発にかかわる仕事に就きたいと考えており，そのために，顧客のニーズを明らかにし，社会に役立つ売れる商品をつくるための方法を学びたいと思ったため志望しました。」

　「マーケティング上級テキストの決定版」と紹介される『マーケティング・マネジメント』の第12版の冒頭において，P・コトラーら（2006）は，「経済的に成功するかどうかは往々にしてマーケティング能力に左右される」と述べ，「マーケティングとは，人間や社会のニーズを見極めてそれに応えることである」と定義している。そうであれば，先の応募者たちの志望動機は正鵠を射ている。自らの経済的成功に役立つことはもちろん，顧客のニーズに応え，社会に貢献するための方法論，これが，今日のマーケティング論に求められているものである。

マーケティング論の他でもあり得る可能性

　確かにマーケティング論は，顧客満足こそが企業に成果をもたらすと説いてきた。このことを早くから強調したのは，P・F・ドラッカー（1973）『マネジメント』であったが，今から10年ほど前，その内容を物語形式で分かりやすく紹介し，ベストセラーになった小説があった。岩崎夏海（2009）『もし高校野球の女子マネージャーがドラッカーの『マネジメント』を読んだら』（ダイヤモンド社），通称「もしドラ」である。「もしドラ」は，漫画化され，テレビアニメ化され，映画化もされたから，先の応募者たちは，それを参考に志望動機を書いたのかもしれない。

　一方，欧州では，同じく10年ほど前から，マーケティング論の暗黒面を批判する研究が急速に台頭し始めていた。クリティカル（批判的）・マーケティングである。その研究潮流は，顧客が満足し，企業に成果がもたらされるのであれば，何を行っても構わない，例えば，健康被害や地球環境破壊などは無視して構わないといったマーケティングの倫理的問題を批判するにとどまるものではない。マーケティング・イデオロギーやマーケティング・ディスコースなど，マーケティング論それ自体に内在する問題を明らかにし，マーケティング論のあり方そのものを問い直そうとする壮大な知的営みである。マーケティング論において，例えば顧客志向というイデオロギー（集合的表象）は，あまりにも「正統性」をもっていないだろうか，顧客志向というディスコース（言説）が流布することで，それがあまりにも「統治性」をもっていないだろうか，こうした問い直しによって，マーケティング論の「他でもあり得る可能性」を見出そうとするのが，クリティカル・マーケティングである。

学問研究としてのマーケティング論

　マーケティングがもたらす社会的問題についての議論は，特に日本のマーケティング学界において，かつて主流を占めていた。だが，今日のマーケティング論にクリティカル精神は求められていない。

　それでよいのだろうか。決定版のテキストに書かれていることを絶対視し，それに疑問を投げかけることなくして，どうして新しいものを創造するマーケターになれるのだろうか。創造にクリティカルを欠かすことはできない。そもそもクリティカルの無い分析は学問研究たり得ない。

　10年ほど前，マーケティングを礼賛する「もしドラ」が流行した日本とクリティカル・マーケティングが台頭し始めた欧州，この差はあまりにも大きい。「もしドラ」の流行を批判的に分析した江上哲（2012）『「もしドラ」現象を読む』（海鳥社）は，ドラッカーを読まずにドラッカーを理解しようとする勉強方法でどうしてイノベーションを起こすことができようかと指摘している。全くその通りだと思う。学問研究としてのマーケティング論に触れることが優れたマーケターになるための唯一の途である。このことを銘記して，マーケティング教育に当たろうと思う。

（中西大輔）

Ⅱ 現代流通の展開

第 6 章　流通の経済史

大規模小売店舗法（大店法）成立の背景

① 戦後〜高度成長期における「保護主義的」流通政策の展開

　本章では戦後20世紀の終わりまでの時期の日本における流通の歴史を，小売業における調整政策の展開を軸に振り返る。そこでは政策が小売業者（業界）に及ぼした影響にとどまらず，それらの政策が，日本経済の**高度成長**に伴い生起した内外における様々な問題からどのように影響を受けて変遷を遂げたかについても述べていく。

　戦後復興期の日本における小売業に対する政策の課題は，第二次世界大戦の敗戦にともない「外地」から帰国した兵士や海外在住者に就業機会を提供することを優先していた。そのため1956年制定の**百貨店法**（第二次）と1959年制定の**商調法**（小売商業調整特別措置法）は，いずれも商業者の事業機会の確保を念頭におく「保護主義的政策」となった。

　これらのうち百貨店法は，戦前の1937年に第一次百貨店法が制定され，百貨店の新規出店や売場面積の拡張を所管大臣（商工大臣）の許可制とし，もって中小小売業者の事業機会の確保を図っていたが，戦後 GHQ（連合国軍最高司令官総司令部）によって展開された「経済民主化」政策の一環として1947年**独占禁止法**（私的独占の禁止及び公正取引の確保に関する法律）が制定されると，その役割を終えたものとしていったん廃止された。しかしその後，百貨店各社は売場面積を積極的に拡大し，1955年には全国百貨店の売上額が 2 千億円の大台を突破した。この動きに対して百貨店の巨大化を防ぐべく再度制定されたのが百貨店法（第二次）であった。

② スーパーの急成長とその規制を求める声の高まり

　百貨店法における第一次と第二次の相違点は，第二次が完全な意味での「**企業主義**」を採用していたことであったが，この「企業主義」に乗じて急成長を遂げたのが，戦後の日本における新たな小売業態であったスーパーマーケットである。スーパー業界発展の象徴的存在であったダイエーの場合，三宮店（1963年開店）の店舗は地上 6 階，地下 1 階，延べ面積8,609 m²と百貨店と見紛うほどの規模を誇りながら，百貨店法の規制対象とはならなかった。その理由は「高度成長」とともに始まった物価騰貴にあった。日本経済にとっての難題となった「物価高」を解消する新勢力としてスーパーへの期待は大きく，これ

▷高度成長
1954年12月から1970年 7 月までの，日本経済が飛躍的に成長を遂げた時期。

▷百貨店法（第二次）
百貨店店舗の新・増築に際しては通産大臣の許可を必要とすることとし，また営業時間や営業日数なども規制した。

▷商調法
小売商の事業活動の機会を適正に確保し，小売商業の正常な秩序を阻害する要因を除去するため制定された。そのおもな内容は，(1)生協の事業に対し，組合員以外の利用が中小小売商の利益を著しく害するとき知事はそれを禁止できる，(2)都の特別区と指定都市における小売市場開設の許可制，(3)政令で指定する物品につき製造業者等が小売業を兼業する際の届出制，などである。

▷独占禁止法
→第 1 章 5 「流通政策」

▷企業主義
大規模小売店舗の活動を規制するに当たり，その店舗が単一の資本によって運営されているもののみを対象とすること。

を規制する意図は流通政策の担当官庁である通商産業省（通産省）にはなかったと言われる。中内功（ダイエー創業者）の回想によれば，通産省の商政課長が「**疑似百貨店**で行こう……百貨店法にかからないで済むんだ」と中内に語った。これはスーパーが「疑似百貨店」化することで百貨店法による規制を免れていることを当局が黙認するような発言であった。

　しかしこのような通産省の姿勢に中小小売商は猛反発し，スーパーに対する規制を求める声は高まった。高度成長期に小売商業の従業者は1966年の400万人から1972年の500万人へと急増したが，その圧倒的多数をしめていた中小小売商は，スーパーが疑似百貨店として百貨店法の適用を免れていることに不満を抱き，スーパーを百貨店法の規制対象とすることを求め，「**商工族**」の国会議員を通じ通産省に働きかけた。また百貨店業界においても，店舗の規模を拡大したスーパーとの競合がみられ，特に「全面衝突」といわれるような状態に陥っていた地方都市の百貨店関係者らは，百貨店法における百貨店とスーパーの平等な取扱いを求めた。

③　貿易・資本自由化への対応

　しかし先に述べた物価高への対応策としての流通部門の生産性向上に加え，当時の日本経済は貿易・資本の自由化という別の難問も控えていたため，政府が中小小売業者や百貨店の要求をそのまま受け容れることは困難であった。

　戦後の日本は1955年GATTに加盟し，関税や輸出入制限などの貿易制限を取り除く義務を負ったが，戦後の復興途上にあったことから，その実行は猶予されていた。しかしその後の日本経済は「高度成長」を遂げ，1968年にはGNP（国民総生産）がアメリカに次ぐ第2位となり，世界を代表する「経済大国」となった。かくして日本は，貿易と資本の自由化を進める責務から，逃れることはもはや許されなくなった。1964から67年にかけて第6回交渉（「ケネディ・ラウンド」）が行われ，以降貿易の自由化が進展した。日本の**貿易自由化**率は，1962年の41％から1968年の93％へと著しく高まり，以後焦点は**資本の自由化**へ移行した。

　1963年，住友商事はアメリカ第2位のスーパー，セーフウェイの第一号店を世田谷区に出店しようとした。しかし強烈な反対運動に直面したことから，69年セーフウェイは日本進出を断念した。この事件は，巨大な外国流通資本の日本進出が現実化しつつあることを強く印象づけた。

　その後1967年第一次，1969年第二次と資本自由化は進展し，1975年には小売業の完全資本自由化が達成された。こうして1960年代末から70年代の日本の流通政策は，物価対策としての流通近代化と，国内外資本の量販店（スーパーを中心とする）により圧迫される中小小売商の保護育成，という相互に矛盾した目標を追求することとなった。

▷**疑似百貨店**
企業主義による規制を回避するため，実質的には単一だが形式上（法的に）は複数の資本が運営する大規模小売店舗。

▷**商工族**
商工業分野の業界で利益の代弁者の役割を果たす国会議員およびその集団の俗称。

▷**GATT**
関税および貿易に関する一般協定(General Agreement on Tariffs and Trade)。関税や輸出入制限などの貿易の障害を取り除き，自由で無差別な貿易を促進することを目的とする国際経済協定で，1948年に発効した。

▷**貿易自由化**
国際的な貿易に関して，関税や輸出・輸入の品目などの制限を緩和したり，制限を撤廃したりする政策などの総称。

▷**資本の自由化**
国家間の資本移動を自由にする国際政策。

推薦図書
石原武政編著『通商産業政策史4──商務流通政策』財団法人経済産業調査会，2011年。
流通科学大学編『中内功回想録』中内学園流通科学大学，2006年。
林雅樹「わが国大規模店舗政策の変遷と現状」『レファレンス』2010年9月。
城田吉孝「百貨店法制定に関する研究」『名古屋文理大学紀要』第7号，2007年。

第 6 章　流通の経済史

 大規模小売店舗法（大店法）の 成立とその影響

　大店法の成立

　1972年，産業構造審議会流通部会「流通革新下の小売商業」答申は，「百貨店法は制定当時において消費者利益に対する配慮が不足」しており，「今日，消費者利益の確保を中心とした新たな小売商政策が必要」で，「そこでは競争の促進が必要」として当時の百貨店法の見直しは不可避とし，(1)大規模小売店舗の新設・拡張を「許可制」から「事前届出制」に改める，(2)スーパーなどの「新業態」を含めるよう法の対象を拡大する，(3)営業時間の規制は継続する，などを改正の方向として示した。しかし中小小売業者側は「許可制」の存続を求めた。その結果，大規模小売店舗の新設・拡張を「事前審査つき届出制」とすることで合意が得られ，1973年 9 月，**大規模小売店舗法**（大店法）が成立，10月公布，1974年 3 月施行された。

　大規模小売店舗法（大店法）の目的（第 1 条）は「大型店の事業活動を調整し，周辺の中小小売商の事業活動の機会を確保する」ことであり，「消費者利益の保護」は，「配慮」要因にとどめられた。また同法は完全な**建物主義**を採用し，その対象となる大規模小売店舗は「一の建物であつて，その建物内の店舗面積が1500 m²以上であるもの」（政令指定都市は3,000 m²以上）と定義（第 3 条），これにより従来中小小売商を悩ませてきた疑似百貨店問題は解決された。

▷大規模小売店舗法
正式名称は，大規模小売店舗における小売業の事業活動の調整に関する法律。

▷建物主義
大規模小売店舗の活動を規制するに当たり，店舗の規模（売場面積）のみによってその対象を決定すること。

　成立当初における大店法の運用

　大店法運用の手順は，まず建物設置者による届出（3 条届出）が行われ，これに対し通産大臣は事業活動の調整を公示，以後 6 ヵ月間（周辺小売業者の対応準備期間）は開業できないこととされた。次いで 5 条届出が営業の開始の日の 4 ヵ月前までに行われ，店舗の所在地，開店日，店舗面積等必要事項を通産大臣へ報告した。

　これらを経て事前審査が開始され，大型店の出店予定地周辺における人口とその推移，中小小売商の近代化見通し，他の大規模店の配置と現状などを考慮して，周辺中小小売商に及ぼす影響の度合いが審査された。もし影響が大きいと認められる場合には学識経験者（大学教員等）により構成される大店審（大規模小売店舗審議会）に諮り，その結果に応じ開店日の繰り下げや店舗面積の削減を勧告した。ただし対象面積を超える小売施設でも大型小売業者を含まない場

合は，影響は軽微と判断された。そのため寄合百貨店（中小小売業者が共同して設立運営するショッピングセンター）などは規制の対象外となった。

また大店審は百貨店法以来の**地元民主主義**の流れを継承し，大型店出店予定地の商工会議所もしくは商工会，消費者もしくはその団体，小売業者もしくはその団体からも意見を聴取した。通産省の「産業政策局長通達」は，商調協（商業活動調整協議会）を「地元における調整の第一段階を担うもの」として位置づけ，商工会議所の意見決定は「地元の意向を十分に聴取すること」（国会審議における政府委員の答弁）とされた。

このように大店法の特徴は，第一に企業主義から建物主義への転換であり，第二に事前審査付き**届出制**の採用であった。これらのうち事前審査について，同法の国会審議で参考人となった中内功は，「事前審査が厳格化すると事実上の許可制になる」と懸念を表明した。実際当時通産大臣であった中曽根康弘と政府委員の答弁も，「事実上許可制と同じような意味の指導を行えるようにした」「事実上運用上におきましては，必要ある場合には許可制と同様の効果を期待できる」と，中内の懸念を裏付けるものであった。また中小小売店側も，1973年の**第1次石油危機**を境に高度経済成長が終焉を迎えていた当時，購買力の大幅な拡大が期待できない中で大型店と中小小売店は激しく購買力の奪い合いを繰り広げていたため，大店法を大型店の出店・拡張に対する実質的**許可制**（原則は禁止とし，許可があるときだけ行ってよいとすること）として運用することを期待していた。

③ 自治体による独自規制の展開

このような大店法が制定された後，スーパー各社は基準面積を下回る店舗を大量出店した。これらを脅威とみた中小小売店は地元の自治体に規制を要望した。こうした規制の先駆は1976年4月の大阪府豊中市「小売商業活動の調整に関する条例」で，この条例は「憲法の定める商業活動の自由は，同じく憲法の定める「公共の福祉」に反しない限り認められる」という理念のもと，商業調整において「公共の福祉」を踏まえたルールを十分な審議を通して定めるとともに，科学的資料を踏まえて小売商業の有効競争を促進し，消費者利益を確保することにも留意していた。また調整作業のために収集されたデータは，市の商業政策にも活用され，市内小売業者の経営体質の改善・強化が図られた。

さらに同年11月，熊本県が都道府県では初の，しかも罰則規定を伴う条例を施行，政府もこれを事実上追認した。以後同様の条例が全国に広まった。その中でも東京都は特に厳格な「企業主義」を採用し，大規模小売業者による出店は店舗の規模にかかわらずすべて規制の対象とした。さらに「大型店出店凍結宣言」も1977年仙台市，1978年苫小牧市などで行われ，大型店問題は，小売業の枠を超えて地域における重大な政治問題と化した。

▷地元民主主義
大店法の出店許可に関する審査を行うに際し，影響を最も大きく受ける大型店の出店予定地周辺の住民の意思を最大限尊重すること。

▷届出制
大型店の出店に際し，所定の手続き（書類の提出など）さえ行えばすべてこれを許可すること。

▷第1次石油危機
1973年に勃発した第4次中東戦争の影響を受け，石油輸出機構（OPEC）加盟諸国が原油価格を引き上げた結果，経済活動を中心に生じた世界的な大混乱。

▷許可制
大型店の出店に際し，所定の手続きに加え審査を行い，そこで認められたもののみを許可すること。

（推薦図書）
石原武政編著『通商産業政策史 4——商務流通政策』財団法人経済産業調査会，2011年。
流通科学大学編『中内功回想録』中内学園流通科学大学，2006年。
木村晴壽「戦後の大店規制に関わる立法過程と商調協——いわゆる地元民主主義をめぐって」『地域総合研究』Part1 第16号，2015年。

第6章　流通の経済史

 大店法の改正
──大型店出店の規制強化

大店法制定後における大型店出店をめぐる紛争の激化

　大店法の制定直後も，大型店と地元中小小売業者の間では紛争が多発した。その代表的な事例としては，出店表明から開店までほぼ5年を要したダイエー熊本店や13年を要したイズミヤ白梅町店（京都市）のケースがある。1976年12月出店を表明したイトーヨーカ堂静岡店の場合，延べ床面積を4万4,000 m²とするこの計画に対し地元の中小小売店はその出店予定地から2km圏内に他の大型店がすでに出店を表明済みであったため猛反発し，1977年2月に反対デモを実施，また3月には市議会が出店反対を決議した。さらに4月，市内小売店6,500店の80％が結集して「市商業近代化協議会（近代協）」を結成，11万7,852人分の署名を集めた。そこで8月，ヨーカ堂は店舗面積を半減して3条申請を提出した。しかし1984年6月結審した事前商調協の結論は，店舗面積を5,000 m²程度（計画の8分の1）とする，というヨーカ堂に対しては極めて厳しいものとなった。最終的に8月，商調協は近代協のメンバー100人の**座り込み**を機動隊導入で排除，商業者委員を排除して出店申請を結審した。

　以上のような激しい反対運動は，新聞報道を通じ全国に紹介され，各地の反対運動を鼓舞した。しかし大型店の少ない地域では，規模がそれほど巨大でなければ，大型店の出店は比較的スムースで，激しい紛争が注目されたのは，むしろそれが例外だったためであった。また一部自治体は，紛争をより円滑に処理するため，事前商調協（5条届出前における地元商業者との協議）の設置を義務づけた。しかしこの事前商調協は調整期間に制限がなかったため，審議はしばしば長期化した。

② 大店法改正による規制強化

　このように激しさを増す大型店と中小小売業者の対立を緩和するため，1978年11月，改正大店法が成立，1979年5月施行された。その要点は第1に調整対象面積の引下げで，従来の1500 m²以上（**政令指定都市**3,000 m²以上）を第1種とし，第2種（500 m²以上第1種未満）を新たに設定した。要点の第2は調整期間の延長で，開店日は3条届出より7ヵ月後以降，「5条届出」は開店日の5か月前とした。要点の第3は事前審査期間の延長で，第1種に対する広域調整は知事の意見具申を可能にし，また第2種に関する調査審議のため都道府県大規

▷座り込み
意思表示・抗議などの手段として，特定の場所に座り込むこと。

▷政令指定都市
日本の大都市等に関する特例制度のひとつで，1956年に運用が開始され，人口50万以上の市が指定の対象となり，条例で行政区を設けるものとされる。

模小売店舗審議会の設置を認めた。またこの改正に併せて施行細則（省令）も改正され，それまでは通産省からの**通達**のみを根拠としていた商調協を，初めて省令で位置付けた。またこれにあわせて通達も改正し，事前商調協を正式に認知した。

③ 「独自規制」のさらなる強化と政府の対応

　以上のような内容をもつ大店法の改正は，同法制定以来，大型店出店予定地周辺の小売業者によって盛んに展開された出店反対運動の影響によるところが大きく，そのことは「出店反対運動の正統性が認められた」としてこれらの運動にさらなる勢いを与えた。また自治体も「独自規制」を継続，「出店凍結宣言」もいっそう盛んになった。その一方で，石油危機後の消費者の「低価格指向」に後押しされて大型店側の出店意欲も高まり，1979年度は前年比で倍増した。かくして1970年代末から80年代初頭，「大型店問題」は極めて深刻な状態に陥った。

　1981年3月，京都市議会は大型店出店の「凍結宣言」を可決，これが「引き金」となり「凍結宣言」は全国化し，同年には全国28都道府県63市町の商工会議所等が同様の宣言を採択した。そのため同年10月，通産省は「大型店問題への対処方針」を発表，大型店の出店を年内凍結するとともに，大型店問題懇談会を開催した。82年1月，同懇談会は「最終報告」を発表，これを受け通産省は「大規模小売店舗の届出に係る当面の措置について」を通達，これにより「出店抑制地域」が設けられ，百貨店，総合量販店（大手スーパー）各10社から出店計画の聴取がはじまるとともに，3条届出の事前説明会を正式に認知した。1982年7月には大店審の審査基準が改訂され，「過密地区」への出店や「集中豪雨的出店」の抑制を意図して審査指標に「大型店の充足率」や「最近数年間の増加率」が追加された。

④ 「80年代流通産業ビジョン」

　1983年12月，『80年代の流通産業と政策の基本方向』（「80年代流通産業ビジョン」）が答申された。この「ビジョン」は流通政策において流通の効率化と**社会的有効性**も同時に追求するもので，地域商業振興の方向として「コミュニティ・マート構想」の重要性を強調していた。またこのころ国会では大型店の出店規制を支持する声が支配的で，1984年2月には「通産大臣談話」で「当面の措置」であったはずの「抑制策」の継続が決定された。

　このように1970年代末から80年代にかけての日本における流通（小売商業）政策は，「社会的有効性」という新たな観点が導入されたものの，すでに高度成長を遂げ就業機会確保の必要性が薄れたにもかかわらず，高度成長期以前を彷彿とさせる中小小売業者の「保護主義」的政策の色彩を強めたのである。

▷**通達**
上級行政庁が下級行政庁に対し，細目的な職務事項や法律の解釈・判断の具体的指針を示し，行政上の処理の統一を期するために文書をもって発する指示通達。

▷**社会的有効性**
経済的な問題にとどまらず，社会の様々な分野への影響をふまえて有益か否かを判断すること。

（**推薦図書**）

石原武政編著『通商産業政策史 4——商務流通政策』財団法人経済産業調査会，2011年
南方建明「地域商業振興政策変遷の歴史——社会的有効性とまちづくりを中心として」『大阪商業大学論集』第7巻第3号（通号163号）2012年1月
今村哲「大店法緩和と地域商業の構造変化に関する研究」『明治大学大学院紀要』第29集，1992年2月

第6章　流通の経済史

4 日米貿易摩擦の激化と大型店規制政策の転換

▷**貿易黒字**
国境を越えるすべての商品の移動について，輸出額から輸入額を差し引いた貿易差額がプラスになることをいう。これとは逆に貿易差額がマイナスとなる場合は貿易赤字と称する。

▷**プラザ合意**
1985年ニューヨークのプラザ－ホテルで開かれたアメリカ・イギリス・西ドイツ・フランス・日本による5ヵ国蔵相会議で，ドル高是正のために各国が協調介入に乗り出すことを決めた合意。以後急激に円高が進行，1985年初めに250円台であった円相場は86年末に160円を突破，87年2月のルーブル合意後もドル安が進み，1ドル＝120円台にまで上昇した。

▷**為替レート**
一国の通貨と他国の通貨との交換比率。高度成長期における米ドルと円の交換比率は1ドル＝360円に固定されていたが，1971年8月アメリカが発表した金・ドル交換停止以降は変動相場制に移行し，その直後には1ドル＝260円台まで円高が進んだ。

▷**非関税障壁**
関税以外の方法で行う輸入抑制手段。輸入について数量制限を設け，あるいは検査基準・手続き・認証を厳しくすること。

▷**サミット**
当面する世界の経済や政治

1 日米貿易摩擦の激化

　戦後日本経済の急成長はアメリカの市場開放に大きく依存するもので，焦点となる輸出産業は1970年代初頭の繊維から鉄鋼，カラーTVを経て1980年代以降は半導体，工作機械，自動車，DVDと移行しながらも，日本は大幅な対米貿易黒字を計上し続けた。このような巨額の**貿易黒字**によって日米間の政治的対立が激化することを懸念した中曽根康弘首相は，1983年11月「米国からの工業製品輸入の促進を訴える談話」を発表，また1985年4月，対外経済問題諮問委員会（84年12月設置）は報告書を提出，「経済の国際化」の一層の推進を訴えた。これを受け中曽根首相は「市場への参入には政府の介入をできるだけ少なくする」ことを明言した。しかし85年9月の**プラザ合意**以後，円の対米**為替レート**がおよそ1年で1ドル250円から120円へと上昇したにもかかわらず，アメリカの対日貿易赤字が改善されなかったため，**非関税障壁**への関心はさらに高まった。流通関係では大店法と日本独特の商慣行が注目され，86年の米国通商代表部（USTR）「外国貿易障害に関するレポート」は，大店法を「外国製品の販路を制限する障害」として指摘した。

2 経済活動における規制緩和の進展と流通政策の見直し

　1985年10月，中曽根首相はアメリカへの対応を「国際協調のための経済構造調整委員会」（経構研，前川春雄座長）に諮問した。86年4月，経構研は報告書「前川レポート」を提出，商取引における「原則自由」の考え方を国内経済問題にも適用するよう求めた。さらに87年6月，経済審議会が「経済構造調整への指針」を建議，内外競争条件整備の一つとして流通業につき指摘，規制緩和への流れが流通業でも例外でないことを具体的に示す最初の文書となった。

　1988年6月，カナダのトロントで開催された**サミット**（先進国首脳会議）で，日本は「流通制度を含む主要部門における政府規制の改革」を宣言した。大店法はこうした政府規制改革問題の中核をなすものであった。同年12月，臨時行政改革推進審議会（新行革審）は「公的規制の緩和等に関する答申」を提出，「流通分野が規制緩和の焦点である」と指摘し，また大型店の出店に関する行政指導について可能な限りの見直しを求めた。そして「個別的改革方策」として，大店法における事前説明を「本来の趣旨に従ったもの」とする，事前商調

協の審議に「標準処理時間」を設ける，閉店時刻・休業日数は消費者のライフスタイル変化に適応したものとする，一定範囲内の増床は調整手続きを不要とする，事務手続きを簡素化する，などを提言した。政府はこれらを最大限尊重する形で「規制緩和推進要綱」を閣議決定した。

1989年6月，「合同会議」は審議結果を「90年代流通ビジョン」としてとりまとめ，また「合同会議」内に設置された制度問題小委員会は，大店法について「運用を適正化し，また出店調整の方法を社会経済の状勢変化に対応したものとする」ことを「喫緊の課題」として指摘した。

1990年5月，**日米構造協議**の「最終報告」に先立ち大店法の運用が改正され，出店調整期間の短縮により基本的には出店表明から1年半で開店が可能となった。また自治体による独自規制も是正を迫られ，地方自治の原則の制約下で消費者利益が反映されるよう通産省は指導を行った。さらに1991年4月より国会で大店法の改正案が審議され，5月8日，大店法改正案が成立，5月24日公布され，1992年1月31日施行された。その最も重要な改正点は商調協の廃止で，これにより大型店の新規出店案件はすべて大店審が限られた期間内に直接審議・調整することとなった。その効果は絶大で，調整手続は粛々と進み，大半のケースは売場面積を計画より2～3割削減することで結審した。

③ 大店法の廃止：流通業における保護主義的調整政策との決別

1993年11月，経済改革委員会（平岩外四会長）が中間報告（「平岩レポート」）を発表した。同報告は流通分野では大店法を見直しの対象として指摘した。さらに94年1月の「合同会議」中間報告「改正大店法の見直しの在り方について」は，大店法について2～3年後に存廃に関し再度議論することを提言，また地方公共団体の「独自規制」についても「行き過ぎた独自規制の全てが是正されていない可能性」を指摘した。6月，細川護熙内閣は流通を含む279項目の「規制緩和措置」を決定，また産業構造審議会は「最終報告書」を提出，大店法につき，1,000 m²未満店舗の届出後調整を原則として不要化すること，閉店時刻の繰り下げ（午後7時から8時へ），休業日数届出基準の削減（44日から24日へ），の三点を要求した。

1997年12月24日，「合同会議」は「中間報告」をとりまとめ，大店法廃止の方向を明確化した。1998年，国会において大店法の廃止が審議・可決された。以後21世紀における日本の小売商業政策は，まちづくりや中心市街地の活性化と言った，それまでの中小小売業者の事業機会確保とはまったく異なる観点から展開されることとなった。

の重要な諸問題を討議し協議を図るため開かれる主要先進国首脳の国際会議。主要国首脳会議とも称する。第1回会議は，1973年の石油危機による世界的な不況の打開策を協議するため，'75年フランスのランブイエで開かれた。以後毎年1回，参加国の持回り形式で開催されている。参加国はアメリカ・イギリス・フランス・ドイツ・イタリア・日本で，その後カナダとEC代表が加わり，また97年からロシアが正式に参加した。

▷**日米構造協議**
アメリカと日本の間で貿易不均衡の是正を目的に1989年から90年までの間，計5次開催された2国間協議。1993年日米包括経済協議に名称を改め，1994年からはじまる「年次改革要望書」「日米経済調和対話」への流れを形成した。

▷**保護主義**
輸入の制限や関税などにより自国の産業を保護しようとすること。

（推薦図書）

石原武政編著『通商産業政策史 4──商務流通政策』財団法人 経済産業調査会，2011年。
藤原真史「大店法廃止の政治過程」『早稲田政治公法研究』62, 1999年12月。

高度成長期における日用品小売商業の展開と「買物バス」の運行

過去にもあった「買い物弱者」問題

　近年「買い物弱者」問題が社会の注目を集めている。商店街やスーパーといった商業施設が様々な要因で閉鎖されたことにより，周辺に住む高齢者が生活必需品の調達難に陥るこの現象は，当初過疎地特有の問題と考えられていたが，近年では大都市地域でも高齢化の著しい団地やニュータウンなどで同様の問題が発生している。

　一方高度成長期の日本では，大都市の郊外地域において人口が急増し，またその大半が若年層であったにもかかわらず，これに小売商業施設の整備が伴わず，住民の生活に深刻な影響を及ぼすという現象が見られた。そして自家用車の普及が不十分な当時，こうした問題の解決策として注目を集めたのが"買い物バス"の運行であった。

団地住民による買い出しバスツアー

　東豊中団地（大阪府豊中市）は，1962年当時1,560世帯が入居し，団地内には2軒のスーパーマーケットがあったが，約8km離れた庄内地区では野菜なら2割，衣料品は3割も安く販売されていた。そのため団地の主婦たちは隣近所で電車やバスの定期券を共同購入し，これを用いて庄内駅前まで「買い物通い」をしていた。ところが電車やバスが運賃を引き上げ，またその他の諸物価も上昇傾向にあったことから，同団地自治会は主婦たちからバスツアー会員を募集して"観光バスショッピング"の実施に踏み切った。バスや電車の運賃が団地から庄内まで往復40円～90円の当時に会費が往復で20円と格安であったのは，家庭用品や食品のメーカーから寄付を集め，これを資金に観光バスをチャーターしたためで，ツアー初日には4本が折返し運行され，参加者のほとんどは3～4日分の"まとめ買い"を行った。

大手量販店企業による無料買い物バスの運行

　また同じく大阪府下の千里ニュータウン（豊中市・吹田市）では，商店街が計画的に配置されていたが，このような商業街では充たされない住民の需要に対応し，露店商の活動も盛んであった。そしてこのような露店商が住民に支持された最大の要因は，その販売価格の安さにあった。

　そこで「価格破壊」を標榜していたスーパーダイエーは，1972年4月1日より曽根店と千里ニュータウンとの間で"無料買物バス"の運行を開始し，60人乗りのバス2台で1日17往復を運行した。これは無料であることの魅力で休日には満席となるほどの好評を博した。

　しかしこれに対し豊中市の商店街連合会と小売市場連合会は強硬に廃止を申入れたため，72年11月1日をもっ

てダイエー曽根店～千里ニュータウン間の無料バスは廃止された。そのため千里ニュータウン自治会などの住民3500名は，署名を添えて豊中市に対し無料バスの続行を申入れた。彼らは地元商店街の不買運動や団地へのスーパー誘致も辞さない，との強硬な姿勢を示し，「消費者の意見を無視したものだ」と憤っていた。

歴史に学ぶ

　以上みたように，小売業者が困難を顧みず自ら移動手段を提供して消費者の期待にこたえた高度成長期における"買い物バス"の経験は，今日の「買い物弱者」問題にも一定の示唆を与えるものと思われる。もちろん高度成長期には，将来の市場拡大への期待によって小売業者が困難を耐え忍ぶことができたのに対し，現在の日本では店舗による買い物の需要が縮小に向かいつつある，という状況の違いは無視できないが，現在も実際に一部の電鉄企業や自治体，先駆的企業家によってバスやトラックを用いた「買い物弱者」問題への取組は行われているのである。

（廣田　誠）

経営史における流通，流通企業の経営史

▷1　第1章4「流通システム」，第2章1「商業の分化と統合」
▷2　第8章1「メーカー主導型流通から小売起点型流通へ」
▷3　第2章4「小売業の諸形態」

▷企業家精神
経済学者のシュンペーターは，企業家が既存の要素を組み替える（新結合）ことによって実現する創造的破壊こそが資本主義経済を発展させる原動力であると主張した。このような企業家の思想・行動を「企業家精神」または「企業家活動」（entrepreneurship）と呼ぶ。

▷中内功
1922—2005年。家業の薬局や商社勤務を経て，1957年，大阪市に「主婦の店ダイエー薬局」を開店。「価格破壊」を推し進め，ダイエーを日本を代表する総合スーパーへと育てあげた。ダイエーの経営悪化を受け，2001年に代表取締役を引責辞任した。

▷鈴木敏文
1932年—。イトーヨーカ堂創業者の伊藤雅俊の呼びかけで同社に中途入社し，社内の反対を押し切ってセブン-イレブン・ジャパンを立ち上げて成功に導き，2016年に両社の会長・CEOを退任するまで，約40年間にわたってセブン＆アイグループを牽引した。

1 「流通革命」論と日本の流通

　近現代の流通は，大量生産体制の成立とともに寡占化してゆくメーカーと，全体としては大衆消費社会をなしつつも小口・分散的に存在する消費者との間をいかにつなぐかをめぐって発展してきたと言ってよい[1]。とくに日本の伝統的流通経路は，小売の零細・過多性と卸の多段階性を特徴とすると理解されており[2]，繰り返し議論の的となった。

　林周二『流通革命』（初版1962年）は，日本でもスーパーマーケットを担い手とする「流通革命」によって，伝統的な問屋や零細小売商は駆逐され，アメリカのような「太く短い」流通経路を実現せざるをえないと主張して大きな話題となった。実際に進行した日本の流通革命は，様々な小売業態を創出しつつそれらが長期にわたって併存するという，米国のそれよりもはるかに多様性を含むものであった[3]。この発展は，様々な技術とインフラの発展を前提とし，また政策によって誘導されつつも，流通に携わる企業の革新的な行動によって切り開かれていった。

2 企業家活動とイノベーション

　日本の流通に変革をもたらした企業の行動は，経営者やそれに準じるリーダーの**企業家精神**[4]に導かれたものであった。これらの企業家活動には，米国など海外の先行事例を参考にしつつも，日本の現状に合わせて，あるいは独自の経営理念に基づいて独創的な修正を試みたものが多い。戦後日本の流通産業における所有経営者（オーナー型経営者）の代表として**中内功**[5]，専門経営者（雇われ経営者）の代表として**鈴木敏文**を挙げることができるだろう。

　ダイエーの創業者，中内功は品揃えの豊富さを特徴とする日本型総合スーパーの原型をつくり，「流通革命」の旗手として知られた。中内は今日でいうドラッグストアのような業態を出発点に多店舗化，総合化を図り，1960年代初頭に米国視察から学んでチェーン本部機能の強化に取り組んだ。半面，「よい品をどんどん安く」という企業理念に示される独自の安売り哲学にもとづき，価格決定権を求めて松下電器産業，資生堂，花王などの大手メーカーと激しく対立し，また「ブブ」「セービング」などPB（プライベートブランド）にも先駆的に取り組んだ。

　総合スーパー，イトーヨーカ堂の業務開発室長であった鈴木敏文は，米国視察でサウスランド社が展開するセブン-イレブンに着目し，同社とのライセンス契約により，1973年にセブン-イレブン・ジャパン（当初の社名はヨークセブン）を設立し，専務取締役に就いた（のちにCEO）。その後，ベンダーを巻き込んだサプライチェーン・マネジメント（SCM[4]）など，日本独自の業態革新を推し進め，同社を流通産業の盟主に押し上げた。1991年には経営危機に陥ったサウスランド社を救済合併し，日米逆転を印象づけた。

▷4　→第8章1「メーカー主導型流通から小売起点型流通へ」

❸　専門化と統合化

　百貨店や総合スーパーは衣・食・住にわたる「広い」品揃えにワンストップでアクセスできることを消費者への訴求ポイントとして成長してきた。しかし，オイルショック後に徐々に進行してきた消費者ニーズの多様化・個性化やメーカー側での多品種少量生産の進展に伴って，「深い」品揃えが求められるようになり，食品スーパー，家電量販店，ドラッグストア，ホームセンターなど特定の商品に専門化したチェーンが優勢となってきた[5]。とくにバブル崩壊後の消費不況で百貨店，総合スーパーの不振が深刻化し，店舗の集約化と水平的な経営統合（三越伊勢丹，エイチ・ツー・オー　リテイリングなど）による業界再編が進んだ。

▷5　→第2章3「小売業の役割と機能」

　他方で，百貨店からスーパーへの参入，スーパーからコンビニエンスストアへの参入など，企業グループとして業態を超える事例は高度成長期以来多数あり，1980年代には**セゾングループ[4]**が多角的展開で繁栄した。近年ではセブン＆アイおよびイオンが，それぞれ2005年，2008年に持株会社を設立し，2大総合流通グループとして存在感を高めている。

　同時に，1990年代以降，大手総合商社が川下戦略としてコンビニエンスストア，食品スーパーなど小売企業のグループ化を進めている。現在の日本の流通産業は，こうした業態の垣根を超えたシナジーを追求する巨大企業グループと，ファーストリテイリングやヤマダ電機など，専門性の利益を追求する専門店チェーンとが交錯するかたちで主導しているといえる。

▷セゾングループ
西武鉄道を母体とする企業グループから流通部門が独立したもの。西武百貨店，西友（総合スーパー），クレディセゾン（クレジットカード），パルコ（ファッションビル），ファミリーマートなどの多角化経営で，若者を中心とする消費文化をリードした。

資料7-1　小売企業売上高ランキングの推移

年度	1960	1970	1980	1990	2000	2010	2020
1	三越	三越	ダイエー	ダイエー	イトーヨーカ堂	セブン＆アイ・HD	イオン
2	大丸	大丸	イトーヨーカ堂	イトーヨーカ堂	ダイエー	イオン	セブン＆アイ・HD
3	髙島屋	髙島屋	西友	西友	ジャスコ	ヤマダ電機	ファーストリテイリング
4	松坂屋	ダイエー	ジャスコ	ジャスコ	マイカル	三越伊勢丹HD	アマゾンジャパン
5	東横	西友	三越	西武	髙島屋	ユニー	ヤマダHD
6	伊勢丹	松坂屋	ニチイ	三越	ユニー	J.フロントリテイリング	PPIH
7	阪急	西武	髙島屋	髙島屋	西友	ダイエー	ビックカメラ
8	西武	ジャスコ	髙島屋	ニチイ	三越	エディオン	ツルハHD
9	そごう	ユニー	西武	大丸	大丸	髙島屋	三越伊勢丹HD
10	松屋	伊勢丹	ユニー	丸井	伊勢丹	ファーストリテイリング	ケーズHD

出典：鈴木安昭ほか編『マテリアル流通と商業 第2版』（有斐閣，1997年），日経流通新聞社編『流通経済の手引』（日本経済新聞社，2002年），日経MJ編『日経MJトレンド情報源』（日本経済新聞出版社，2012），『日経MJ』2021年7月28日より作成。

　注：「HD」はホールディングス。「PPIH」はパン・パシフィック・インターナショナルホールディングス。

第7章　流通の経営史

 2 小売業の経営史（百貨店，スーパーマーケットなど）

1 百貨店の成立と展開

　百貨店は日本で最初に登場した近代的大規模小売業態である。三越呉服店（のち三越）のデパートメント・ストア宣言（1904年）に続き，1910年代にいとう呉服店（のち松坂屋），高島屋などの呉服店が相次いで百貨店に転換した。また，1929年に阪急電鉄，1934年に東京急行電鉄が参入し，戦後の電鉄系百貨店ブームのさきがけとなった。百貨店は都市部の好立地に大規模な店舗を構え，衣食住にわたる多様な品揃えでワンストップショッピングの便宜性を提供し，大衆消費社会の到来を象徴する存在となった。

　戦後の百貨店は衣料品の売場創造に注力し，アパレル産業の育成に多大な貢献をした。既製服の普及とファッション化に対して，衣料品問屋との間で委託仕入れ・派遣店員などの制度を導入し，売れ残りリスクを回避することに成功したが，半面，衣料品問屋から成長したアパレルメーカーに商品企画の主導権を奪われ，「場所貸し業」へ転化することにつながった。

　その後，衣料品小売の中心は専門店に移り，バブル崩壊後は百貨店業界の再編が進んでいる。生き残った百貨店は巨艦店化し，**ショッピングセンター**に接近しつつある。

2 総合スーパーの成立と展開

▷**ショッピングセンター**
「一つの単位として計画，開発，所有，管理運営される商業・サービス施設の集合体で，駐車場を備えるもの」（日本ショッピングセンター協会による定義），すなわち多数のテナントからなる商業集積である。管理会社はテナント料を主たる収益源とする不動産業であり，小売売上高を計上する百貨店とは区別される。
▷**チェーンオペレーション**
　→第2章5「小売業の組織化とチェーンストアシステム」

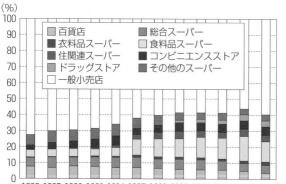

資料7-2　小売業態別年間商品販売額構成比の推移

(%)
百貨店	総合スーパー
衣料品スーパー	食品スーパー
住関連スーパー	コンビニエンスストア
ドラッグストア	その他のスーパー
一般小売店	

1982 1985 1988 1991 1994 1997 1999 2002 2004 2007 2012 2014 (年)

出典：1994年までは鈴木安昭ほか編『マテリアル流通と商業 第2版』（有斐閣，1997年），97年以降は「商業統計表」および「経済センサス」各年版の数値データより作成。

　総合スーパー（GMS）は品揃えでは百貨店並みの広さをもちつつ，セルフサービス方式によって人件費を抑えるとともに，**チェーンオペレーション**を前提に多店舗展開し，本部への仕入業務やプロモーションの集中によって規模の経済を追求する点に革新性がある。

　1953年に紀ノ国屋がセルフサービス方式を，1957年に主婦の店・大栄（のちダイエー）がチェーンオペレーションをそれぞれ初めて日本に導入したと言われている。総合スーパーは「流通革命」の旗手として，価格競争力を強みに高度経済成長の波に乗って成長してい

った。1972年には売上高でダイエーが百貨店最大手の三越を上回り，また小売総額でスーパーが百貨店を上回った。

ただし，中小零細小売業者保護を求めて**大規模小売店舗法**（大店法）が1974年に施行され，また家電，カメラ，紳士服，スポーツ用品などで専門量販店が台頭してくると，その後は伸び悩み，食品，衣料品など専門スーパーに転換するものも現れた。バブル崩壊後の総合スーパーは消費不況の直撃を受けて低迷が続いている。

③ 食品スーパーの成立と展開

青果，鮮魚，精肉のいわゆる生鮮三品は，加工食品とは異なり鮮度管理が必要であるため，セルフサービス方式を原則とする総合スーパーにとって弱点であった。このため当初は，近隣の青果店，鮮魚店，精肉店を**テナント**または**コンセ**として入店させ，対面販売方式をとることが多く，既存の商店街などの個店に対する優位性は大きくなかった。

関西スーパーマーケットは，海外の小売店の取組を参考に，日本の食材に適合するよう工夫を始めた。この結果，鮮度を維持したまま商品を陳列する「冷蔵オープンケース」，バックヤードで加工作業をおこなう「インストア加工」，鮮度を維持しつつセルフ方式で販売するための「プリパッケージ」，店内の作業工程と一体化した「カートコンベア方式」などのイノベーションを次々に実現し，1974年に高槻店を開店する頃には独創的な鮮度管理システム「関スパ方式」を体系化させた。同社の取組はたちまち同業他社によって追随され，食品スーパー業態の確立につながった。

④ コンビニエンスストアの成立と展開

日本におけるコンビニエンスストアの発祥については諸説ある。最大手のセブン-イレブン・ジャパンは，イトーヨーカ堂が米国サウスランド社からライセンスを受けて1973年に創立し，翌年1号店を出店した。同社はライセンス内容に飽き足らず，日本の消費者の嗜好や生活様式に適応して，高度な経営情報システムと製造業者・卸売業者との協業にもとづく日本型のコンビニエンスストアを独自に発展させてきた。高い平均日販を訴求力に全国で加盟店を増やし，また販売データに基づく PB（プライベートブランド）などの商品開発力によって平均日販を高める好循環を形成した。小売業としての展開にとどまらず，公共料金・各種チケットの取扱，銀行業サービスを充実させてきている。

しかし，2019年には全国のコンビニエンスストア店舗数が初めて減少に転じた。また，折からの食品ロス問題や，人手不足から加盟店オーナーが24時間営業の廃止を求めてチェーン本部と対立するなど，コンビニエンスストアの成長モデルは曲がり角に差し掛かっている。

▷**大規模小売店舗法** 正式名称は，大規模小売店舗における小売業の事業活動の調整に関する法律。→第6章2「大規模小売店舗法（大店法）の成立とその影響」

▷1 →第14章3「日本におけるフードデザートの性質」，第15章2「フードサプライチェーンにおける食品ロスの発生原理」

▷**テナント**
テナントとは，賃料を支払って出店し，小売事業者として独自に売上を計上するというテナント契約にもとづくインショップ出店事業者のことを指す。ただし，百貨店のインショップでは，典型的なテナントとコンセ（後述）との中間的な形態も多い。

▷**コンセ**
コンセ（コンセッション）とは，コンセッショナリー（消化仕入）契約のこと，またはこの契約方式にもとづくインショップ出店業者のことを指す。スーパーの設備投資による店舗スペースに，加盟金や保証金を支払って出店し，消費者に売れた分だけコンセからスーパーが仕入れたことにして売上を計上する。店名の表示がなく，スーパーの直営と認識される場合が多い。

▷2 →第15章1「食品ロスとは何か？」

第 7 章　流通の経営史

 3 総合商社の経営史

▷**総合商社**

「総合商社」とは，もともとは取引商品と取引地域を高度に多角化した貿易商社を意味した。取引商品・地域のほか，取引形態（輸入・輸出・国内・海外）や機能の総合性（金融，情報，産業オーガナイズなど）も，総合商社に共通する特徴としてしばしば指摘される。後述のとおり，現在では「総合事業会社」と呼ぶべきものに変貌している。

▷**十大総合商社**

先発の三菱商事・三井物産に加えて，繊維専門商社から出発した丸紅・伊藤忠商事・東洋棉花（のちトーメン）・日綿実業（のちニチメン）・兼松江商（のち兼松），鉄鋼専門商社を出自とする日商岩井，安宅産業，および住友商事の10社を「十大総合商社」と呼びならわしている。ただし，その時期は日商岩井が成立した1968年から安宅産業が消滅する1977年までの10年足らずであり，その後，兼松が脱落する1999年まで「九大総合商社」の時代が20年以上続く。

▷**企業集団**

三菱，三井，住友，芙蓉，三和，第一勧銀の六大企業集団が知られている。これらは特定の親会社をもたずに株式相互持合いなどによって産業横断的に形成されたビジネスグループであって，都市銀行のほか，総合

① 十大総合商社の出現：戦後復興期

　総合商社の歴史は1876年に設立された三井物産に始まる。同社は多分野で明治政府の事業を請け負ったことをきっかけに，1890年頃までに世界のあらゆる地域であらゆる商品を取り扱う総合商社となった。戦前期の三井物産は日本貿易の約2割を扱う絶対的な存在であり，1918年に設立された三菱商事がキャッチアップを試みてこれに続いたが，その巨大さゆえに両社は第二次世界大戦後に占領軍によって解散させられた。

　戦後復興需要がある下で両社が退場したことは，他の商社にとって大きなビジネスチャンスとなり，有力な商社が戦前の三井物産をモデルとして総合商社化に取り組んだ。また，これと競うように三菱商事・三井物産も徐々に復活し，それぞれ1954年，1959年に再合同を果たした。

　こうして，1960年代に「**十大総合商社**」が成立した（1977年に安宅産業が消滅して「九大総合商社」）。これら総合商社は，貿易商社としてだけでなく，国内の中間流通（卸売）にも大きな影響力をもった。

② コミッションビジネスの展開：高度成長期

　貿易商社，中間流通業者としての総合商社の強みは，多産業に及ぶ世界的なネットワークにもとづいて国内外の有力企業の取引を仲介することにある。ただし，日本を代表する多国籍企業ではあるが，1980～90年代において取扱高ベースで顧客基盤の8割は日本企業との取引であり，ロットや単価の比較的大きい商品を得意分野としていることに注意すべきである。

　総合商社は有力企業の販売あるいは購買の窓口となって継続的取引を確保し（「商権」と呼ぶ），取引仲介手数料をとる収益モデル（コミッションビジネス）を志向してきた。商権獲得・蓄積のために，以下のような手段がとられた。1）既存商社を商権ごと吸収合併する。2）同一**企業集団**などの成長企業と親密な関係を築く。3）原材料・資材調達から製品の販売まで，顧客企業の成長に応じて芋づる式に取引を拡大する。4）海外資源開発や新興産業など，事業投資を通じてモノの流れ（バリューチェーン）を創造し，その取引に介在する。

　1970年代半ばにおいて，日本の貿易額に対する十大総合商社の輸出入取扱高合計の比率は5-6割に及んだ。これは，輸入における金属・エネルギー，食料

品，輸出における機械，金属など，日本の貿易内容が総合商社の得意分野と比較的よく合致していたことによる。

③ 商社冬の時代とビジネスモデル転換：1970年代後半-90年代

ところが1973年のオイルショック後，総合商社の利益率が長期に低迷する「商社冬の時代」に陥った。日本の産業構造転換により，総合商社が主たる顧客基盤としていた鉄鋼，造船，石油化学などの「重厚長大産業」が斜陽化したのに対し，新たに成長産業となった自動車，家電，小売などの「軽薄短小産業」での商権拡大が進まなかったのである。総合商社は商品が多品種多仕様でアイテムごとに専門知識を要する分野を苦手としており，この苦境から脱出するには抜本的な業態転換が必要であった。

1990年代後半の危機を経て業界再編をともないつつ，2000年代初頭までに三菱商事，伊藤忠商事，三井物産，住友商事，丸紅，豊田通商，双日の7社が21世紀の総合商社として名乗りを挙げた。そのビジネスモデルは，多様な製造業・サービス業への事業投資とトレード（取引）を両輪とし，投資利益・事業利益を追求する「総合事業会社」へと転換した。したがって，厳密には現在の総合商社はもはや「流通業者」の枠に収まるものではない。

④ 事業投資と川下戦略：21世紀

2005～14年頃には新興国の経済成長を背景とした資源価格高騰が商社に巨額の投資利益をもたらし，「商社夏の時代」を謳歌したが，その後の資源価格暴落によって逆に巨額の減損処理を求められることとなった。

代わって注目度を上げているのが流通・小売分野である。総合商社の川下進出は1960年代に一度失敗し，その反省に立って1990年代に再挑戦が始まった。今回の焦点はコンビニエンスストアとそこにつながる食品卸の分野である。現在，三菱商事がローソンを，伊藤忠商事がファミリーマートを子会社化し，また三井物産がセブン＆アイ・ホールディングスに出資している。

商社もオーガナイザーとして行動した。高度成長期には様々な産業で存在感を示したが，21世紀初頭の金融再編後は形骸化が顕著である。

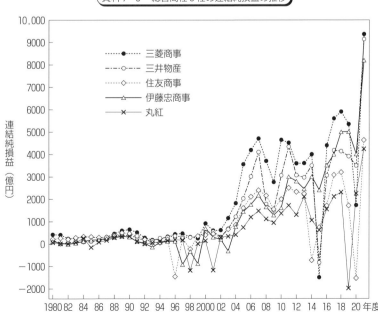

資料7-3 総合商社5社の連結純損益の推移

出所：各社有価証券報告書，決算発表資料より作成。

第7章　流通の経営史

4　個別産業の流通経営史

▷**熱海会談**
1964年7月，松下電器産業が全国の販社・代理店を招集して熱海で開催した懇談会。景気の乱高下に対応するよう，一地域一販社のテリトリー制，販社直取引，新月賦制度など流通系列の立て直しを図った。すでに会長に退いていた松下幸之助が営業本部長代理のポストに就いて陣頭指揮をとったことでも有名。
▷**ダイエー・松下戦争**
ダイエーと松下電器産業との間で繰り広げられた商品取引をめぐる対立。ダイエーの値引き販売に対して松下は出荷停止で対抗し，訴訟に発展した。1964年に始まり，松下幸之助死後の1994年にダイエーグループ店舗への供給を再開するまで，30年にわたって続いた。
▷ **SCM** →第8章1「メーカー型流通から小売起点型流通へ」
▷**物流センター**
日用品や加工食品のような多品種多仕様の商品を効率的に配送する目的で設置された物流拠点。一定の在庫を保管するとともに単品管理し，仕向け先の納入注文に応じて小分けして小ロットで発送する機能をもつ。
▷**フランチャイズシステム**
フランチャイズ契約によってチェーン店舗展開を図る

1　家電製品

　家電流通では，松下電器産業（現パナソニック）が戦前の1930年代から取り組んでいた流通系列化を戦後に本格化させ，1964年の**熱海会談**後に販社（卸売），「ナショナル・ショップ」等（小売）からなる「新流通体制」を構築した。松下は成長する総合スーパーや家電専門店とは激しく対立し（1964〜94年「**ダイエー・松下戦争**」など），東芝はじめ他の家電メーカーも流通系列化で松下に追随した。

　1980年代後半に潮目が変わる。①系列取引を不公正とする米国の批判，②アジアからの低価格製品の輸入増加，③製品多品種多仕様化により小規模な系列店での品揃えの困難化，④製品の電子化・複雑化で小売店による修理・アフターサービスの機会が減少したこと等の変化を受けて，ヤマダ電機，ビックカメラ，エディオン，ヨドバシカメラなどの家電専門店チェーンが低価格販売で急成長し，1990年代に家電製品の最大の販売チャネルとなった。メーカー各社は一転して流通系列のリストラを余儀なくされている。

2　化粧品・日用品

　戦後の化粧品流通は，おおむねメーカーごとに制度品（系列卸・小売店の閉鎖チャネル），一般品（一般卸，多様な小売店の開放チャネル），訪問販売品などに分類され，資生堂，コーセーなどの有力メーカーが制度品の成功パターンを築いたため，後発のカネボウや花王もこれに追随した。しかし，バブル崩壊後の消費者の価値観の多様化，低価格志向によってコンビニエンスストアやドラッグストアのような量販店チャネルのウェイトが増えたため，有力メーカー各社は一般品メーカーを傘下に置き，流通チャネルの多様化に対応した。

　石鹸・洗剤などの日用品においても流通系列化が基調であったが，バブル崩壊後は量販店を起点とする **SCM** が進んでいる。これに対応するため，全国各地に小売チェーン主導の在庫型**物流センター**が建設され，再編集約された卸売業者，PALTACやあらたがこれに協力している。半面，最大手メーカーの花王は卸売（花王グループカスタマーマーケティング），物流（花王ロジスティクス）の垂直統合を追求している。

3 自動車

　両大戦間期に GM, フォードが日本にディーラー（販売店）網を組織したが，戦時統制の強まりによって撤退を余儀なくされ，残されたディーラーはトヨタ自動車工業（のちトヨタ自動車），日産自動車のディーラー網の基礎となった。高度成長期にメーカーは製品フルライン化に対応してセグメント別に複数チャネルの構築を追求してきたが，バブル崩壊後の国内市場停滞を受けてチャネルの集約が進んでいる。

　同様にメーカーによる流通系列化が強かった家電製品や化粧品と比較すると，自動車流通の**フランチャイズシステム**の頑健性は際立っている。ブランド横断的なオートモールやディーラーグループは存在するが，複数ブランドを取り扱うメガディーラー（量販店）の台頭は世界的に頭打ちである。これは，ディーラーにとって，①店舗用地の制約などのために複数フランチャイズを取得するメリットが小さいこと，②アフターサービスでメーカーの支援を必要とし，流通系列化を受け入れざるを得ないことなどの事情によると考えらえる。

4 アパレル

　衣料品の生産・流通はもともと繊維産業の川下に位置し，品種別，加工工程別に複雑な社会的分業がなされていた。高度成長期にレナウン，樫山（のちオンワード樫山）などの製造卸売業者がファッション性をともなう既製品の企画・卸を担う「アパレルメーカー」へと転化し，百貨店チャネルを中心に事業を拡大してきた。1970年代以降，これに代替あるいは補完するかたちで多様な小売販売チャネルが発達し，産業のすそ野を広げていった。具体的にはアパレル専門店チェーン（鈴屋，鈴丹，キャビン，タカキューなど）やファッションビル（パルコ，109など）がある。

　バブル崩壊後は高級ブランド品と普及価格帯に消費が二極化した。紳士服小売店であったファーストリテイリングは1984年にユニクロ1号店を出店，1987に自社ブランド品の製造委託を開始し，1998年のフリース・ブームを機に飛躍し，SPA（いわゆる製造小売）で世界的なリーディング企業へと成長している。一方，既存アパレルメーカーからも，直営店を展開することによってSPA事業に参入する動きが広がっている。

方式。チェーン本部となる小売企業（フランチャイザー）が加盟店（フランチャイジー）を募集し，小売事業ブランド，商品供給システムの利用を許可するとともに店舗経営や販売促進に関するノウハウなどを指導する代わりに，ロイヤルティを徴収する。

▷1 →第8章1「メーカー主導型流通から小売起点型流通へ」
▷2 →第8章3「現代流通の調整機構」，第10章2「インターネット社会の流通」

参考文献

満薗勇（2021）『日本流通史——小売業の近現代』有斐閣。
石原武政・矢作敏行編（2004）『日本の流通100年』有斐閣。
田中隆之（2017）『総合商社——その「強さ」と，日本企業の「次」を探る』祥伝社新書。

資料7-4　ユニクロのビジネスモデル

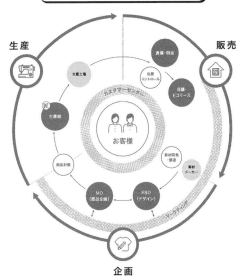

出所：㈱ファーストリテイリング HP。
〈https://www.fastretailing.com/jp/group/strategy/uniqlobusiness.html〉（最終閲覧日：2022年8月1日）

近江商人の経営遺産

近江商人とは何か

　近江商人とは，江戸時代から明治・大正期にかけて広域的な商業活動で活躍した，旧近江国（現在の滋賀県）を出自とする商人の総称である。大坂商人・伊勢商人と並び，日本三大商人とも呼ばれる。琵琶湖周辺では古代から渡来人による鉄生産がさかんであったが，中世には市や座が林立し，商業が発展した。以来，琵琶湖南岸・内陸の高島郡（高島商人），蒲生郡（八幡商人，日野商人），犬上郡・愛知郡・神崎郡（湖東商人）といった地域に順次起業ブームが起き，それぞれに進出地域や取扱品目の異なる商人グループを生み出してきた。東海道・東山道などの街道が整備されるにしたがって近江商人は活動範囲を広めていき，京都・大坂・江戸の三都を中心に，北海道から鹿児島まで全国に進出した。近江商人の多くは幕末・維新期の変動で没落したが，新しい時代に適応し，業態を変えつつ，今日まで継続している企業も少なくない。

近江商人の経営理念とイノベーション

　近江商人の経営理念として有名なのがいわゆる「三方よし」——「売り手よし，買い手よし，世間よし」である。末永（2017）によれば，その思想は18世紀半ば，麻布商・中村治兵衛宗岸が養嗣子に宛てた書置きに見出すことができ，井上政共の著書『近江商人』（1890年）において現在のような標語のかたちに要約されたことをきっかけに広く流布した。他国で行商・出店する近江商人にとっては，一時的な利益よりも，信頼に基づく商売の継続・安定を重視することが合理的であったと考えられる。「買い手よし」は今日でいう顧客満足，「世間よし」は今日の CSR（企業の社会的責任）に通じる先駆的な経営理念としてしばしば言及される。

　このほかにも近江商人は，西欧よりも早期に複式簿記を考案したことや，チェーンオペレーションに似た出店方式を展開したことなど，注目すべき組織革新を成し遂げている。

近江商人の系譜にある企業

　近江商人の流れを組む企業は，今日の大手商社の中に数多い。その代表は，犬上郡出身の伊藤忠兵衛（1842-1903年）を始祖とする伊藤忠商事および丸紅である。初代忠兵衛は幕末の行商から出発して明治維新後，大阪に呉服太物店「紅忠」を開業し，兄が経営する商店と合併・分割を繰り返してきた。それらは太平洋戦争期に統合されて大建産業となり，戦後の1949年に分割されて現在の両社になった。

　戦前期に「三綿」と呼ばれる巨大綿花商社であった東洋棉花（のちトーメン），日本綿花（のち日綿実業，ニチメン），江商も近江商人の系譜につながる。3社は戦後復興期に上述の伊藤忠・丸紅とともに「関西五綿」と並

び称された時代をへて総合商社へと成長した。江商，ニチメンのその後の合併相手である兼松，日商岩井も近江商人の系譜にある（第7章参照）。トーメンが2006年に豊田通商に合併されたさいには，トーメン・トヨタ自動車（豊田通商の筆頭株主）双方の初代社長が実の兄弟（犬上郡出身の児玉一造，1881-1930年・豊田利三郎1884-1952年）であった縁が考慮されたともいわれる。

　百貨店の髙島屋は高島郡の飯田家の婿養子となった飯田新七（1803-1874年）が創業した古着木綿商に始まる。なお，髙島屋から分社化した中堅商社・髙島屋飯田は1955年に丸紅と合併し，1972年まで丸紅飯田と称した。

　西武グループ（西武鉄道，西武・プリンスホテルズワールドワイドなど）および旧セゾングループ（西武百貨店，西友，パルコ，ファミリーマートなど。グループは2001年に事実上解散）につらなる巨大企業グループを一代にして築いた堤康次郎（1889-1964年）は愛知郡の農業兼麻仲買商を出自とする。

　このほかいくつかの地方百貨店が近江商人の系譜にある。他産業に転じたものでは東レ，ワコール，西川，ニチレイなどがある。

（参考文献）
石井寛治（2003）『日本流通史』有斐閣。
末永國紀（2017）『近江商人学入門——CSRの源流「三方よし」』サンライズ出版。

（田中　彰）

第8章　流通システムの発展

 **メーカー主導型流通から
小売起点型流通へ**

1　流通システムの多元的発展

　今日に至る流通経済の発展を，一言で整理するなら，商業組織（商業機構）の配給組織化，つまり流通過程を社会的に仲介した商業の自立的活動が，マーケティングの展開により変容を余儀なくされてゆく過程と理解できよう。もちろんそこにおいて商業が完全に否定されるのではなく，流通の具体的姿は，まさに「マーケティング」と「商業」が交錯する動態的な発展プロセスとして観察可能である。マーケティングと商業の交錯連環は，より明示的には，メーカー主導から小売起点型への流通システムの多元的発展として理解することができる。

2　メーカー主導型流通システムの展開

　日本でマーケティングが大きく開花する高度経済成長期の前史において，流通の主役を担っていたのは，卸売業や中小零細の**業種店**であった。もちろん大都市や地方中核都市の中心市街地には，長い歴史と伝統をもつ百貨店が存在し，「消費の殿堂」として消費生活に一定の影響力を行使していた。しかし，基礎的生活用品の調達という点で，主役の座はあくまでも中小業種店（ないしその集積形態である伝統的商店街）の方にあった。農産物をはじめ，食品・日用生活雑貨など製品の大半は，卸・小売段階で形成される多段階で複雑な流通チャネルを通して消費者に販売されたのである。

　しかし高度成長期におけるマーケティング，とりわけチャネル政策としての流通系列化の展開は，流通システムに変革をもたらす。系列化システムにおいて，メーカーは，自社製品の個別的な販路拡大と末端小売価格（再販売価格）の維持のために，卸・小売段階を自らの管理・統制下におこうとする。卸売業者の**販社**化，専売店化や納入業者の指定などによる小売業者の組織的な系列化が，耐久消費財や化粧品などの分野で，寡占メーカーによって強力に推進され，メーカー主導の縦割り（業種別）の流通システムが構築されていった。

　同じ時期に生じたもう1つの変革は，総合スーパーの登場を契機とした大規模小売業態の台頭である。それは寡占メーカーの垂直的な系列化システムに対抗する小売段階の水平的な統合，すなわちチェーン・システム化の動きとして始まった。集中仕入れ（卸売機能の内部化）と多店舗展開により，「メーカー希望

▷1　→第4章「流通・商業の経済理論」，第5章「マーケティングの経済理論」

▷**業種店**
青果店・鮮魚店・文房具店・書店・酒店・衣料品点など，何を販売しているか（取扱商品）によって分類した小売店の呼称を指す。
→第2章3「小売業の役割と機能」，第3章4「小売業態とは何か」

▷**販社**
販売会社の略称。特定メーカーの商品を専売，あるいは主要取扱商品とするメーカーの資本系列下にある卸売業のことをいう。

▷2　→第12章2「マーケティング活動と競争の確保」

▷3　→第2章5「小売業の組織化とチェーンストアシステム」

▷4　1960年代に勃発した松下電器とダイエーの紛争は，「30年戦争」と呼ばれている。30年間にも及ぶ，松下製品のダイエーへの出荷停止措置として繰り広げられた両社の紛争は，1970年，ダイエーが松下に対抗

「小売価格」を下回る低価格販売を実現した小売チェーンは，系列化システムに激しく対抗し，メーカーと厳しい競争関係を築き上げた。製品の価格決定権をめぐり引き起こされたダイエーと松下電器（現パナソニック）の間の紛争[4]は，あまりにも有名である。

③ 小売起点型流通システムの発展

だが情報化の進展とともに近年の流通システムに生じた新たな動向，すなわち製販統合ないし製販連携と呼ばれる企業間システムの構築は，流通システムの発展をより複雑な高次の段階へとシフトさせることになる。製販連携のもとで，メーカーや卸・小売業者は，支配 - 従属関係や対抗関係というよりむしろ，互いの独立性を維持しながら，**サプライチェーン**の最適化という共通目標のもと，相互依存の対等で安定的な取引関係を形成・維持しようとする。POS やEDI などの情報技術が，そこで重要な役割を果たしたのはいうまでもない[5]。これら IT 技術の導入により，通常の取引では非公開とされてきた，生産や在庫，店頭での販売動向に関する各種情報の組織間での即時的共有が可能になった。このような組織間システムの構築を契機として，これまで困難だった消費需要の変動に対応した柔軟な生産・在庫調整を，販売時点情報の迅速なフィードバックを通じ実現してゆく，新しい需給調整の仕組みが流通システムに浸透しはじめることになる[6]。

重要なのは，それに伴い，流通の末端に位置し，POS 情報の処理によって今日の消費・需要動向に精通した小売業の流通システムにおける地位が，格段に向上してきた点である。従来のメーカーや卸主導から，需要情報を起点とした小売起点型への流通システムの再編・転換が進行してゆくことになる。

近年における小売業の PB 戦略，いわゆる「小売ブランド」の展開は，小売起点型流通システムの内実を典型的に示しているといってよい。小売ブランドは，ファッション衣料や家具・日用雑貨，食品などの分野で，SPA（製造直販専門店），総合スーパーやコンビニエンスストアといった業態を起点とした流通システムで積極的に試みられている。それは，今日の多様化する需要動向をふまえ，特定消費者層へのライフスタイル提案という独自のコンセプトに基づいた小売主導の商品開発であるといってよい。メーカーへの対抗というよりむしろ，連携関係による流通システムの新たな組織化を志向している点で，過去の PB 開発とは一線を画すものであるといえよう。

今日の流通システムは，自らの販売組織をもつ寡占メーカーと，自らの生産組織をもつ大規模小売チェーンの対立や協調関係を含む交錯連環のなかで，発展を続けている。生活の情報化が飛躍的に進展する中，ネットを活用した消費者参加型・協働型の新しいシステムも頭角を現しはじめている。流通システムの多元化が，さらに高次のレベルで進展してゆくことは疑いえない。

し，独自のプライベートブランド，低価格 TV「ブブ」を発売したことで，当時大きな話題となった。この点については，清水信年・坂田隆文編著『1 からのリテール・マネジメント』（碩学舎，2012年）第3章が参考になる。

> **サプライチェーン**
サプライチェーンとは，原材料調達から，生産，流通段階を経て，最終消費に至るまでの商流・物流・情報流に関する全活動を指す。これを統合的に管理する経営手法は，サプライチェーン・マネジメント（SCM: Supply Chain Management）と呼ばれ，注目を集めている。
> 5　→第10章1「情報化と流通」
> 6　→第8章2「延期型流通システムの展開」，第8章3「現代流通の調整機構」
> PB
プライベートブランド。PBは private brand の略。メーカーが製造し保有・管理するナショナル・ブランド（NB）に対し，小売（流通）業者主導のもと，製品企画・委託生産がなされ，小売業者が保有・管理するブランドをいう。
> SPA
→第3章4「小売業態とは何か」

（参考文献）
田村正紀『流通モード進化論』千倉書房，2019年
石原武政・石井淳蔵『製販統合──変わる日本の商システム』日本経済新聞社，1996年。

第 8 章　流通システムの発展

 延期型流通システムの展開

 延期‐投機の概念

　大量生産‐大量消費体制が揺らぎ，流通システムは，多様化する需要の変化に対応可能な実需対応型システムへの転換を余儀なくされている。現代に適合的な流通システムとは，具体的にどのようなものであろうか。今日の企業は，個々の消費需要に柔軟かつ弾力的に対応しながら，生産・流通システムの効率化をどのように達成しようとしているのか。この問題を考える上できわめて有益なのが，W. オルダースンや L. P. バックリンによって提唱された延期‐投機の概念である。

　延期‐投機は，製品形態（製品の最終仕様）や在庫・生産量の決定をどこで確定するのかに関するコンセプトである。延期とは，製品形態や在庫・生産量の決定が消費者の購買時点，すなわち購買需要の発生する直前まで引き延ばされることを指し，投機とは，逆に，これらの決定が現実の購買需要に先駆け前倒しで早く行われることを指す。受注生産と見込み生産という，2 つのタイプをそれぞれイメージすると理解しやすい。

 流通システムの延期化

　延期‐投機にはそれぞれメリット・デメリットが存在するが，留意すべきは，両者が相容れないトレード・オフの関係にある点である。すなわち意思決定が延期され，現実の購買需要の発生時点に近くなればなるほど，そこで決定される情報の内容は限りなく「実需」に近いものになり，売れ残りや品切れなど市場リスクは大幅に削減される。しかし反面，集中生産や大量輸送による**規模の経済**の実現は困難になる。投機の場合，規模の経済効果を最大限に引き出せる反面，確定された情報の内容はあくまでも「予測」に過ぎず，市場リスクは限りなく高まる。つまり，相反する延期‐投機の各メリットを同時実現できるようなシステムの構築が鍵となるわけである。

　例えば，トヨタ自動車が自らの系列ネットワークで展開しているオーダー・エントリー・システム（OES）は，その代表例である。そこでは，車種，そしてボディタイプやエンジンなど個々の車両の基本的仕様から，オプション・ボディカラーに至る総仕様の確定が，系列店から送られる 3 段階のオーダー（月度オーダー・旬オーダー・デイリー変更オーダー）を通じ，段階的に延期されてい

▷規模の経済
一定期間内での生産量が増大するにつれて，製品の単位生産コストが低下する程度のこと。一定期間に大量に生産することによって，その際必要となる固定費の分配先が増え，より低コストでの生産が可能となる。

る。トヨタは，生産計画の段階的調整により，見込み生産の中に受注生産的要素を組み込むことによって，**マス・カスタマイゼーション**，すなわち規模の経済と消費者への個別対応を同時に実現したのである。

③ 投機型システムから延期型システムへ

流通システムの延期化は，上述の製品形態確定のタイミングという時間次元だけでなく，製品が完成品となる地点や在庫形成の位置といった空間次元からも説明可能である。その内容を簡単に示したのが，資料8-1である。戦後日本の多くの消費財メーカーにみられた流通の伝統的パターンは，流通の川上段階で集中的に見込み生産した製品を消費者（または小売業者）に向け大ロットで配送する投機型システムであった。このような投機型流通は，川下への生産拠点の分散化による短サイクル・小ロット配送の実現，また半製品を川下で完成品にする**モジュール化**の進展などにより，延期型へシフトしつつある。

これらの議論において特に重要なのが，延期-投機に関する意思決定の主導権をどの流通主体が握るのかという問題である。それによって，構築されるシステムの内実も異なってくるからである。例えば，在庫位置の決定がメーカー主導で流通の川上段階で行われると，生産規模の経済性を重視するメーカーは，保有在庫をできるだけ早い時点で卸・小売業者に大ロットで流通させる結果，在庫位置は川上集中型となる。逆に，その決定が小売主導で流通の川下段階で行われると，小売業者は，在庫リスクを減らすため発注行為を延期化し，在庫所有を可能な限り川上に依存する結果，在庫位置は川上集中型となる。そこでは，物流拠点の集約化に基礎づけられた短サイクル・小ロット流通が支配的になる。コンビニの多頻度小口配送システムは，まさにその代表例といえよう。

延期-投機の理論は，チャネルの効率的設計やその最適化を問うSCMや製販統合研究の中で，重要なキー概念として援用されてきた。企業間システムとしてのサプライチェーンの内部における「部分最適化」の議論を，消費者を含む流通システム全体の最適化を問うマクロの議論へといかに発展させてゆくかが，そこにおける最も重要な論点となっているといってよい。

資料8-1 延期型-投機型システムの特徴

	生産	流通
延期型	受注生産 分散生産	短サイクル 小ロット
投機型	見込み生産 集中生産	長サイクル 大ロット

出典：矢作敏行・小川孔輔・吉田順一『生販統合マーケティング・システム』白桃書房，1993年，74頁図表，及び矢作敏行『現代流通』有斐閣，1996年，161頁図表などを参考に筆者作成。

▷**マス・カスタマイゼーション**
効率的な生産システムなどを通じ，低コストで個々の消費者の様々なニーズへの個別対応（カスタマイズ）を実現すること。両立できないと考えられてきた大量生産と個客対応の合成ないし同時実現を試みるものである。

▷**モジュール化**
モジュールとは，代替可能な標準部品のことである。モジュールの組み合わせの変更（組み替えや取り替え）によって，最終製品の多様化が容易になる。製品のモジュール化（モジュール型製品設計）によって，標準化された部品の使用でコスト削減を図りつつ，最終製品を多様化することが可能になった。

（**参考文献**）

W. Alderson, *W., Marketing Behavior and Executive Action*, 1957（石原武政・風呂勉・光澤滋朗・田村正紀訳『マーケティング競争と経営者行為』千倉書房，1984年）。特に第14章を参照。
加藤司「投機型流通から延期型流通への転換」大阪市立大学商学部編『ビジネスエッセンシャル⑤流通』有斐閣，2002年，第11章。

第8章　流通システムの発展

 3 現代流通の調整機構
──市場・階層組織・ネットワーク

▷1　Williamson, O. E., *Market and Hierarchies*, 1975（浅沼萬里・岩崎晃訳『市場と企業組織』日本経済評論社，1980年）。

▷**機会主義的行動**
それぞれの経済主体が自分に有利な交渉・取引を進めるために，自らに有利な情報や相手に不利な情報を隠したり，裏切ったりする日和見主義的な行動。

▷2　階層組織は，企業組織のみに限定されない。政府組織，つまり国家の管理・統制システムも，階層組織の延長線上に位置づけられていると理解が可能である。

▷3　→第8章1「メーカー主導型流通から小売起点型流通へ」
ネットワーク組織は，製販連携システム以外にも，流通系列化システム，フランチャイズ・チェーンやボランタリー・チェーンといった小売業のチェーン組織，さらには商店街組織など，流通の中に広範かつ多数存在している。商業組織と配給組織を両極とした，その中間領域に存在する組織として概念的に理解できる。

▷**互酬**
互酬とは，社会的慣習に従って行われる，見返りを早急に求めない利他的取引や贈与行為を意味する。古く

① 現代流通における3つの調整機構

　経済とは資源の社会配分の具体的様式のことであり，市場とは，そこにおける価格変動のメカニズムを通じ資源配分が社会的に達成されるシステムをいう。市場経済のもとでは，各々の経済主体の自由な経済活動と自由競争の結果，価格メカニズム（「見えざる手」）が働き，社会的需給の均衡が自動的に達成されると一般に説明されている。だが，このような完全競争市場の存在が，今日の市場経済において幻想にすぎないことは，周知の事実である。資料8-2は，現代の流通において作動している需給調整機構の3つのタイプの特徴を示したものである。社会的需給の調整というマクロの視点から，流通システムの発展をより包括的に理解してみよう。

② 市場と階層組織

　資本主義社会において，市場システムはその基底をなす調整メカニズムであるが，それは経済の全領域で作動しているのでなく，今日その作用範囲は，縮小・限定されたものとなっている。市場に代わる調整力となるのが，大企業の市場管理，さらには政府の政策介入といった管理・統制型の調整システムである。周知のO・E・ウイリアムソンの市場-階層組織パラダイムは，企業の市場管理行動における市場取引の内部化の側面に注目することによって，調整機構としての市場-階層組織の代替的関係を示唆した見解としてよく知られている。

　市場は，各々の経済主体の自由な意思決定による活動を許容し，局所的な需要にも幅広く対応できる点で，柔軟性に富んだシステムである。しかし，その成果は競争の結果として事後的にしか判明せず，市場には，その無政府性や**機会主義的行動**に由来する不確実性のリスクが常につきまとう。このような市場の欠陥に由来する取引費用の増大を解消し克服するため，合併や統合により市場取引を内部組織化する，企業の市場管理行動が生まれてくる。調整機構としての階層組織は，調整が事前的かつ計画的に行われ，組織内部で目標が共有される点で，安定的なシステムである。だが集権化されたトップダウンの管理・統制方式に依存し，支配-従属関係を構造化しやすい点で，柔軟性に欠けるというデメリットをもつ。

3 第3の調整機構としてのネットワーク

商業組織の配給組織化，すなわちメーカーの垂直的統合による自立的商業の排除は，まさに，上述の市場から階層組織への調整機構の多元化という文脈の中に位置づけが可能である。だが重要なのは，これら2つの調整機構の間で，

資料8-2 需給調整機構の3つのタイプ

調整機構	市場 (Markets)	階層組織 (Hierarchies)	ネットワーク (Networks)
目標	共有しない	共有	なかば共有
調整手段	価格	命令と管理	交渉
調整の時間的性格	事後的	事前的	事前的
経済主体間の関係	独立	従属	相互依存
調整の柔軟性	高	低	中
流通システムのタイプ	商業組織	マーケティング（配給組織）	流通ネットワーク組織

出典：阿部真也『流通情報革命』ミネルヴァ書房，2009年，78頁図表を基礎に，修正・加筆を行った。

そのどちらによっても説明困難なネットワーク型の調整システムが，今日，その作動領域を拡張し，存在意義を飛躍的に高めている点である。

ネットワーク型調整機構の基本的特徴は，お互いの独立性と自主性を容認しあったうえでの，経済主体間の目標共有と相互依存関係の構築にある。近年の製販統合やSCMにおける流通企業間の連携システムが，まさにこのネットワーク型調整機構の典型タイプに該当する。それは，階層組織のもつ集権的で硬直的な調整システムとしての限界を，市場的要素を組み込んだネットワーク組織（連結組織）の構築によって克服し，より柔軟で弾力的な調整システムへと改良してゆこうとする動きに他ならない。

流通ネットワーク組織は，企業間システム，つまり階層組織の側からのネットワーク化としてのみ形成されるのではない。生活領域の側からのネットワーク化も，同様に進展している。生活協同組合をはじめ，産地直結や地産地消の取引ネットワーク，最近のネット・コミュニティの流通過程への関与などが，これに当たる。企業間のネットワークは，利潤の利己的な最大化を目指す資本主義的な企業原理に支えられる限り，階層組織の修正バージョン，つまり閉じられた管理・統制型の調整システムとしての限界を免れることは不可能である。しかし，生活領域から形成されてくるネットワークは，利他的で，相互扶助や関係性の高揚そのものを目的とする互酬原理に支えられた開放的で分権的な調整システムという意味で，両者は質的に異なるといえる。生活領域から形成されるネットワーク組織を，市場の無政府性や機会主義に由来する社会的混乱を抑制し，緩やかで対等な連帯・協働関係を通じ人々の共同利益を実現してゆく，流通システムの社会的発展における生活原理の発現として理解してゆくことも可能であろう。

は原始共同体の家族や部族間の経済関係の中に典型的に存在した。今日の寄付行為や物資支援活動などは，まさに互酬行為として捉えることができよう。経済人類学者のK.ポランニーは，経済過程の制度化のパターン＝需給調整システムとして，互酬・再分配（国家的統制）・交換（市場）の3つのタイプを類型化しつつ，人間の生活と生命を蔑ろにする今日の市場社会の転倒した姿を厳しく批判した。Polanyi, K., *The Livelihood of Man*, 1977（玉野井芳郎他訳『人間の経済I——市場社会の虚構性』岩波書店，復刻版2005年）。

▷4 この意味で，流通ネットワーク組織には，閉鎖的・統制的ネットワークと開放的・分権的ネットワークの2つのタイプが存在するといえる。

参考文献

阿部真也「現代流通の調整機構と新しい市場機構」阿部真也監修『現代の消費と流通』ミネルヴァ書房，1993年。
吉村純一『マーケティングと生活世界』ミネルヴァ書房，2004年。

第9章　現代消費とマーケティングの展開

 マーケティングと消費の相互関係

▷マネジリアル・マーケティング
→第5章3「マーケティングの展開」
▷1　J・K・ガルブレイス／鈴木哲太郎訳『ゆたかな社会（決定版）』岩波書店，2006年。
▷近代管理論
企業を協働体と捉え，その行動を意思決定という観点から解明しようとする管理理論。
▷2　C・I・バーナード／山本安二郎他訳『経営者の役割（新訳）』ダイヤモンド社，1968年。
▷3　H・A・サイモン／二村敏子他訳『経営行動（新版）』ダイヤモンド社，2009年。
▷労働力
資本主義社会において売買される特殊な商品。他の商品と同じく使用価値と交換価値をもつが，労働力の使用価値である労働が自己の交換価値を上回る価値，すなわち剰余価値を生み出す点で，他の商品と異なる。マルクス経済学において，人間の労働能力の総体である労働力と，それによって生み出される労働とは厳密に区別される（K・マルクス／長谷部文雄訳『賃金・価格および利潤（改版）』岩波書店，1981年）。
▷誘因と貢献
誘因とは，組織が参加者に与える賃金や商品，配当な

1　依存効果

　マネジリアル・マーケティングの展開による寡占企業の地位の一層の強化，特にその国家権力との結びつきの緊密化は，それまでのマーケティングにおいて不安定であった諸条件を著しく安定化させただけでなく，従来の企業にとって与えられた条件であったものを，多かれ少なかれ自由に統制しうるマーケティングの要素に転化しさえすることになった。

　この問題に深い関心を示したJ・K・ガルブレイスは，寡占が確立するにつれて，消費者の欲望を満足させる過程が同時に欲望をつくり出していくと指摘した。欲望を満足させる過程として挙げられる主なものは宣伝と販売術であるから，ガルブレイスの指摘は，「マーケティングが欲望をつくり出す」ということにまとめることができる。消費者の欲望はその消費者自体から生まれるのではなく，宣伝を見聞きして，販売術を受けて，初めて生まれるのである。このような「欲望は欲望を満足させる過程に依存する」という事態を，ガルブレイスは「依存効果」と呼び，商品に対する欲望は消費者の自発的な必要から生じるのではなく，依存効果によってマーケティングから生まれることを強調した。すなわち，従来与えられた条件であった消費者の欲望を，寡占企業はマーケティングによって統制可能な要素に転化したというのである。

2　マーケティング論の体系

　依存効果のような考え方から「マーケティング管理」というとき，管理対象は，マーケティングの諸業務ないしそれを遂行する従業員ではなく，消費者もしくは販売業者である。こうした見方はマーケティング論を組織論ないし管理論に接近させる。なぜなら，**近代管理論**の源流とみなされる**C・I・バーナード**とその後継者と目される**H・A・サイモン**が，企業組織の従業員と顧客を，前者は賃金と引換えに**労働力**を提供し，後者は商品と引換えに貨幣を提供する点で異なるものの，どちらも組織参加者であることに変わりはないとして全く同列に取り扱い，顧客の行動を組織の分析に含めているからである。

　だが，近代管理理論によってマーケティングの現象を説明し，その動向を予見することはできない。理由はもちろん，顧客を組織参加者として従業員と全く同列に取り扱うことにある。近代管理論は労使関係も売買関係も等しく**誘因と**

貢献[4]の関係に置き換え，その量的な差異を認めるだけで，顧客の商品の選択と労働者の去就の判断とを全く同じ性質のものと考えている。しかし，顧客は従業員と違って働きかけの対象にはなりえても，命令と制裁の対象になりうるものではなく，企業の意図した通りに操作できる存在ではない。

　この点について，わが国で最初にマネジリアル・マーケティングを論じた森下二次也が，寡占企業の地位が強化されても，従業員と顧客の違いは全く解消されないと指摘していること[4]が銘記されなければならない。そしてここに，マーケティング管理論の経営理論とは異なる理論体系としての独自性がある。すなわち，マーケティング論が扱うべき現実は，主体の意図に還元して理解できない現実に他ならない。主体の意図せざる結果，主体が操作しえぬ意のままにはならない他者にこそ，マーケティング論の主たるテーマがある[5]のである。

③ 現代マーケティング論のスフィンクス

　このような理論体系をもつマーケティング論からすれば，ガルブレイスは，マーケティング諸活動の需要操作性に目を奪われて，その限界に対する認識が希薄であったといわざるをえない。ガルブレイスを批判しながらP・A・サムエルソンがいうように，巨大企業は絶対君主ではなく，商品を意のままに売ることができるわけではない[6]。十分な成果を上げることができずに市場から消え去っていく商品は後を絶たない。同じくガルブレイスを批判しながらT・レビットがいうように，商品が売れるか否かを決めるのは，企業ではなく消費者である[7]。消費者はもはや操作・操縦の対象ではなく，企業がその全活動を挙げて適応すべき焦点であり，消費者の行動がそうした企業活動の適否の審判なのである。かくして消費者主権が叫ばれることになる。

　しかしだからといって，消費者が経済の究極の規制者であるということはできない。ガルブレイスがいうように，消費者の欲望は他ならぬマーケティングによって規定されている。このこともまた確かなのである。

　森下に次いでマーケティング論の体系化を進めた田村正紀が指摘するように，消費者の行動は寡占企業の勢力の部分的な支配下にありながら，同時に部分的な自律性をもつ[8]。残された問題は，そうした消費者行動のマーケティングからの被規定性と独自性をいかなる関連において理解するかということにある。そして，そのためには，消費であれマーケティングであれ，どちらかが他方に影響を与え，それがまた自らのありように影響を与えるといった相互作用的関係の内実が明らかにされなければならない。しかし，被規定性と独自性は理論的に対立する契機を含んでおり，両者をうまく含み込んだ理論体系の構築は決して容易ではない。それゆえ，この問題は，マーケティング論に入ってくる世界中の研究者に解答不能の謎をかけて立ち往生させてしまう現代マーケティング論のスフィンクス[9]とさえ称されていたのである[10]。

どのことであり，貢献とは，参加者が組織に提供する労働力や貨幣，出資金などのことである。誘因が貢献と同等か，それ以上の状態が保たれることで，参加者の離脱が防がれ，組織の存続が可能となる。このような考え方を組織均衡論という。

▷4 森下二次也「マーケティング論体系化への途」『経営研究』第88号，1967年，1〜23ページ（森下二次也『マーケティング論の体系と方法』千倉書房，1993年所収）。

▷5 石井淳蔵『マーケティング思考の可能性』岩波書店，2012年。

▷6 P・A・サムエルソン／都留重人訳『経済学（原著第10版）（下）』岩波書店，1977年。

▷7 T・レビット／土岐坤訳『マーケティングの革新（新版）』ダイヤモンド社，2006年。

▷8 田村正紀『マーケティング行動体系論』千倉書房，1971年。

▷9 J・N・シェスらは，アメリカのそれまでの膨大なマーケティング研究をサーベイした上で，マーケティングと消費の相互作用的関係についての研究はほとんど進んでおらず，この問題こそがこれからのマーケティング研究の最も重要な課題であると指摘している（J・N・シェス他／流通科学研究会訳『マーケティング理論への挑戦』東洋経済新報社，1991年）。

▷10 澄川真幸「使用価値と欲望――共同化された対象世界の誕生」石井淳蔵・石原武政編著『マーケティング・ダイナミズム』白桃書房，1996年，第2章。

第9章　現代消費とマーケティングの展開

 消費欲望とマーケティング

▷マーケティングと消費の相互関係　→第9章1「マーケティングと消費の相互関係」

▷1　石原武政「マーケティングと消費者需要——その準備的考察」『経営研究』第27巻第3号，1976年，49〜68ページ，および「マーケティングと競争的使用価値」同，第27巻第4・5・6号，1977年，231〜247ページ。これら2つの論文は，その後，「消費者需要とマーケティング」というタイトルで1つにまとめられ，石原武政『マーケティング競争の構造』千倉書房，1982年，第3章，および石井淳蔵・石原武政編著『マーケティング・ダイナミズム』白桃書房，1996年，第6章に転載されている。

▷生産力　労働力と生産手段とが一定の生産関係の下で結合することによって生み出される物質的財貨を生産する力。生産関係とはマルクス経済学に特有の基本概念であり，財貨の生産において人間が相互に取り結ぶ社会的諸関係の総体，特に生産手段の所有関係を意味する。これら生産力と生産関係の結合によって一定の生産様式が構成される（K・マルクス／武田隆夫他訳『経済学批判』岩波書店，1956年）。

▷使用価値　商品が持っている物としての有用性。例えば，食物は空腹を満たし，衣服は身体を寒暑から保護

① 欲望の基本的性格と競争的使用価値

　マーケティングと消費の相互関係の解明に果敢に挑戦したのは，石原武政である。石原はまず，人間の欲望には抽象的欲望と具体的欲望の2つがあるとする。前者は，特定の対象と結びつかず，特定の充足方法を予定しない欲望である。後者は，充足のされ方を具体的に予定した欲望である。例えば，「コミュニケーションをとりたい」が抽象的欲望であり，「携帯電話でコミュニケーションをとりたい」が具体的欲望である。したがって，具体的欲望の発生は**生産力**の発展に規定される。なぜなら，生産力が発展し，携帯電話が開発されなければ，「携帯電話で」という欲望は生まれないからである。

　このように，石原によれば，消費者の欲望と行動は基本的に生産に規定されており，だからこそマーケティングが行われる。もし消費者の欲望が何にも規定されないのであれば，マーケティングを行うことに意味はない。各企業にとって必要なのは自らの商品に対する特殊的・排他的欲望であり，その創出を巡って製品差別化を基軸としたマーケティング競争が展開される。製品差別化によって新しい属性が商品に付加され，それを消費者が欲すれば，その属性はその商品の新たな**使用価値**となる。マーケティング競争の中から生まれたそのような使用価値を，石原は，「競争的使用価値」と呼ぶ。

　こうして競争は，商品の基本的属性を豊かにし，消費者の欲望を発展させる。競争優位を求めて，例えば携帯電話にメール機能やカメラ機能が付加されることで，「コミュニケーションをとりたい」という欲望の内容が高度化する。しかし，そのことは，消費者の欲望の発展がマーケティング競争によって決定的に規定されたものになっていることをも意味している。メール機能もカメラ機能も，それが競争優位に寄与しないと判断されれば商品化されることはなく，それに対する消費者の欲望は生まれることがないのである。

　消費欲望のマーケティングからの被規定性を強調する石原は，しかし同時に，マーケティングによる欲望操作の限界についても，次の2つを理由に挙げて明確に説明している。第1に，すべての企業が自己の商品の差別性を訴求する結果，消費者側ではその効果が相殺されると共に，消費者の欲望をかえって多様化させることになる。第2に，他ならぬ企業のマーケティングが消費者のマーケティングへの抵抗力を鍛え上げ，マーケティング自身の限界をつくりだす。

このようにして石原は，消費欲望のマーケティングからの被規定性と独自性という二面的性格を含み込んだ理論枠組みを提示したのである。

② 使用価値の恣意的性格

石原の理論枠組みのさらなる発展を図ったのは，石井淳蔵である[▷2]。石井は，石原が提起した競争的使用価値概念に注目し，この概念の強調点は，使用価値は競争という誰も制御ができず偶然性が働く場において生まれてくるということにあると主張する。差別化競争によって新しい属性が付加された結果，消費者がその商品に何を求めるようになり，使用価値がどのように変化するかは，商品化されるまで誰にも分からない。このことから石井は，使用価値は決して普遍的ではなく恣意的性格をもつのであり，何が本質的使用価値であるかは先験的には定義できないことを強調する。そして，それにもかかわらず，石原の場合，商品の基本的属性は生産力によって歴史的に規定されると主張しているから，使用価値を先験的に定義していることになると批判する[▷3]。石原の考えでは，例えば携帯電話は，過去も現在も未来も，通話という一次機能があり，それ以外の属性はすべて二次的属性になるという。

使用価値を先験的に定義することは，当然それに対する消費者の欲望の先験的な存在が仮定されることになるし，そうした商品の基本的属性の存在がそれへの欲望を生み出すということにもなる。つまり，一方で消費欲望の独自性を指摘し，他方でその被規定性を指摘することになり，消費欲望の二面的性格を同時に含み込んだ理論枠組みではなくなってしまうのである。

こうして石井は，例えばスカートが男性用ではなく女性用であることなど，使用価値の多くは生産力によって説明することが難しく，**文化**[▷文化]に依存した恣意的な性格をもつことを指摘する。そして，続けて，商品に内在した**価値**[▷価値]を根拠にして交換が起こるのではなく，交換が起こって初めてそれなりの価値があったことが見出されるということを強調するのである。

③ 使用価値の歴史的沈澱

石井の批判的問題提起を受けて，石原は商品の基本的属性について再考し，今まさに市場導入されようとしている属性が副次的属性である一方，導入以来，長期的な支持を勝ち取ってきた属性が基本的属性であるとして，そうした歴史的な経緯の中で沈澱してきた属性については，交換あるいは生産に先行して使用価値として確定することができると主張する[▷4]。そして，そうした基本的属性を認めず，商品の使用価値は全面的に不確定的だとすれば，例えば携帯電話の通話機としての能力と，投げつけて人を傷つける能力とが同列に置かれてしまうことになり，消費の中に文化的な規定性を見出そうとしても，そのきっかけをつかむことさえできないだろうとして，石井を反批判するのである。

する。石原と異なり，K・マルクスは，使用価値の考察は経済学の彼方にあるとして詳細な分析を行わず，使用価値を超歴史的で普遍的なものと考えた（K・マルクス／高木幸二郎監訳『経済学批判要綱（第4分冊）』大月書店，1962年）。

▷2　石井淳蔵「消費者需要とマーケティング―石原理論再考―」『国民経済雑誌』第167巻第1号，1993年，1～23ページ（石井・石原編著，前掲書，所収）。

▷3　石原，前掲論文，1996年，147ページ。

▷文化　ある社会の成員が共有している生活様式の総体であり，そのあり方は恣意的である。そうであれば，文化に規定された使用価値もまた恣意的であるということになる。石井が，生産力優位説に代わって文化要因優位説という新手の決定主義を唱えることを意図しているわけではないと述べるのも，このことにかかわる（石井，前掲論文，1996年，167ページ）。

▷価値　商品の価格を決定する実体。近代経済学が効用とする一方で，マルクス経済学は抽象的労働とし，価値の大きさは社会的必要労働量で測られるとした。マルクスは，生産物が異種の商品と交換されることによって価値形成労働という特殊な性格が出現すると述べており，それが石井の論拠の1つになっている（K・マルクス／向坂逸郎訳『資本論（一）』岩波書店，1969年）。

▷4　石原武政「消費の実用的理由と文化的理由」田村正紀他編著『マーケティング研究の新地平』千倉書房，1993年，第1章（石井・石原編著，前掲書，所収）。

第 9 章　現代消費とマーケティングの展開

 マーケティングの基底と規範

▷ 1　→第 9 章 2「消費欲望とマーケティング」

▷ 2　この論争に関して，石井淳蔵と石原武政の共編著で白桃書房から次の 3 冊の論文集が刊行されている。『マーケティング・ダイナミズム』1996 年，『マーケティング・インタフェイス』1998 年，『マーケティング・ダイアログ』1999 年。

▷ 使用価値　→第 9 章 2「消費欲望とマーケティング」

▷ 基本的属性　→第 9 章 2「消費欲望とマーケティング」

▷ 3　石井淳蔵「ルールは遅れてやってくる―意思決定者の不安の基礎にあるもの―」石井・石原編著，前掲書，1998 年，第 1 章。

▷ 暗闇への跳躍　例えば，「冷蔵庫」のような機械「X」は，エスキモーの世界では「解凍機」となり，また別の世界では，儀礼用の「祭壇」として使われるかもしれない。この時，「解凍機」はその機械の新たな機能として正当であり，「祭壇」は不当であるなどとすることはできない。どちらの機能も，その機械の製作中には考慮されていなかった点で同じであり，正当性は後追いのルールで判断されるしかない。こうした事態を，S・A・クリプキは「暗黒の中における跳躍」と表現した（S・A・クリプキ／黒崎宏訳『ウィトゲンシュタインのパラドックス』産業図書，1983 年）。

1　ルールは遅れてやってくる

　マーケティングと消費の相互関係を捉えるために石原武政が提示した理論枠組みと，それに対する石井淳蔵の批判的問題提起，そしてそれへの石原の反批判に始まる石井・石原論争は，その後，論争当事者だけでなく，多くの論者が関心を寄せる問題となり，いくつかの優れた研究成果が生み出された。

　石原の反批判に対し，石井は，未だ具体的な形になっていない漠然とした欲望と，同じく未定義な商品とが出会って初めて，欲望は具体的な形をとり，商品は開発者の単なる思いを超えた**使用価値**として確定されることを改めて主張し，交換に先行して使用価値として確定することができる**基本的属性**は認められないことを，具体的な事例を挙げながら説明している。

　そこで強調されるのは，生産者の思惑と消費者の欲望との出会いが思いがけない展開を生み出し，当事者のアイデンティティをも変容させてしまうということである。マーケティングの結果は，決してそれでしかなかったという必然的な結果ではなく，他でもありえたけれども，たまたまそうであったという偶有的な結果である。それゆえ，意思決定者は，寄る辺ない不安を抱えている。事前にどれほどの市場調査を行っても，市場導入の結果は，市場導入の後にしか分からない。つまり，その決定が従うべきルールは，その決定に遅れてやってくるのである。意思決定を正当化する確かな根拠がないままに決定しなければならない意思決定者の不安は，まさに，「**暗闇への跳躍**」あるいは「**命がけの飛躍**」における不安に喩えることができると石井は指摘する。

2　仮説的根拠としての市場像

　これに対して石原は，企業は何の根拠もなしに意思決定を行うことはできず，不確かであっても何らかの意味で手がかりとなるような仮説的根拠を拠り所にマーケティングを展開するとして，その仮説的根拠としての「市場像」の概念を提示する。それは，企業の側に形成される市場についての仮説的なイメージであり，消費者の嗜好の基本的な方向や重視されている価値観，潜在的な不満などについてのイメージが，その根幹的な部分を構成する。この仮説的な市場像に基づいて導入された商品が広く受け入れられれば，企業は自らが描いた仮説市場像が市場の「実像」に近似していたことを知り，受け入れられなけれ

ば，市場像そのものないしはそれに基づくマーケティング諸活動に変更を加えることで，命がけの跳躍をより小さくしようとする。石原は，仮説的な内的像としての市場像が，企業が市場と対話し，意味を共有し合う上で決定的に重要なバロメーターの役割を果たしているということを強調する。

では，企業はいかにして市場像を描くのか。石原によれば，例えば冷蔵庫を生産する企業は，冷蔵庫にその時点で欠くことのできない固有の要件であり，多くの消費者が共有する要件を理解することから生産を開始する。例えば，冷却機能，冷凍室，製氷庫などであり，石原のいう基本的属性，または**歴史的に沈澱した属性**である。しかし，基本的属性を満たしているだけでは魅力に欠けるため，ドアの両開きや観音開き，野菜室の配置など**副次的属性**が付加される。この時，ターゲットを定めた市場像が描かれていると石原はいう。つまり，基本的属性を前提として市場像が形成され，それが受け入れられて**競争的使用価値**となり，さらには基本的属性の内容を変えていく。小さな命がけの跳躍の連続が事後的な確認の連鎖を通して，この循環を回転させていくという。

その意味で，基本的属性も市場像も競争的使用価値も，事後的に再確認を受けなければならず，それによって初めて自己を確認することができる。したがって石原は，その意思決定の「ルールは遅れてやってくる」ようにも見えるという。だが，続けて，それにもかかわらず，人々が事前に，ある根拠をもって意思決定できるというその事実が重要であると指摘し，ルールが遅れてやってくることを強調するときには，同時に直前までのルールが事前に仮説的ルールとして現れることを強調しなければならないと主張する。

③ 偶有性の中で，マーケティング秩序はいかにして生成するか

このように，石井と石原の間に何らかの決着が見られるわけではない。しかし，石井は，先験的に実在する基底・根拠がないままに決定・判断がなされるが，いくらルールが決まっていないからといって唐突で滅茶苦茶な決定・判断はなされないその限りにおいて，そこには決定・判断の規範・秩序はあるといわざるをえないとし，論争は，競争的使用価値の恣意的性格，つまり「基底がない」ことを強調した石井と，その歴史的性格，つまり「規範はある」ことを強調した石原の対立であったと指摘する。そして，問題の核心は，どちらが強調されるべきかに決着をつけることではなく，**「開かれつつ閉じられている」**システムにおける「基底はないが規範はある」という性格を，どのように理解するかにあると主張する。すなわち，「偶有性の中で，マーケティング秩序はいかにして生成するか」という理論課題が提起されるのである。

石井は，この課題のためには，価値や構造が不安定・不確定であるがゆえに秩序が成立するメカニズムこそが探られなければならないとしている。そして，**ブランド論**を展開することで，そのメカニズムの解明を試みるのである。

▷**命がけの飛躍** 商品の売り手は，その価値実現のために，自らの商品を価値あるものとして買い手に受け入れてもらわなければならない。しかし買い手は，売り手の望み通りに受け入れるとは限らない。売り手が直面せざるをえない，売れるか売れないかの交換における危うさを，K・マルクスは「命がけ飛躍」と表現した（K・マルクス／武田隆夫他訳『経済学批判』岩波書店，1956年）。

▷4 石原武政「不特定な市場とのコミュニケーション──『仮説的根拠づくり』の意義─」石井・石原編著，前掲書，1999年，第12章。

▷**歴史的に沈澱した属性** →第9章2「消費欲望とマーケティング」

▷**副次的属性** →第9章2「消費欲望とマーケティング」

▷**競争的使用価値** →第9章2「消費欲望とマーケティング」

▷5 石井淳蔵「競争的使用価値：その可能性の中心」石井・石原編著，前掲書，1999年，第9章。

▷**開かれつつ閉じられている** 競争的使用価値概念の最も重要な可能性の中心部分。使用価値は，その可能性の広がりの打ち止めが想像できない以上，常に，現在の一歩先において新たな可能性に開かれている。

▷6 石井淳蔵「マーケティング秩序は，いかにして生成するか──競争的使用価値論の新たな展開」加藤司編著『流通理論の透視力』千倉書房，2003年，第1章。

▷7 石井，前掲論文，1999年，205ページ。

▷**ブランド論** →第9章4「偶有性とブランド」

第 9 章　現代消費とマーケティングの展開

偶有性とブランド

▷ 1 →第 9 章 3「マーケ
ティングの基底と規範」
▷ 2 石井淳蔵『ブランド
価値の創造』岩波書店,
1999年。
▷ 3 名前に独自の属性を
備えさせようとするネーミ
ング作業やブランド拡張,
新市場への進出, 新世代ター
ゲットへの挑戦, 新しい
技術やデザインの採用, 新
しい流行の取り入れなどが
試みられる。
▷偶有性
→第 9 章 3「マーケティン
グの基底と規範」
▷ 4 →第 9 章 3「マーケ
ティングの基底と規範」
▷使用価値
→第 9 章 2「消費欲望とマ
ーケティング」
▷沈澱
→第 9 章 2「消費欲望とマ
ーケティング」
▷価値
→第 9 章 2「消費欲望とマ
ーケティング」
▷ 5 例えば,「コカ・コ
ーラ」を改良すべく新たに
開発された「ニュー・コー
ク」は, 発売前に大規模な
味覚テストが行われ, 従来
の「コカ・コーラ」より優
れていると評価されたにも
かかわらず, 市場導入後,
「コカ・コーラ」がもって
いた「人生のあらゆる場面
に結びついた象徴」を奪っ
たとして, 消費者から大々
的な非難を浴びた（M・ペ
ンダグラスト／古賀林幸訳

1 ブランド経営者の命がけの跳躍

「偶有性の中で, マーケティング秩序はいかにして生成するか」という理論課題[1]に, ブランド論を展開することで取り組んだのは石井淳蔵[2]である。

優れたブランドを構築するためには, マーケティングが必要である[3]。だが, マーケティングは偶有性に直面する。それが従うべきルールは遅れてやってくる[4]のであり, これまでいかなるマーケティングによっていかなる使用価値をブランドに沈澱させることに成功してきたかを分析したところで, 今ここでいかなるマーケティングを行えばよいのかが分かるわけではない。よかれと思い追加した新たな使用価値が, それまでそのブランドを支えてきた使用価値と衝突し, ブランドの価値を発散させ, 崩壊させてしまう可能性もある[5]。

しかしだからといって, 企業はマーケティングを行わないわけにはいかない。新しい使用価値を付加して競争者に対応し, 消費者に適応しなければ, ブランドが滅びてしまうからである。マーケティングが成功するかどうかの根拠はないままに, 企業は追われるがごとくマーケティングを行わなければならない。このことを, 石井は,「ブランド経営者の命がけの跳躍」と呼ぶ。

2 消費者の命がけの跳躍

しかし, 偶有性に直面するのは, 消費者も同じである。合理的な購買意思決定では, 必要な機能や品質水準, 予算といった選択ルールを先に選んでから, それに基づいて特定の選択代案, つまりブランドが選択される。だが, 本質的使用価値を仮定することができない偶有性の中では, ブランドを選択するための確固とした選択ルールを確立することができないのである。

これに対して, 豊かなメッセージ性をもつブランドは,「今何が必要か」,「どんなライフスタイルが求められるか」といった自らの存在感を際立たせる選択ルールを提唱できる力, すなわち「争点（選択ルール）選択効果」をもっている。そのため, 発売されたブランドに基づいて自身の必要やライフスタイルが決められるという事態が起こる。消費者はブランドを選択すると同時にそのブランドが提案するライフスタイルを選択し, そのライフスタイルを発信するそのブランド名で販売された様々な商品群を買い揃えていくことで, 選択したライフスタイルが自身に合っているとの判断の妥当性を高めていく[6]。そうし

て，そのブランドが将来に向けて創り出していくライフスタイル，そのブランドを選択した今ここでは不在のライフスタイルへと誘導されていく。つまり消費者は，ブランドが忍び込ませる新たなライフスタイルが自身に合ったものかどうかの判断がつく前に，そのブランドを選択している。選択の根拠があやふやなままに行為の選択が行われるのである。こうした消費者のブランド選択を，石井は，自らのライフスタイルをかけての「消費者の命がけの跳躍」と呼ぶ。

❸ リフレクティブ・フロー

企業と消費者の双方が命がけの跳躍を行うがゆえに，すなわち価値や構造が不安定・不確定であるがゆえにブランド秩序が成立するメカニズム[7]を，栗木契は，「**リフレクティブ・フロー**[4]」という概念を用いて定式化している。

ブランドの機能や便益を消費者に伝達するだけのマーケティングでは，偶有性の問題を避けることができない。例えば，携帯型音楽機器の発売に当たって，企業が，「軽さ」や「音のよさ」を訴求しても，消費者が，「可愛いかどうか」という必要や観点で知覚し評価すれば，魅力は伝わらない。だからといって，企業が「可愛さ」を訴求したとしても，消費者は「可愛さ」とは別の必要や観点で知覚や評価を行うかもしれない。ブランド経営者の命がけの跳躍である。

だが，ブランドの交換において命がけの跳躍を行うのは，企業だけではない。消費者も，選択の根拠があやふやなままにブランドを選択するという命がけの跳躍を行っているのであり，商品を知覚し評価する際の確かな必要や観点を確立できているのではない。つまり，必要や観点のあり方は偶有的である。

そのため，ブランド経営者の命がけの跳躍によって，その携帯型音楽機器が「可愛い」というメッセージを発信するようになると，消費者がそのブランド選択に当たって「可愛いかどうか」という必要や観点で知覚し評価することが重要であったと想い起こす可能性が高まる。必ずしも確かなものではないかもしれないが，ひとたび「可愛いかどうか」という選択ルールで選択が行われれば，消費者は他ではないそのブランドの携帯型音楽機器を選択する。そしてさらに，選択されたブランドは，「可愛い」というメッセージを発しているため，採用された選択ルールを妥当なものとして確立するための根拠となる。こうして，その選択ルールは持続し，そのブランドに対する知覚や評価は揺るぎないものとなっていく。

企業が忍び込ませたブランド・メッセージが選択ルールを触発するリフレクティブ・フローとして機能することにより，ブランド選択とブランド選択のルールは，偶有性を排除する，循環する関係の下に置かれるようになる。循環する関係の中では，消費者の知覚や評価，そしてその前提となる必要や観点は一定のものとなり，ブランドは，「それでしかない」と思われる存在になっていく。このようにして，偶有性の中で，マーケティング秩序が生成するのである。

『コカ・コーラ帝国の興亡』徳間書店，1993年）。

▷**本質的使用価値**
→第9章2「消費欲望とマーケティング」

▷**争点（選択ルール）選択効果**
例えば，これまでにない高価格のウェアラブル端末が無名のブランド・メーカーから発売された場合には，消費者に，「技術的にも価格的にも改善の余地が大きく不要である」と思われてしまうものが，グーグルやアップルが発売した場合には，「技術的にも価格的にも妥当であり必要である」と思わせることができる効果。

▷6 例えば，「無印良品」は，文具や日用雑貨，食品や衣料品や家具など様々な商品群に強い統一性を与え，消費者に「シンプルライフ」というライフスタイルを提案している。消費者は「無印良品」を選択すると同時に，「無印良品」が提案する「シンプルライフ」を選択し，「シンプルライフ」を発信する「無印良品」の様々な商品群を買い揃えていくことで，「シンプルライフ」というライフスタイルが自身に合っているとの判断の妥当性を高めていく。

▷7 →第9章3「マーケティングの基底と規範」

▷**リフレクティブ・フロー**
商品とその情報の提供が，並行してその受け手に，当の商品を消費する必要性や，その知覚や評価のための観点を想起させることで生成する，再帰的な情報の流れのこと（栗木契『リフレクティブ・フロー』白桃書房，2003年）。

III

現代流通の諸側面

情報化と流通

① 流通インフラ革命

▷ LAN
Local Area Network の 略。
企業内や家庭内で構築され
るネットワーク。
▷ EDI
Electronic Data Interchan-
ge の略。電子データの交
換。異なる企業間で電子デ
ータを交換するためには通
信プロトコルの標準化が必
要であった。
▷ POS システム
→第1章3「流通機能」
▷流通インフラ革命
通信や輸送など流通に関す
るインフラストラクチャー
の技術革新による、流通シ
ステムの革命的変化。田村
正紀によって提唱された。

▷自動受発注システム
(EOS)
Electronic Ordering Sys-
tem の略。企業間ネットワ
ークを用いた自動受発注シ
ステムであり、販売時点情
報システム（POS）と連携
させて用いられる。

　1980年代半ば以降は「高度情報化時代」と呼ばれた。インターネットがない
なかで、分散的に存在する個々のコンピュータや情報システムを接続しようと
いう、懸命な努力が重ねられていた。情報技術として **LAN** や **EDI** などが用
いられた。LAN とは、それぞれのコンピュータを結びつけ、データや文書さ
らには画像や音声を相互に利用することを可能にする技術である。EDI は、
異なる企業間の情報システムをつなぐための技術であり、企業ごとに異なって
いたデータ交換のためのコードを標準化するものであった。

　LAN の技術を流通の革新的な変化につなげたのが、小売業界で用いられる
ようになった POS（Point of Sales）システムである。POS を中心とする流通過
程の変化は、**流通インフラ革命** と称された。チェーンストアの店舗レジで獲得
された顧客データを本部に蓄積し、顧客についての多様な分析を可能にした。
「売れ筋」「死に筋」という言葉が用いられるようになったのは、POS によっ
て品揃え品目ごとの売り上げ状況が明確化され、即時的に仕入れに生かされる
ようになってからである。

　POS システムの開発は、流通過程における小売業の力を押し上げることに
なった。情報化やサービス化の経済が進行するのと同時に、消費者行動の「個
性化」や「多様化」が進んでおり、それらへの対応策が、流通システムの大き
な課題になっていたからである。POS システムは、小売チェーン店間の水平
的な競争に用いられただけではなく、**自動受発注システム**（EOS）などの登場
によって垂直的な関係にも影響を及ぼすようになった。近年のプライベートブ
ランド開発における小売業者と大手メーカーとの間の協調関係の構築において
も、POS 情報の存在は小売業にとって効果的に作用しているとされる。

② 組織内ネットワーク

　小売チェーンによって開発された POS システムにおいて収集されたデータ
は、基本的に小売チェーン内部の情報である。情報は末端のチェーン店から集
められ、組織本部に集約され処理される。そして加工され意味を授けられた情
報は組織の人々によって各店舗にフィードバックされるのである。そのような
意味で、POS システムは組織内ネットワークにほかならない。

チェーンストアには本社があり，その管理のもと末端の店舗にいたるまで直接的な管理がなされている。ネットワークといえども会社組織内部の部署をつないだものにしかすぎない。これに対して，コンビニエンスストアのPOSシステムには若干異なる特質が存在する。それはそれぞれの店舗は本部とフランチャイズ契約を結んだ独立した店舗であるという点である。

コンビニエンスストアというフランチャイズのチェーンで試みられたPOSシステムは，組織内部のネットワーク形成から，異なる組織間でのネットワーク形成にいたるまでの過渡的な性格をもつものであった。階層的な組織の限界を超えて社会や市場の要求に応えるために，ネットワーク化が取り入れられる。POSシステムは，市場からの要請を的確に取り込み品揃えを最適化するなど大きな成果を残したが，基本的には組織内ネットワークにとどまるものであったといえよう。

③ 組織間ネットワーク

POSシステムでえられた情報をもとに，流通業者間の自動受発注システムが構築されはじめると，ネットワークは閉ざされた単独のネットワークから組織間ネットワークへと拡大する。このような動きはより川上の流通関連組織を包含し，その全体を効率的に運営することを目論む**サプライ・チェーン**を生み出すことになった。

顧客情報への関心が高まるのと同時に，消費者や市民の生活のなかで生み出される情報に対する関心も高まるようになった。第3節でも触れるように，まちづくりやフェアトレードなどの社会貢献的なサービス領域においては，各種コミュニティや**NPO**など消費者や市民自らの活動が目立つようになるとともに，行政や企業組織とのパートナーシップにも期待が集まるようになった（資料10-1）。

このような組織間ネットワークの形成や多様なネットワークの拡大は，必要に迫られながら情報化の進展とともに発展してきたものであるが，各種の情報やサービスのシェアリングに代表されるように，インターネットの時代を迎えると飛躍的に拡大していったことを知っておきたい。

▷**サプライ・チェーン**
供給連鎖（Supply Chain）。原材料の調達から，製造，配送，販売，消費までの商品の生産から消費にいたる一連の流れ。この一連のプロセスの管理をサプライ・チェーン・マネジメントと呼ぶ。

▷ **NPO**
非営利組織(Non Profit Organization)。民間企業や行政によっては提供できない各種のサービスの提供を行う。行政による財政的な支援をえながら活動を進める，公民パートナーシップが展開されることもある。

資料10-1　調整機構のパターンと具体的流通形態

調整機構	Markets	Hierarchies	Networks
調整機構の具体的形態	自律的商業資本の原始的競争	商業資本の配給過程化 垂直的統合システム	フランチャイズ・チェーン サプライ・チェーン 各種コミュニティ NPO シェアリング

出典：阿部真也「現代流通の調整機構と新しい市場機構」阿部真也監修『現代の消費と流通』ミネルヴァ書房，1993年，246頁の表に一部加筆・修正

参考文献

阿部真也『流通情報革命』ミネルヴァ書房，2009年。田村正紀『現代の市場戦略』日本経済新聞社，1989年。

第10章　情報化と流通

インターネット社会の流通

リアル店舗とヴァーチャル店舗

　経済産業省によれば対消費者向けの小売販売における EC 化率（すべての小売販売に占める電子商取引の割合）は，2018年度において6.22％とされ，年々その比率は上昇しており，Amazon のような EC サイト業者からセブン‐イレブンのようなコンビニ業者まで，様々な形態の業者が参入している。

　1990年代半ばにインターネットが一般的な使用に供されるようになると，インターネットを介して商品を販売するヴァーチャルな取引が拡大した。当初，書籍や音楽ソフトといった趣味・嗜好性が高くコンテンツが膨大な商品で普及することとなったが，やがて一般的な商品の売買においても存在感を高めることになった。Amazon や楽天といった EC サイト業者が牽引的な役割を果たすと同時に，家電量販店や大手メーカーが通販事業に参入しその影響力が明らかになると，リアル店舗を営む小売業者からの参入も相次いだ。

　いわばリアル店舗とヴァーチャル店舗のよい点を組み合わせてチャネルを複合化する戦略も試みられるようになった。単にリアル店舗とヴァーチャル店舗を並行して運営するというところから，それぞれのチャネルが用いる顧客データや在庫データを共有し一括して管理するようになり，やがて全体をひとつのシステムとして統合的に管理する形を模索していく。**オムニチャネル**においては，それぞれのチャネルは別々に存在するのではなく，統合的なビジョンのもとで，いわばひとつのブランドとして展開されることになるのである。各チャネルに存在する顧客データは統一的に管理され，提供可能な各種サービスが組み合わされることで，顧客ごとに最適化され提供されるようになった。

② 拡大するキャッシュレス決済

　インターネット通販を拡大させている技術として，**フィンテック**に注目してみたい。とくにキャッシュレス技術の発展はリアル店舗，ヴァーチャル店舗双方における決済の仕組みを一新し，顧客の利便性を高めるのと同時に，店舗側の顧客サービスや顧客管理をいっそう高度なものにしつつある。キャッシュレス決済業者には多様なサービス提供業者が存在し，しのぎを削る状況にあるといえよう。

　資料10‐2に見られるように，今のところ，キャッシュレス決済サービスは，

▷**オムニチャネル**
リアル店舗とヴァーチャル店舗の組み合わせは，マルチチャネル（複数チャネル），クロスチャネル（システムの統合）などがあり，オムニチャネルへと発展することがある。オムニチャネルではリアル店舗とヴァーチャル店舗が有機的に組み合わされ，ひとつのブランドとして一貫した販売活動を行う。

▷**フィンテック**
金融（Finance）と技術（Technology）を組み合わせた造語。スマートフォンを用いた電子決済サービスなども含まれる。

資料10-2　キャッシュレス支払手段の例

	プリペイド (前払い)	リアルタイムペイ (即時払い)		ポストペイ (後払い)
主なサービス例	電子マネー (交通系, 流通系)	デビットカード (銀行系, 国際ブランド系)	モバイルウォレット (QRコード, NFC等) ※プリペイ, ポストペイ可能	クレジットカード (磁気カード, ICカード)
特徴	利用金額を事前にチャージ	リアルタイム取引	リアルタイム取引	後払い, 与信機能
加盟店への 支払サイクル	月2回など	月2回など	即日, 翌日, 月2回など様々	月2回など
主な支払い方法	タッチ式(非接触)	スライド式(磁気) 読み込み式(IC)	カメラ/スキャナ読込 (QRコード, バーコード) タッチ式(非接触)	スライド式(磁気) 読み込み式(IC)
【参考】 2018年の民間最終消費支出に占める比率 (日本国内)	1.9%	0.56%	0.31%	24.0%

出典：経済産業省商務・サービスグループキャッシュレス推進室「第1回の議論の振り返り, 日本のキャッシュレス決済比率, 決済事業者及び国の開示の在り方について」2020年6月23日（https://www.meti.go.jp/press/2020/06/20200626014/20200626014-3.pdf 最終閲覧日：2021年11月20日）などより作成。

交通系, 銀行系, QRコード系, クレジットカード系などに大別され, 技術的にも発展途上にあるといってよい。またわが国におけるキャッシュレス決済比率は, 2018年度で24.2%と推計されており, 韓国の94.7%, 中国の77.3%, アメリカの47.0%などに比べていまだ低い状況にある。

そのようななか, 大手インターネット企業は, キャッシュレス決済サービスに積極的に乗り出している。QRコードを読み込み店頭で顧客が支払い金額を入力し, 決済を行うサービスを提供しているソフトバンク系列のPayPayは, 登録者が3千万人, 実店舗の加盟店が230万カ所, オンラインの加盟店も12万カ所以上とされる。PayPayは, サービスを導入するための開発者ツールを広く提供しはじめた。**オープンAPI**を用いることで, PayPayを決済手段として用いる企業の事情に合わせた利用が可能になる。

③ ビッグデータの分析

巨大インターネット企業は, いうまでもなくキャッシュレス決済においても大きな影響力をもつ。インターネット社会における価値の源泉ともいうべき, 個々の消費者についての有力なデータのひとつを入手することができるからである。こうして集められたデータを**ビッグデータ**と呼ぶ。

ビッグデータを解析することで, 個々の消費者の需要に適合した財やサービスの提供が可能になる。現代マーケティングにおいて中心的な役割を果たそうとしているのが, ビッグデータの解析結果から繰り出される**レコメンデーション**機能にほかならない。しかし, このようなビッグデータの利用において支配的な力を有する企業群に対しては, 消費者, 企業, そして国家からの警戒感が強まってきている。

▷**オープンAPI**
API(Application Programming Interface)とは, 特定のアプリケーション・ソフトウェアに関する機能や管理に関するデータを, 異なるアプリケーションでも使用可能にするためのインターフェイス。これを公開したものをオープンAPIという。たとえば, グーグルとアップルは, COVID-19発症者との濃厚接触の可能性を知らせるAPIを共同開発して公開した（2020年5月）。

▷**ビッグデータ**
インターネット上などにある各種データの巨大な蓄積。もともとは既存のデータ処理能力では処理できないほど巨大なデータをビッグデータと呼んだとされる。各企業のデータ収集の目的や処理能力によって, 実際に取り扱うデータは異なってくる。

▷**レコメンデーション**
インターネット上に蓄積された過去の購買履歴や閲覧履歴などから, 特定の顧客の嗜好を分析し, それに合致すると思われる商品やサービスに関する情報を, それぞれの顧客に対して提供すること。

参考文献

阿部真也・江上哲・吉村純一・大野哲明編著『インターネットは流通と社会をどう変えたか』中央経済社, 2016年。

第10章　情報化と流通

 ## 求められる流通制度の革新

1　GAFAと現代的独占

産業資本や金融資本が資本主義経済の中心的な役割を担った時代から，現代では，情報を取り扱う資本がその中心を担う時代へと変化してきた。より具体的には，世界的に覇権を握っているとされるGAFA（Google, Apple, Facebook, Amazon）や，巨大な中国市場に拠点を有するBAT（Baidu, Alibaba, Tencent）などの企業がある。

資料10-3は，世界の有力企業のランキングであるが，**プラットフォーマー**と呼ばれているGAFAは，いずれも上位10社にランクインしている。プラットフォーマーはそれぞれ発足時において活動の中心にあった事業は異なるものの，現在の主たるビジネス領域が，広告やインターネットショッピングなどのプラットフォームの提供にあるという点で共通している。

インターネットショッピングに参入しようとしたり，インターネットを用いた広告を行おうとしたり，あるいは顧客データを取得しようとした場合には，これらの市場においてサービス提供の基盤を抑えているプラットフォーマーと関係せざるをえない。

▷プラットフォーマー
インターネット上にサービスの「場」を作り出し他者（社）に提供する企業。GAFAやBATと称される企業は，その代表例である。

資料10-3　時価総額ランキング

順位	企業名	時価総額 （10億ドル）	国名	業種
1	アップル	2634	米国	プラットフォーマー
2	マイクロソフト	2576	米国	ソフトウェア
3	アルファベット（Google）	1984	米国	プラットフォーマー
4	サウジアラムコ	1960	サウジアラビア	石油会社
5	アマゾン	1864	米国	プラットフォーマー
6	テスラ	1141	米国	自動車等
7	メタ（Facebook）	960	米国	プラットフォーマー
8	エヌヴィディア	821	米国	半導体製造
9	TSMC	644	台湾	半導体製造
10	バークシャー・ハサウェイ	628	米国	保険・投資

出典：Largest Companies by Market Cap 時価総額ランキング
（https://companiesmarketcap.com 最終閲覧日：2021年11月20日）より作成。

2　巨大資本対国家

経済活動に大きな便益をもたらすプラットフォーマーの活動は，すでに国民経済になくてはならないものであり，人々は毎日なんらかの形で彼らのサービ

スを利用している。しかしながら，世界中で事業を展開する巨大プラットフォーマーは，しばしば進出先において一国単位の経済や社会の秩序を維持しようとする国家との対立を引き起こしてきた。

　GAFAなどによる個人情報収集の焦点は，近年ヴァーチャルデータからリアルデータに拡大している。ヴァーチャルデータとはインターネット空間でえられるデータであり，SNS上のデータや音声・映像などのデータがある。これに対してリアルデータとは実世界から生じるデータであり，人や企業の活動情報や製品の稼働状況などのデータが含まれる。個人情報に関わる情報の獲得がプラットフォーマーの活動の問題点とされており，情報獲得のプロセスで独占的な地位を行使することでも問題が拡大してきた。

　プラットフォーマーは，これまでの独占的企業のように，専門に提供している製品・サービスが必ずしも明確ではない。売り手と買い手が集まり，両者の結びつきを促進する媒介サービスを提供する巨大な器であり，そのため売り手と買い手双方と関係性をもつという二面性を有している。そしてそれぞれから情報を獲得しデータとして蓄積しているのである，したがって，プラットフォーマーの事業には明確な専門のビジネス領域が存在しないともいえ，常に流動的に拡大していく。

3　流通制度の革新へ

　公正取引委員会は，プラットフォーマーによる3つの行為が独占禁止法上の問題になるとしている。①取引先に不利益を与えうる行為，②競合事業者を排除しうる行為，③取引先の事業活動を制限しうる行為である。また，2020年には，「特定デジタルプラットフォームの透明性及び公正性の向上に関する法律」が成立し，プラットフォーマーと取引先との公正な関係性の向上を目指すとされている。さらに，個人情報保護法は3年に一度見直されることになっているが，取引の実態に見合う改善を行い個人情報が適正に保護される必要があるといえよう。

　GAFAなどの圧倒的な力を有する資本が登場してきている。彼らは一方で，われわれの生活にもはや欠かすことができなくなった，様々な基盤的なインターネットサービスを提供しているが，他方でその独占的な力を行使することによって顧客データを蓄積し，そのことによって取引業者との間の交渉を排他的に進めている。本章のはじめに資料10-1を示しておいた。現代は，20世紀的なヒエラルキーが支配する社会というよりは各種のネットワークが競合し協調する社会であった。法制度の確立と同時に，消費者間のネットワーク形成に代表されるように，消費者を含む多様な参加者の手によってよりいっそう開放的なネットワーク化を推進し，商品やサービスの売買そのものや，よりのぞましい商品流通についての議論を行う場を作り上げていくことが求められている。

▷国家との対立
Googleは，2006年に中国市場に参入し2010年に撤退している。ユーザーの検索結果に対する国家の閲覧をめぐり対立した。またEUにおいては，個人情報の保護と独占的地位の濫用をめぐりGAFAとの対立が鮮明になっている。

▷SNS
ソーシャル・ネットワーキング・サービス(social networking service)。インターネット上で登録された利用者同士が交流できる会員制サービス。個人のプロフィールや記事が共有される。代表的なサービスとして，Facebook, Twitter, Instagram, LINEなどがある。

参考文献
スコット・ギャロウェイ／渡会圭子訳『the four GAFA 四騎士が創り変えた世界』東洋経済新報社，2018年。

フィンテックで進む電子決済

フィンテックの段階的発展

　ショッピングセンターに設置された ATM の行列最後尾で前方を眺めながら，無様な隊列に並んだ自分の判断ミスを恨めしく思ったことはないだろうか。ATM でおこなう作業の大半は，いまやパソコンあるいはスマートフォンで済ませることができるようになった。ICT の発展に伴って私たちの貨幣とのつながりは大きく変化している。気がつけば 1 週間まるで現金に触れなかったということが多くなった。金融（Finance）に関わる技術（Technic）から作られた造語がフィンテックである。

　フィンテックの中身は多岐に渡る。リーマンショック（2008年）頃を契機として，金融機関内部における業務改善のための技術から，金融

図表 1　フィンテックの代表的分野におけるサービスの現状と代表的プレーヤー

分野	サービスの現状	代表的プレーヤー
決済	キャッシュレス・ワールド 新興勢力の台頭	PayPay
資金調達	クラウドファンディング	CAMPFIRE
預金と融資	代替的融資サービス 変化する顧客選好	J.Score
資産運用	プロセスの外部化 力を与えられる投資家	Money Forward
保険	モノとつながる保険 拡散する保険対象	justincase
技術提供	新しい市場プラットフォーム スマートで早いマシーン	CINC

出典：世界経済フォーラムの報告書（2015 年 6 月）（http://www3. weforum.org/docs/WEF_The_future_of_financial_services.pdf 最終閲覧日：2021 年 1 月）などを参考に筆者作成。

機関外部での金融関連業務に属する技術へと中心が移行した。また仮想通貨やブロックチェーンなど基礎的な技術に着目されることが多かったが，近年フィンテックという用語に含まれる領域は急速に拡大してきており，図中のロゴからもわかるように既存の金融機関はここでは主役ではない。

電子決済拡大の方向

　なかでも電子決済は流通過程における対価支払いに関わり，個人の情報が取引情報と一体化されデータとして蓄積されることから，流通の将来像に少なからず影響を与えるものと考えられる。わが国における普及状況を国際的に見ると，既存通貨への信頼性の高さからか現状の普及率は低い（図表 2）。しかし国家的政策の推進や DX（デジタルトランスフォーメーション）の必要性が認識されるのに伴って，急速に普及が進むと予想されている。

　電子決済手段は多様であり，「プリペイド」「リアルタイムペイ」「ポストペイ」などに分類される。プリペイドは，日本独自の技術である FeliCa を用いた Suica（交通系）や WAON（流通系）などからなる。これと中国における電子決済の普及を支えた QR コードを利用する，PayPay などのリアルタイムペイが激しく競いあって

いる。また，元々キャッシュレス決済でシェアが高かったクレジットカード会社による「ポストペイ」も，VISA のタッチ決済が地方交通機関にまで販路を広げるなど攻勢を強めている。

電子決済と流通の覇権

GAFA を含む巨大プラットフォーマーは，電子決済分野においても影響力を行使しており，支払プロセスまでも手中に収める巨大コングロマリットと化そうとしている。電子決済は商取引における単なる支払いの電子化としてではなく，むしろ私たちの生活におけるすべての行動がデータ化され蓄積される，巨大テク産業を中心とした資本主義経済の全体像の中でこそ，はじめてその意義が理解されるのである。

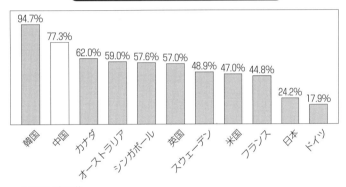

図表 2　各国のキャッシュレス決済比率（2018年）

94.7% 韓国
77.3% 中国
62.0% カナダ
59.0% オーストラリア
57.6% シンガポール
57.0% 英国
48.9% スウェーデン
47.0% 米国
44.8% フランス
24.2% 日本
17.9% ドイツ

＊中国は参考値。
出典：一般社団法人キャッシュレス推進協議会『キャッシュレス・ロードマップ』2021年 3 月31日 9 頁より。
https://www.paymentsjapan.or.jp/wordpress/wp-content/uploads/2021/05/roadmap2021.pdf

つい数年前まで現代流通の中心部分について論述せよという課題が出たら，巨大メーカーと流通資本との対立と協調を軸に回答すれば及第点をもらうことができた。しかし，購買履歴や支払履歴，SNS での情報発信などすべてのデータが解析され，流通過程の革新とマーケティング技術の向上に利用される近年では，流通の覇権についての議論は，巨大プラットフォーマーの存在を抜きには議論できなくなっているといえよう。

（吉村純一）

第11章　マーケティングと消費者行動

 # マーケティングの発展と高度化する消費分析

 ## 消費者情報処理モデル

　商品流通においてマーケティングが果たす役割の高まりにあわせて，消費者に関する理解を高めるための手法に注目が集まるようになった。当初は消費者が労働によって獲得した所得の家計のなかでの配分の仕方といった，経済学的な分析を用いることが多かったが，経済学のほかにも心理学や社会学の成果が消費者行動分析に導入されている。

　人々が欠乏の状態におかれていた時代から，先進国と呼ばれるような国々において全般的に人々の所得が上がり，本格的なマーケティング活動が活発化する時代になると，マーケティングの実践に対応した消費者行動分析が求められるようになる。そのひとつの到達点が，S-O-R 理論（Stimulus-Organism-Response Theory）であった。基本的な考え方は，マーケティング活動が与える刺激によって，消費者がどのような反応をなすかというモデルであり，実験などによって検証可能な手法として確立されることになる。

　この延長線上に築き上げられたのが**情報処理モデル**であり，消費者の活動をひとつの情報処理のプロセスとして総合的に把握しようという，より完成度の高いモデルであった。消費者の脳は，商品・ブランドについての情報を処理し，記憶に留めている。資料11 - 1 は，消費に関係する感覚記憶，短期記憶，長期

▷**情報処理モデル**
認知心理学の影響を受けて，刺激反応型モデルの発展形として誕生した。消費者の内的意思決定のプロセスに取り入れられた情報と各種の記憶の役割などが明示された。
▷ **J. ボードリヤール(Jean**

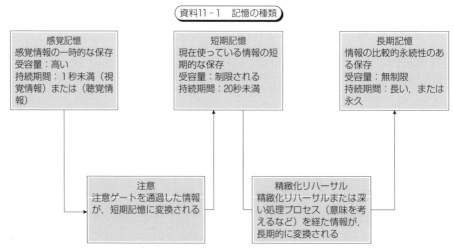

資料11 - 1　記憶の種類

感覚記憶
感覚情報の一時的な保存
受容量：高い
持続期間：1秒未満（視覚情報）または（聴覚情報）

短期記憶
現在使っている情報の短期的な保存
受容量：制限される
持続期間：20秒未満

長期記憶
情報の比較的永続性のある保存
受容量：無制限
持続期間：長い，または永久

注意
注意ゲートを通過した情報が，短期記憶に変換される

精緻化リハーサル
精緻化リハーサルまたは深い処理プロセス（意味を考えるなど）を経た情報が，長期的に変換される

出典：ソロモン，松井剛監訳『消費者行動論』丸善出版，2015年，126頁。

記憶がどのように相互に関係しているのかをまとめたものである。

❷ 快楽的消費とマクロの消費パターン

1970年代の末，フランスの社会学者 **J. ボードリヤール**（Jean Baudrillard）は，人々は物を消費しているのではなく記号を消費しているのだと述べた。人々は，単に必要にもとづいて所得を配分するだけの消費には飽き足らず，消費の主観的で感情的な側面を重視するようになるのである。このような消費を**快楽的消費**と呼ぶ。空港のロビーで仕事をしている MacBook のユーザー同士はまったく知らない間柄でも互いが置かれている状況や嗜好性について瞬時に分かり合える。それはパソコンの機能性にもとづくものではなく，ユーザー同士の感情的コミュニケーションによるものだといえるだろう。

同時期に注目されはじめたのは，消費のマクロの側面である。消費は，社会階層，ジェンダー，人種，あるいは歴史的背景などによって大きな影響を受ける。また消費選択の対象はブランドや製品だけではなく，**公共的な財や集合的なサービス**が対象となることもある。従来からの物財に関する需要が満たされるようになると，消費に影響を与える社会的・歴史的要因や，消費対象としての公共的・集合的なサービスに対する関心が高まっていった。

従来の物財に対する需要が満たされることによって，消費の主観的で感情的な側面に対する欲望が生まれると同時に，それまであまり関心が向けられてこなかった領域のサービスや，消費社会の背景にある社会制度などにも目が向けられるようになったといえよう。

❸ ポストモダンの消費者行動

快楽的消費には，音楽や絵画などの伝統的な芸術作品や映像やファッションなどの消費が含まれ，消費の実用性や機能性の部分というよりも，むしろ消費の感覚や思想的部分に力点がおかれることになる。それまで省みられることがなかったマニアックな消費などを含む消費の多様な側面，**サブカルチャー**の領域にまで関心が向けられるようになったのである。

快楽的消費を含む**ポストモダン**時代の消費実態は，従来型の仮説─検証型の実証主義的な消費者行動分析の手法によっては明らかにすることが難しいとされる。したがって解釈学的なロングインタビューや参与観察などの手法が用いられることになる。

統合的であるよりも分裂的であり，お仕着せの商品よりもカスタマイズして自分らしくあつらえた商品を好むポストモダンの消費は，大量生産・大量消費時代よりも多品種・少量生産の時代に，さらにはインターネットの時代により適合的であるといえよう。今後ますますこのような消費が増加することが予想され，それに対応する消費者行動分析が求められている。

Baudrillard）
フランスの社会学者・思想家。『消費社会の神話と構造』のほか，多数の著作を発表し，現代消費社会への批判を展開した。

▷**快楽的消費**
ハーシュマンとホルブルックによって提唱された。文化や思想そのものの消費，あるいは消費における文化や感情の重要性が明らかにされた。快楽的消費に関する業績は，ポストモダン消費論の系譜に位置づけられる。

▷**公共的な財や集合的サービス** →第11章 2「消費者行動のミクロとマクロ」

▷**サブカルチャー**
人種，民族，宗教，世代によって，人々は特定のグループに属することになる。どのグループに属するかによって消費の特徴が決まる。このグループをサブカルチャーという。日本においては，より細分化された消費の単位，たとえばブランドやアイドルあるいはアニメのファンに共有されている文化などをサブカルチャーと呼ぶこともある。

▷**ポストモダン**
ハイパーリアル，分断，記号消費，誘惑などがポストモダンの特徴であるとされる。社会学や建築学をはじめとして幅広い学問領域で議論された。ポストモダンの消費論は，既存の消費者行動分析では除外されていた消費対象をも分析対象とするなど独自の発展を遂げている。

（参考文献）
清水聡『新しい消費者行動』千倉書房，1999年
マイケル・ソロモン／松井剛監訳『消費者行動論』丸善出版，2015年

第11章　マーケティングと消費者行動

 消費者行動のミクロとマクロ

① 個人的消費

　先進工業国では，低成長期を経て D. ベル（Daniel Bell）などがいう脱工業化社会の様相を見せはじめると，先に述べたようにポストモダンと称されるような消費者行動が目立つようになり，「個性化」と「多様化」という言葉が用いられることになる。個性化とは，同一商品カテゴリーの消費に際して，それぞれの消費者が独自の購買を行うことである。多様化とは，同じく同一商品カテゴリーの消費に際して，ひとりの消費者が多様な消費を行うことである。

　家庭の浴室に家族それぞれの好みのブランドのシャンプーが準備されていることはよくある光景であろう。また大学生が出かける場所に合わせて時計や靴を選ぶこともごく普通の消費行為であろう。前者が個性化であり，後者が多様化と呼ばれるものである。このような消費者行動は，マーケティング活動が活発化することによっていっそう顕著になった。企業のブランド戦略と消費者の購買選択は，企業にとっては他企業との差別化のために，そして消費者にとっては他者との差別化のために行われるようになる。したがって，消費者の個性化や多様化と企業のマーケティング活動は，互いが必要としあっている関係にあるといえる。

② 社会階層の消費

　資料11‐2に着目してもらいたい。濃く着色された領域はこれまでに十分研究されてきた消費の領域である。薄く着色された領域はその次に研究されてきた領域である。そして，白く残された領域はこれまであまり研究が行われてこなかった領域である。つまり，社会階層に典型的に見られる消費のパターンなどについては，個人的消費の分析にくらべて十分に研究が行われてきたとはいい難い状況にあることを図は示している。購買過程に焦点をあてることになる個人的消費の分析は，流通過程の最終段階に直結するため，従来から実践的な関心が高かったといえよう。製品・サービス，さらには店舗内のレイアウトなどに対する消費者の反応などにおいて，多くの分析が行われてきたのである。

　社会階層についての分析は，市場細分化や STP 戦略といった現代マーケティングの核心的な戦略に基礎を提供するはずである。マーケティング活動の実施においては，マーケットセグメントの適切な把握のためには社会的なアプロ

資料11-2 拡張された消費選択の幅

消費選択	選択の幅			
	ブランド	製　品	製品情報	消費パターン
個　人				
家　計				
グループ				
社会階層				
社　会				

出典：A. Fuat Firat and Nikhilesh Dholakia, Consumption Choices at the Macro Level, *Journal of Macromarketing*, Fall, 1982, p. 8 を一部修正。

ーチは無視できない。したがって，各種のシンクタンクによって提供された分衆論（博報堂生活総研）や少衆論（電通総研），さらには第3の消費スタイル（野村総研）などの分析が行われてきたことはよく知られている。しかし，個人的消費に関する研究に比べると精力的に行われてきたとはいい難い。

　マーケティングのより効果的な実施や今後の流通システムの方向を考えるうえで，社会階層などより広い視点から**ライフスタイル**を分析することの意義について知っておきたい。

3 公共的・集合的消費

　さらに狭い意味でのマーケティング領域を超えて，医療福祉や情報・交通といった行政が提供する**公共的サービス**や，映画館や劇場といった集合的に提供されるサービスの消費についても，消費生活のいっそうの充実を求める視点から個人的かつ個別的に行われる消費とのバランスのとり方をめぐって，今後関心を向けていくべき領域であるといえるであろう。

　M. カステル（Manuel Castells）の集合的消費論は，都市における人々にとって必要な消費を描き出した。集合的住宅をはじめとして教育や交通などが含まれており，これらは国や自治体をとおして提供されることが多いサービスの消費である。このようなサービスの充実は，個人的消費と合わせて人々のクオリティオブライフ（QOL）を向上させる重要な要因であり，その質と量の充実が求められるところである。あわせて，民間によって提供される集合的サービスである，演劇やコンサート，私立学校による教育サービス，さらには百貨店やショッピングセンター，商店街といった商業施設が提供するサービスにも着目されなければならない。

　これら公共的・集合的消費の充実がそれ自体，わたしたちの暮らしのQOLを高めるうえで重要であることはいうまでもないが，これら広範な商品・サービスを提供するマーケティングを含めた流通システムは，いかに構築されるべきかという点は，今後明らかにされるべき課題といえよう。

▷ライフスタイル
人々の生活のあり方。近年，格差社会や情報化社会の進展にともなって，ノマドやミニマリストなどといったライフスタイルが注目されている。

▷公共的サービス
行政（国や自治体）によって提供されるサービス。集合的に消費される集合的サービスは，公共によっても民間によっても提供されることから公共サービスとは区別される。

▷ M. カステル（Manuel Castells）
スペイン出身の都市社会学者。『都市問題』『グラスルーツ』などの著作で知られる。都市における集合住宅の問題などを取り上げた都市問題は，人々の集合的消費への関心を喚起した。

参考文献

阿部真也監修『現代の消費と流通』ミネルヴァ書房，1993年
吉村純一『マーケティングと生活世界』ミネルヴァ書房，2004年

第11章　マーケティングと消費者行動

 ## 3 消費パターンの歴史的変化

1 マーケティングと消費パターン

　第2次世界大戦以降の先進工業国において一般化するに至った**アメリカ的生活様式**は，家庭電化製品や自家用車の消費が前提になっていることから，マーケティングと相性がよい消費パターンであった。**フィラト**（F. Firat）と**ドラキア**（N. Dholakia）によって明らかにされたのは，このアメリカ的生活様式時代の消費者のあり方である。彼らはこれを支配的消費パターンと呼び，人間的関わりの次元，社会関係の次元，利用可能性の次元，疎外の次元という4つの次元から整理している。そして現代の消費は，それぞれ，受動的，個人的，私的利用，疎外という特徴を有していると結論づけている。

　たとえば，サッカーというスポーツを消費しようとする場合に，自宅で観戦するという受動的なサービス消費の形を選択し，個人的に一人で，テレビを用いて私的に観戦し，サービス提供の仕組みからも遠ざけられている（疎外）ような消費がこのパターンに当てはまる。他方で，能動的に自らチームを結成し，チームのメンバーと集合して試合に出かけ，競技場という公共施設を利用し，主体的にサッカーの試合の運営に関わっているとするならば，まったく異なる消費パターンをとっていることになる。20世紀後半のアメリカ社会においては，後者のパターンよりも前者のパターンのほうが圧倒的に支配的であるというのが彼らの説であった。

　もっとも，このような理解はわたしたちが暮らす21世紀のマーケティングと消費を考えるには十分なものではなくなってきているのではないか。基本的には大量生産と大量消費や，高賃金政策などによって特徴づけられたアメリカ的生活様式が崩壊しつつあることに原因がある。

2 消費パターンの諸側面

　アメリカ的生活様式は壊れつつあるものの，それに代わる安定した生活様式が姿を現しているわけではない。消費活動が分裂を繰り返す速度はさらに増しているといってもよい。もっとも，よりよい流通のあり方を模索し，マーケティング戦略の策定をなそうとすれば，なんらかの形で対応するべき消費のあり方について理解する必要が生じる。そのような消費研究の課題を担って登場し，近年注目されている消費研究の方法が**消費文化理論**である。

▷**アメリカ的生活様式**
1930年代以降にアメリカ合衆国で確立された生活様式。第2次世界大戦後に，敗戦国を含む先進工業国に普及した。

▷**フィラト**（F. Firat）と**ドラキア**（N. Dholakia）
ともにマクロマーケティング論の代表的研究者。消費パターンという概念を消費論にもたらし，マーケティングと消費の関係をマクロマーケティングの中心的研究課題のひとつとして確立した。消費パターン概念は，のちの消費文化理論の構築に大きな影響を与えている。

▷**消費文化理論**
情報処理モデルなど従来の消費者行動論ではカバーできなかった新しい消費現象を明らかにしようとする試み。解釈学的なアプローチを採用し，定性調査手法を使用することが多い。消費パターンの解明をひとつの研究領域とする。

資料11-3　消費文化理論（CCT）の４つの研究領域

① 消費者アイデンティティプロジェクト
② 市場文化
③ 消費の社会歴史的なパターン化
④ マスメディアによるイデオロギーと消費者の解釈戦略

出典：Arnould, E. J. and Thompson, C. J. (2005). Consumer Culture Theory (CCT): Twenty Years of Research, *Journal of Consumer Research*, 31(4), p. 871の記述をもとに作成。

消費文化理論の研究領域は，資料11-3に示されている４つである。消費者アイデンティティの形成において購入される商品がどのように用いられているか，ブランドのファンによるコミュニティはどのように形成されているのか，少子高齢化時代の消費はどのようなものか，広告によって提供される情報を消費者はそのまま受け入れるのか，それとも独自の解釈を加えるのか，など多様なテーマが取り上げられ分析が加えられている。

なかでも，消費文化理論に独自性を与えているのが，消費の社会歴史的なパターン化を主要な研究領域に据えている点である。少子高齢化やジェンダーなどの社会歴史的に形成された構造と，消費パターンの関係について研究がすすめられている。

③ 格差社会の消費パターン

世界中で**格差社会**の問題がクローズアップされるようになったのは，2010年代に入った時期であった。アメリカ的生活様式が高福祉政策によって支えられていたとするならば，格差社会は新自由主義的な競争至上主義とグローバル経済の進展によって生み出されたといえよう。

わが国においても三浦展『格差社会──新たな階層集団の出現』や内田樹『下流志向』などの格差社会をテーマにした議論が，この時期と前後して展開されている。マーケッターでもある三浦の議論は，下流といわれる層にも消費の特質やパターンを見出すことが可能であり，マーケティングの対象となりうることを明らかにした点で興味深いものであった。

近年の格差社会の議論においては，経済的格差はいうまでもないが，男女格差，年齢格差，地域格差，学歴格差など様々な格差が取り上げられている。相互関係は必ずしも明らかではないものの，経済的格差の進行により，そのほかの格差の存在があらためて認識されるにいたっている。

格差の解消が社会的なテーマになるのはいうまでもないことであるが，この格差社会における消費パターンが，新しいマーケティングや小売業態の展開にどのように関連づけられているのかといった視点から考察することも，マーケティングや流通の現代的なテーマに接近する方法といえよう。

▷格差社会
世界的な格差社会の進行を分析したトマ・ピケティ（Thomas Piketty）の『21世紀の資本』は世界的なベストセラーになった。また，一部の富裕層に資産が集中する現象を批判する言葉である We are the 99% は，「ウォール街を占拠せよ」（Occupy Wall Street）運動の合言葉となり，格差社会の存在を象徴することになった。

参考文献
大野哲明・佐々木保幸・番場博之編著『格差社会と現代流通』同文舘，2015年。
木立真直・佐久間英俊・吉村純一編著『流通経済の動態と理論展開』同文舘，2017年。
ラッセル・ベルク，アイリーン・フィッシャー，ロバート・V・コジネッツ／松井剛監訳『消費者理解のための定性的マーケティング・リサーチ』碩学社，2016年。

コラム 7

変革を迫られるアパレル業界

アパレル流通の光と影

　華やかなファッション業界の舞台裏で近年，大量廃棄が深刻な問題になっている。毎年，日本国内では約28億点を超える衣料品（アパレル）が供給されているが，その半分の14億点以上が売れ残っている。人口減少にともない衣料品の市場規模は縮小傾向にあるにもかかわらず，供給過剰が続いている。流行に左右されやすい衣料品は店頭に並んでからの鮮度が短く，常に品切れや売れ残りなど在庫変動のリスクにさらされ，シーズン終盤には大量の衣料品がセール対象品になる。その結果，年間100万トンもの売れ残った衣料品が廃棄され，その多くはゴミとして焼却処分される実態がある。

アパレル業界に対する批判の高まり

　衣料品の大量廃棄は日本だけの問題ではない。2017年にはスウェーデンのアパレル企業，ヘネス・アンド・マウリッツ（以下H&M）が毎年売れ残った商品を大量に焼却処分していたことが大きく報じられた。2018年には英国の高級ブランド，バーバリー（Burberry）が2017年の１年間に約40億円相当の売れ残った商品（衣料やバッグ，香水など）を焼却処分していたことが発覚し，環境団体やメディアの厳しい批判を受けた。高級ブランドは大幅値引や転売によるブランド価値やイメージの低下を避けるため，在庫を焼却処分していた。厳しい批判を受け，バーバリーは「今後，売れ残り商品の焼却処分をしない」という声明を出すに至った。

　国連貿易開発会議（UNCTAD）によれば，アパレル業界は製造過程で年間930億立方メートルの水（500万人のニーズを満たすのに十分な量）を使用し，約50万トンものマイクロファイバー（石油300万バレルに相当）を海洋に投棄し，12億トンもの温室効果ガスを排出するなど，石油産業に次ぐ２番目の環境汚染業界とされている。特に，流行の服を高速で作り出し，低価格で提供するファストファッションは，消費者に頻繁な買い替えと廃棄を促すものとして批判の対象となっている。

変わるアパレル流通——サステナビリティがキーワード

　近年，アパレル企業は「環境」「サステナビリティ（持続可能性）」を重視した新たな服の作り方，売り方の模索をはじめている。欧州のミレニアル世代は環境意識が高く，エシカル消費（環境や人，社会に配慮した商品やサービスを購入・利用すること）に関心が高いため，「エコで，エシカルなブランド」であるという若者へのメッセージは重要な意味をもつといわれている。

　2019年８月にはフランス政府の主導により，アパレル業界が環境負荷軽減を目指して活動する「ファッション

協定（The Fashion Pact）」（60社・200以上のブランドが加盟）を発表した。

　廃棄を避けるために，売れ残った商品を来シーズンに持ち越したり，店頭で回収した古着を慈善団体に寄付するだけでなく，古着や工場から出た廃材を原料とした商品を開発するなど，各社がリサイクルを目指した取組みを始めている。

　例えば，H&M は販売・使用・リサイクルできる製品は一切廃棄しないという方針を打ち出し，2030年までに全素材をリサイクルまたはサステナブルに調達された素材にすることを目標として掲げている。また，2019年にはスウェーデンの店舗でレンタルサービスを試験的に導入し，循環型社会に寄与する新たなビジネスを開始している。

H&M が開始したレンタルサービス（2019年11月）

出典：H&M 公式 HP
〈https://about.hm.com/ja_jp/news/general-news-20
19/h-m_0.html〉

　日本でも，不要になった衣料を店頭で回収し，リサイクルする試みや，メーカーの抱えた余剰在庫を事業者が安く買い取り，元のブランドのタグを切り取り，別のブランドタグに付け替え，消費者に低価格で販売するなどの新しい取り組みがみられる。在庫を抱えた企業のブランド価値やイメージを損なわずに再販売する，あるいはサステナビリティを意識して作る，売る，着るという循環は大量廃棄問題の解決につながるアパレル流通・消費の新潮流となっている。

　こうした業界の変革に対する消費者としての私たちの意識や行動の変化にも注目する必要がある。

（天野恵美子）

第12章　流通活動と法

 流通活動と法

 流通活動における法の必要性

　流通の成果は，競争が自由に展開されることで達成される。その理由は，製造業者間及び流通業者間における自由な競争を通じて，消費者は欲する商品を合理的な価格で得ることが可能となるからである。しかし，急激な経済の発展は，製造業者や流通業者を巨大化させ，本来自由に展開されるべき競争が正常に展開されない状況が出現した。それは，この巨大化した製造業者や流通業者が自社の利益を追求する過程で，市場における競争を制限する行動を採りはじめたからである。市場における競争を制限する行動によって影響を受ける消費者を保護するために，政府は市場のルールとなる法の整備を迫られた。

　流通は常に発展を続けているが，それがどのような発展であれ，消費者の利益が阻害されるようなことがあってはならない。発展を続ける流通が消費者の利益に合致するように補正していく法の存在は，流通を理解する上で不可欠なものといえる。本章では，流通をあるべき状態に補正していく流通活動と法の関係について包括的に学んでいく。

2 競争政策の基盤となる独占禁止法

　流通のあるべき姿を維持するには，競争の存在が不可欠である。競争を維持する基盤を提供するものが競争政策であり，その源流は米国にある。19世紀末に米国ではスタンダート・オイル社が，ガソリンの生産から販売までの垂直的統合を導入し低価格を軸とした競争を促進し，競争他社を市場から排除することで独占市場を形成した。この独占市場では，競争他社との価格競争がないことから，企業は独占的な価格を設定することが可能となり，消費者への弊害は大きなものとなった。この独占による弊害から消費者を保護する必要性が生じたことから，19世紀末から20世紀初頭にかけ米国では**反トラスト法**が制定され，市場における競争の維持を目的とする競争政策の歩みが始まった。

　日本では，競争政策の基礎を提供するものとして**独占禁止法**がある。同法は戦後間もない1947年に米国を中心とした連合国軍最高司令官総司令部（GHQ）の指導の下で制定（原始独占禁止法といわれる）され，1953年に日本の経済体制に合わせるため大幅な改正が行われた。同法は経済憲法とも呼ばれ，日本経済における競争の基本的ルールを定めるものとして運用されている。

▷反トラスト法
反トラスト法（Antitrust Law）は，シャーマン法（1890年），クレイトン法（1914年），FTC法（1914年）から構成されている。米国における経済法の歴史は古いことから法と経済学が融合した学際的分野の研究が進んでおり，日本の独占禁止法，EU競争法等に多大な影響を与えている。
▷独占禁止法
独占禁止法とは，正式名称を「私的独占の禁止及び公正取引の確保に関する法律」といい，1947年に財閥解体を目的とした過度経済力集中排除法と共に制定された。経済憲法や競争法とも呼ばれ，日本経済における競争に関する基本的ルールを定めるものである。

③ 独占禁止法の概観

独占禁止法は，競争を制限する行為を禁止することによって競争の維持・促進を図り，消費者の利益を確保することを目的としている。同法は，主に独占及び集中（私的独占）の禁止，不当な取引制限の禁止，不公正な取引方法の禁止という三つの柱と，その運用を補助する各種ガイドライン等から構成される。

独占及び集中（私的独占）の禁止とは，市場において独占が進む市場構造の下で競争が有効に作用しない状態を排除する規制である。ここで示される独占とは，1社で市場シェアが50％，もしくは上位2社の合計で75％を超える状態を指す（同法2条7号1項）。同法では，独占によって競争が実質的に制限されることから，競争を独占から予防・回復する措置を採っている。

不当な取引制限の禁止とは，複数の有力な事業者が共謀し市場において本来的に存在する競争を阻害する行為を排除する規制である。市場が独占状態でなくとも，大きな市場シェアを有する企業間で価格協定を結んだり，また生産量の調整が共同で行われることで競争が実質的に制限される状態が生じる危険が生じる。そのため，独占禁止法では競争を明確に制限する危険性のあるカルテル等の不当な取引制限に対し，これを禁止している。

不公正な取引方法の禁止とは，公正に競争が展開することを阻害する行為を規制するものである。不公正な取引方法は，市場活動を行っている企業すべてを対象とし，競争を実質的に制限する各種行為を規定している。不公正な取引方法の禁止は，上記の独占及び集中の禁止，不当な取引制限の禁止とともに，独占禁止法の三本柱とも表現されており，特に流通市場における競争の維持に重要な役割を果たしている。

④ 不公正な取引方法の禁止

不公正な取引方法の禁止は，独占禁止法2条9項によって，共同の取引拒絶（1号），差別対価（2号），不当廉売（3号），再販売価格の拘束（4号），優越的地位の濫用（5号），公正取引委員会の指定する公正な競争を阻害するおそれのある行為（6号）から構成されている。同法2条9項1号から5号は，課徴金（行政的罰金）の対象となる**法定行為類型**としている。

公正取引委員会の指定する公正な競争を阻害するおそれのある行為（6号）とは，公正な競争を阻害する（公正競争阻害性）ことを要件にして公正取引委員会が指定するもので，**不公正な取引方法の一般指定行為類型**（以下，一般指定と略記）といい，15類型から構成される。また，公正取引委員会は一般指定の他に，不公正な取引方法に該当する行為が起こりやすい業界のみを対象とする**特殊指定**を設けているが，今日では新聞業・物流業・大規模小売業以外についてはすでに廃止されている。

▷**法定行為類型**
2009年の独占禁止法の改正以前では，不公正な取引方法は公正取引委員会の指定する一般指定行為類型の規定のみがあり，再販売価格の拘束を含んだ16類型で構成されていた。しかし，2009年の改正により一般指定行為類型と法定行為類型に分離し，再販売価格の拘束は課徴金の対象となる法定行為類型となり，一般指定行為類型は15類型となった。

▷**不公正な取引方法の一般指定行為類型**
一般指定行為類型は，【1．差別的取扱い】共同の購入拒絶（1項），その他の取引拒絶（2項），その他の差別対価（3項），取引条件等の差別取扱い（4項），事業者団体における差別取扱い等（5項），【2．不当対価】その他の不当廉売（6項），不当高価購入（7項）【3．不当な顧客誘引又は取引強制】ぎまん的顧客誘引（8項），不当な利益による顧客誘引（9項），抱き合わせ販売等（10項）【4．拘束条件付取引】排他条件付き取引（11項），拘束条件付き取引（12項）【取引上の地位の不当利用】取引の相手方の役員への不当干渉（13項）【5．競争者に対する不当妨害】競争者に対する取引妨害（14項），競争者に対する内部干渉（15項），から構成される。

▷**特殊指定**
百貨店業，新聞業，教科書業，海運業，食品缶詰・瓶詰業，広告業におけるオープン懸賞について公正取引委員会により告示されていた。

第12章　流通活動と法

 マーケティング活動と競争の確保

 製造業者による流通業者への介入

　市場の寡占化が進むことによって，製造業者は製造業者間の競争において自身のマーケティングをより優位に進めるために，流通業者の活動に介入するようになった。このような製造業者による流通業者への介入は，垂直的マーケティング・システム（以下，VMS と略記）といわれるマーケティング・チャネル戦略の1つである。VMS は製造業者が本来的に独立している流通業者を販売業者化することで，自身のマーケティング組織の一端を担わせ，製造業者のマーケティング効率の向上を見込むものである。

　しかし，製造業者が VMS を構築する本当の理由は，流通業者による低価格販売の制限にある。製造業者の収益は自身の商品によって提供されることから，製造業者は多大なコストをかけてブランド力のある商品を開発する。だが，そのブランド力のある商品は特定の製造業者に拘束されない流通業者によって自由な価格設定で販売される。また，流通業者は流通業者間の競争を優位に進めるために，ブランド力のある商品を低価格で販売し収益を得ようとする。この流通業者によって展開される低価格販売は，商品のブランド力を急激に減退させ，ブランド力を失った商品は消費者からの支持を得られなくなることから製造業者の収益は減少することになる。このことから，製造業者は VMS を構築し自身の商品を扱う流通業者を販売店化することで流通業者間の低価格販売を制限し，また商品のブランド力を維持することで収益の拡大を試みるのである。

 流通系列化

　日本では，1960年代から1990年代にかけて自動車，家電，化粧品などの業界において日本型 VMS といえる流通系列化が展開されてきた。流通系列化は，(1)**再販売価格維持行為**（以下，再販と略記），(2)一店一帳合制，(3)テリトリー制限，(4)専売店制，(5)，店合制，(6)委託販売制，(7)払込制，(8)リベートから構成され，再販を垂直的価格制限，その他を垂直的非価格制限に大別されるが，流通系列化の最大の目的は再販にある。

　再販は，製造業者が流通業者に対して自身の商品の販売価格を拘束することで，自身の商品の流通業者間における価格競争を消滅させる行為である。再販には流通業者間の販売価格を制限することで，当該商品のブランドが確立・促

▶再販売価格維持行為
再販は，大きく分類して①製造業者が指定した価格以下での販売を制限する最低再販売価格維持行為，②指定した価格のみでの販売を行わせる固定価格，③製造業者が指定する価格以上の販売を制限する最高再販売価格維持行為，に分類される。通常，問題とされるのは①と②の形態である。

進され独占価格を形成・維持することが可能になる。しかし，再販は単体では効果を発揮することは困難である。なぜなら，流通業者は，なんらかのメリットがなければ自身の販売の自由を放棄してまで製造業者の再販に協力することはないからである。製造業者は再販に協力させるために，流通業者に一定地域内における販売独占権の付与（テリトリー制限）を行うことで，協力する流通業者に利益の保証を提供している。日本では，再販に対し厳格に違法の立場が採られていたことから，製造業者はいくつかの垂直的非価格制限を組み合わせる方法が採られていた。

3 再販規制の変遷

日本では，再販による競争阻害効果による消費者利益への甚大な影響を考慮し，厳格な規制が採られてきたが，近年では再販をめぐる厳格な規制方針は変化しつつある。再販は，独占禁止法が厳格に運用されてこなかった1950年代から70年代においては，再販を目的とする流通系列化が進展し，製造業の成長を支えるものとしてその規制は緩やかなものであったといえる。しかし，1980年代からの独占禁止法の運用強化の潮流や，1980年代末から1990年代初頭にかけての日米構造協議において日本の流通取引・慣行が問題視された背景から，流通市場における独占禁止法の運用指針を示す**流通取引・慣行ガイドライン**の作成（1991年）などが行われ，再販は今日まで厳格に規制されてきた。さらに，2009年の独占禁止法改正では不公正な取引方法の一般指定から，課徴金の対象となる厳格な法定行為類型として再販は原則違法の取扱いになっている。

しかし，再販をめぐる大きな環境変化が起こっている。日本の競争政策に影響を与える米国においては，再販を原則違法の立場から，限定的に認めて事例ごとに判断する合理の原則に変更された（**2007年 Leegin 事件米連邦最高裁判決**）。当該判決以前には，再販によって流通業者間の競争（**ブランド内競争**）は抑制されるために消費者利益が損われるという競争阻害効果と，再販は収益の安定性やブランドの維持・創出を促進し，製造業者間の競争（**ブランド間競争**）を通じ満足した商品や商品提供に必要なサービス等を提供することが可能であることから，消費者利益に貢献する競争促進効果の評価をめぐる長期にわたる理論的対立があった。当該判決は，これまで評価されてこなかった再販の競争促進効果を認めた画期的な判決といえる。

日本においても，1980年代以降の独禁法強化傾向によって流通系列化は崩壊し，流通構造は製造業者による支配から大規模化した流通業者による支配へと変化していった。このような流通環境の大きな変化から，第2次安倍政権は景気対策の一つとして，製造業者の収益に貢献する再販の規制緩和を公正取引委員会に要請したため，流通取引・慣行ガイドラインが改正され，一部緩和の傾向が見られている。

▷**流通・取引慣行ガイドライン**
正式名称は「流通・取引慣行に関する独占禁止法上の指針」といい，公正取引委員会によって流通分野における独占禁止法の運用指針を示したものである。1991年に初めて作成され，近年では2016年・2017年・2018年に改正されている。2017年の改正では，未だ再販は原則違法としているが，非価格制限行為については違法性基準の明確化が図られ，その取扱いは緩和されつつある。

▷**Leegin 事件米最高裁判決**
同判決により，米国では1911年の Dr. Miles 事件米最高裁判決で確定した再販売価格維持行為の原則違法の取扱いが，個別に違法性が判断される合理の原則に変更された画期的なものであった。

▷**ブランド内競争**
ブランド内競争とは，流通業者間の競争を指す。再販売価格維持行為が行われると，販売業者化した流通業者間においては大きな価格競争は起きない。同一ブランドの価格競争がないことから，消費者利益が損なわれるという見解がある。

▷**ブランド間競争**
ブランド間競争とは，製造業者間の競争を指す。再販売価格維持行為が行われた場合，流通段階での価格競争がなくなるため製品差別化を軸とした競争が展開される。同一ブランドの価格競争がないことから，ディーラーを経由して消費者に有益なサービスを提供することが可能となるため，消費者利益に合致するという見解がある。

第12章　流通活動と法

 3 ## マーケティング活動と消費者保護

① 消費者保護の必要性

　競争政策の主な目的が，競争を通じた健全な流通の確立・維持を通じ消費者利益を確保することにあるならば，流通市場において展開される競争によって生じる弊害から消費者を保護することも重要である。

② 不当な顧客誘引または取引強制について（独占禁止法2条9項6号ハ）

　不公正な取引方法の一般指定である不当な顧客誘引（「ぎまん的顧客誘引（指定8項）」「不当な利益による顧客誘引（指定9項）」「抱き合わせ販売（指定10項）」）は，過度のマーケティング競争による負の影響から消費者を保護することを目的とする規定である。

　ぎまん的顧客誘引とは，事実と異なる情報に基づいて自社の商品・サービスが競争他社の商品・サービスよりも優れていると消費者に誤認させ，自社との取引に誘引する行為を指す。具体的な形態としては，虚偽・誇大表示等による誤認行為などがある。当該行為は，流通市場において情報の面で不利な立場にある消費者の正常な商品・サービス選択を歪めるものとなる。ただし，一般の消費者を対象とした景品表示法があることから，同規定は事業者間またはマルチ商法などに限定され適用されることとなる。

　不当な利益による顧客誘引とは，正常な商慣習に照らして不当な利益によって自身との取引に誘引する行為を指す。これは，本来展開されるべき商品・サービス自体の競争ではなく，景品の高額さなどの競争に移行させるものであり，消費者の適正かつ正常な商品・サービスの選択を歪めることとなる。ただし，当該行為もほとんどの場合において景品表示法によって規制されることから，限定的なものといえる。

　抱き合わせ販売とは，主たる商品・サービスの供給に他の商品・サービスも併せて供給し，消費者・事業者に両方の商品・サービスの購入を強制する行為である。当該行為を実施する理由は様々あるが，主たる商品・サービスに競争力や希少性がある場合において，相対的に弱い立場にある消費者に対して，欲していない商品・サービスの購入まで強制する効果があり，消費者の商品・サービスの選択を妨げるものとなる。

▷**不当景品類及び不当表示防止法**
独占禁止法が指定する不公正な取引方法で対処することも可能であったが，多発する問題に迅速に対処するためにこれに対応した手続きを有する法律が必要であったことから，同法が制定された背景がある。

▷**ガムの懸賞に1,000万円**
株式会社ロッテは，1961年にチューインガムの販売キャンペーンの特賞として1,000万円（現在の価値にすると，1億円以上）の懸賞を付けた。このキャンペ

③ 景表法とは

流通市場における消費者保護の基礎を提供するのは，1962年に制定された**不当景品類及び不当表示防止法**（以下，景表法）である。同法の制定以前においては，1953年に改正された独占禁止法における不公正な取引方法の一類型として取り扱われてきたが，1960年代頃にクジラ肉入りの缶詰を，牛肉の缶詰と誤認させるような表記が多発した（いわゆる「ニセ缶詰事件」）ことで不当表示が問題視された。また，**ガムの懸賞に1,000万円**が付けられるなど過大な景品付販売が広く展開されることで，本来の商品の品質や価格による競争が正常に機能しなくなるといった消費者利益を損なう現象が生じた。これらの問題に対処するために景表法が制定された。そのため，景表法では不当景品類と不当表示に対し規制を定めている。

不当景品類に対する規制では，正当な競争を損なうような過大な景品類を禁止している。景品類とは，顧客を誘引するための手段として，事業者が自己の供給する商品・サービスの取引に付随して提供する物品や金銭その他の経済上の利益をいう。この過大な景品類を禁止するために，**一般懸賞**（共同懸賞以外のもの），**共同懸賞**（商店街や同業者など複数の事業者によって行われるもの），**総付景品**（ベタ付け景品ともいい，利用者や来店者にもれなく提供されるもの）の提供できる景品類の限度額を定めている。また，特例として，新聞業など特定の業種の状況に応じた景品類の制限を設けた業種別景品告示などがある。

不当表示に対する規制では，事業者の商品・サービスの品質や価格等について消費者に告知する広告などの誤認表示などを禁止している。誤認させる表示を禁止するために，**優良誤認表示**（実際よりも優良に誤認させるもの），**有利誤認表示**（取引条件について競争他社よりも有利なように誤認させるもの），**その他誤認されるおそれがある表示**（内閣総理大臣が指定する誤認のおそれのある表示）を禁止している。

景表法と類似した消費者保護の性格をもつ法律として，**不正競争防止法**がある。ただし，同法の目的は競争の基本的な権利を保証する観点から大企業の確立したブランドの不正利用やそれを陥れる行為を防止することで，その根本は競争秩序の維持にある。このような趣旨の違いから，所管官庁は，景品表示法は消費者庁，不正競争防止法は経済産業省となっている。

④ その他の消費者保護を目的とした法律

消費者保護を目的としたその他法律として，生命・財産の被害を防止し自治体の消費者センターの設置を定める消費者安全法，不当な勧誘による契約の解消等を定めた消費者契約法，トラブルの起きやすい訪問販売等についてのルールと消費者保護を定めた特定商取引法等がある。

ーンに760万通の応募があったことで，このような販売方法が社会的に問題視されることになり，景表法が制定される契機となった。

▷**一般懸賞・共同懸賞・総付景品**
共同懸賞では，景品類の限度額として，最高額は取引価格にかかわらず30万円，総額は懸賞に係る売上予想額の3％，一般懸賞では，懸賞にかかる取引価格が5,000円以下の場合には最高額は取引価格の20倍まで，5,000円以上では最高額は10万円までとなり，総額は懸賞に係る売上予想額の2％となっている。総付景品（ベタ付け景品）では，取引価格が1千円未満の場合は200円，1,000円以上の場合は取引価格の10分の2を限度額としている。

▷**優良誤認表示，有利誤認表示，その他誤認されるおそれがある表示**
優良誤認表示の例：外国産の肉をブランド肉として表示する行為
有利誤認表示の例：基本価格を明示せず，「今なら半額」と表示する行為
その他誤認されるおそれがある表示の例：無果汁の清涼飲料水に果物のイラスト表示する行為

▷**不正競争防止法**
不正競争防止法は競争の基本的な権利を保証する観点から，中小企業による大企業の確立したブランドの不正利用や，それを陥れる行為を防止することを目的とする法律である。品質等誤認行為（表示と商品・サービスの内容が不一致であることを認識できないようにする行為）と信用棄損行為（競争相手の不利となる虚偽の情報の流布）を禁止としている。

第12章　流通活動と法

4 新たな流通課題への対応
──優越的地位の濫用について

1 新しい流通課題の登場

　流通市場における環境変化により，近年では巨大流通業者によるバイイング・パワーを背景にした製造業者に対する従業員派遣の要請，コンビニ産業におけるフランチャイザー（本部）によるフランチャイジー（加盟店）への24時間営業の強制，ICT 技術の発展により急激に巨大化した**EC モール**の**プラットフォーマー**による出店事業者に不利となる諸条件の変更などといった，新たな流通課題が出現してきた。これらの新たな流通課題に対処するものとして，不公正な取引方法の１つである優越的地位の濫用の禁止がある。

2 優越的地位の濫用とは

　優越的地位の濫用とは，独占禁止法２条９項５号に規定されるもので，取引の相手方に対し優越的な地位を利用して，正常な商慣習に照らして不当に制限する行為で，①継続的な取引先に対し，自己の商品を押しつけ購入させる行為，②継続的な取引先に対し，自己のために金銭等の提供をさせる行為（例えば，協賛金の要求），③相手方に不利益となるように，取引条件を設定・変更する行為，④以上の他，取引上で相手方に不利益を与える行為，⑤取引先の会社の役員に干渉する行為（例：銀行の融資先への人事干渉等），を指す。ここで意味する**優越的地位**とは，単純に取引当事者間におけるパワーの格差を示すものではなく，市場支配力を基礎にして取引当事者間において相手方に強制力を有するような関係性である点に注意しなくてはならない。

　優越的地位の濫用を規制する目的は，当該行為によって①取引相手方の自由かつ自主的な判断による取引を阻害する，②取引相手方が競争他社との競争において不利になる，③行為者は自身の競争他社との関係で有利になり，公正な競争が阻害される可能性（おそれ）がある，ことを防ぐことにある。また，③の公正な競争を阻害する可能性はどのような場合に生じるのかの判断については，不利益の程度や行為の広がり等を考慮して，個別の事案ごとに判断することが**優越ガイドライン**において示されている。

　優越的地位の濫用が行われる事案は，特に下請取引においてその関係性から生じることが多い。そのため，独占禁止法の補完法として下請代金支払遅延等防止法（下請法）が設けられ，これに対応している。同法では，親事業者が製

造委託（企画・品質等を細かく指定する）・修理委託・情報成果物委託（ソフトウェアの作成等）・役務提供委託（建設を除くサービス）を行う下請け事業者に対して優越的な地位を利用して，不当に利益を得ることを禁止している。そのため，優越的地位の濫用の禁止は，下請法の規定する範囲外となる親事業者の行為を禁止することを目的に設けられているもといえる。

優越的地位の濫用をめぐる問題は，先述したように新たに起こる流通課題に対して使用されることから，以下のケースを参考にされたい。

③ ケース：楽天の共通送料込み施策の導入と優越的地位の濫用

2019年8月に，楽天株式会社（以下，楽天と略記）が運営するECモールである**楽天市場における3,980円以上の商品の配送料無料化**（以下，配送料無料化と略記）を2020年3月から導入することの発表がなされ，この決定に対し出店事業者から大きな反発が起こった。公正取引委員会は，2020年2月に楽天による出店事業者に対する配送料無料化の強制は優越的地位の濫用に該当するものとして，立入検査を行い，東京地方裁判所に緊急停止命令の申し立てを行った。その後，楽天は送料無料化を出店事業者に強制することを断念し各事業者に判断を委ねたことから，公正取引委員会は東京地方裁判所への申し立てを取下げた。

楽天が配送料無料化を強行に導入しようとした背景には，楽天とAmazon間の顧客獲得競争にある。両社は共にECモールを運営するプラットフォーマーであるが，その形態には大きな違いがある。Amazonはプラットフォームとそれを支える物流システムを有し，出店事業者に対して，これらを開放し，自社商品以外の商品を取り扱うことで品揃え数を拡充することで，その優位性を高めた。一方で，楽天もプラットフォームを他の事業者に開放していたが，自身の物流システムは有しておらず，配送料の問題が以前から懸念されていた。そのため，楽天は配送料無料化を打ち出す決定を行った（Amazonは，以前から2,000円以上の購買について送料を無料としている）。楽天としては，配送料無料化を導入することでECモール全体の競争力を増すことになり，それが各出店事業者に波及し各出店事業者の売上増につながるため出店事業者の理解を得られるものと認識していた。しかし，楽天の出店事業者にとって，配送料無料化は直接的にコスト増加となることから，これを強制する楽天に対し反発したことが事件の発端である。

その後，2021年5月に**特定デジタルプラットフォームの透明性及び公正性の向上に関する法律**が制定された。同法はAmazon，楽天など大手プラットフォーマーを指定し，毎年紛争などの状況を経済産業省に報告させ，問題がある場合には同省から公正取引委員会に独禁法による対処の要請を出すことで政府による監視下で自主規制を促すもので，その成果に注目が集まっている。

▷**楽天市場における3,980円以上の商品の配送料無料化**
2019年1月，楽天はそれまでは出店店舗が個別に決定していた配送料を全店舗統一で定める「ONE TARIFF」構想を公表し，同年8月には3980円以上の商品の配送料を無料にする決定を発表した。この楽天の施策は，ECモールを運営し相対的に優位な立場にある楽天が，その地位を利用して商品の配送の負担を出店事業者に強制するものといえる。公正取引委員会は，2020年3月に楽天の同施策について立入検査を行い，東京地方裁判所に緊急停止命令を行ったが，楽天が同施策の延期を発表したことで緊急停止命令を取下げた（公正取引委員会．"楽天株式会社に対する緊急停止命令の申し立ての取り下げについて"令和2年3月10日）。

▷**特定デジタルプラットフォームの透明性及び公正性の向上に関する法律**
同法では，デジタルプラットフォームを提供者が透明性及び公正性の向上のための取組を自主的に且つ積極的に行うことを基本としつつも，国の関与や規制を必要最小限にすることで競争の確保を図る共同規制の手法を採用している。

消費活動における家計消費と所得の役割

① 経済活動に占める家計消費の位置

　流通とは，商品やサービスが円滑に運ぶよう，生産者と消費者との間をつなぐ働きだといえる。消費活動の主体は，家計（個人），企業，政府である。このうち，消費額が最も大きいのは家計消費である。家計とは世帯が暮らしていくための費用（収入と支出の状態）を意味し，一人で生活している単独の**世帯**もあれば，家族など数人で構成される世帯もある。

　2019年の名目国内総生産（GDP）は約554兆円であった。そのうち，家計が支出する消費の総額は約297.7兆円で，GDP の53.7％を占めていた（資料13-1）。GDP を構成する他の要素と比較すると家計消費の割合は高く，家計消費が伸び悩むと経済が滞りやすいといえる。たとえ企業が商品生産量を増やし，流通によって商品が小売店などに届けられたとしても，それらを購入する人がいなければ商品の価値は実現しない。消費できる条件を消費者がどれだけもっているかは，一国の経済の安定を左右する。そのため，不況になると政府が消費下支えのための給付金を税金から支出するといった政策が実施されることがある。

▷**世帯**
「国民生活基礎調査」の用語解説では，「世帯とは，住居及び生計を共にする者の集まり又は独立して住居を維持し，若しくは独立して生計を営む単身者をいう」。

資料13-1　名目国内生産に占める家計消費等の割合（2019年）

民間設備投資，16.0%　公共投資，5.3%
家計消費，53.7%　その他，22.0%
民間住宅投資，3.1%

出典：『消費者白書』令和2年版，図表Ⅰ-1-6-1。

② 産業別就業人口の変化

　現在の日本では**第3次産業**で働く人が約7割に達している。産業の発展と従業者数の関係を歴史的にみると，生活の基礎を支える農業・漁業・林業からなる第1次産業に多くの人が従事していた時代から，**第2次産業**と第3次産業で就業する人口が増えてきた。

　日本では，1950年代後半から1970年代初めにかけての高度経済成長期に第2次，第3次産業が急速に発達し，その分野での就業人口も増大した。1920年に

▷**第3次産業**
商業・運輸通信業・金融業・公務，その他のサービス業等である。
▷**第2次産業**
製造業・鉱業・建設業・ガス電気事業等である。

開始された「国勢調査」によると，1920年の第1次産業の就業者が全就業者に占める割合は53.8％と過半数を占めていたが，1960年にはそれが32.7％，1970年には19.3％と大幅に減少していき，2015年には4％にまで減少している。それに対して，第2次産業の就業人口は，1920年に20.5％，1960年に29.1％，1970年に34.0％と増加し，しばらくは30％前後で推移していた。その後，2000年代になると海外への生産工場の移転等の理由により25％前後まで下がっている（2015年：25.0％）。第3次産業は1920年が23.7％，1960年が38.2％，1970年が46.6％，1970年代後半には50％を超え，2015年には71.0％に達しており，第3次産業が働く場所の主流となっている。

3 平均所得の推移

　厚生労働省「国民生活基礎調査の概況」（2019年）に基づき，所得に占める「稼働所得」の割合を世帯別にみてみると，「全世帯」では74.3％，「児童のいる世帯」では92.1％，「高齢者世帯」では23.0％となっている。2018年の1世帯当たり平均所得金額は，「全世帯」が552万3千円（中央値：437万円），「児童のいる世帯」では745万9千円，「高齢者世帯」では312万6千円であった。平均所得金額以下の世帯数の割合は61.1％を占めている（資料13-2）。

　また，1985年以降の1世帯あたり平均所得金額の年次推移をみると，そのピークは「全世帯」で1994年の664万2千円，「児童のいる世帯」で1996年の781万6千円，「高齢者世帯」で1998年の335万5千円であった。「全世帯」でみるとピーク時の1994年の664万2千円と2018年の552万3千円との間には大幅な引き下げがみられる。大企業の収益増大や個人株主の利益増大とは裏腹に，普通の生活を送る人たちの生活実感がよくないといわれる背景にはこうした所得の変化があるといえる。

▷稼働所得

所得は働いて稼ぐ「稼働所得」，年金などからなる「公的年金・恩給」，土地や建物から得られる「財産所得」，児童手当等に代表される「年金以外の社会保障給付金」，仕送り等の「仕送り・企業年金・個人年金・その他の所得」からなる。そのなかで，1世帯当たりの平均所得金額に占める割合が最も高いのは「稼働所得」である。

▷平均所得金額

所得金額等の平均値をみる際には，注意が必要である。一般的にデータの平均をとると極端な数字の影響を受けやすい。それに対して，中央値は数値を大きい方，もしくは，小さい方から順に並べて，ちょうど真ん中にある値であるため，中央値は平均値よりもより実態に近い数字になる。

資料13-2　所得金額階級別世帯数の相対度数分布（2019年調査，単位：％）

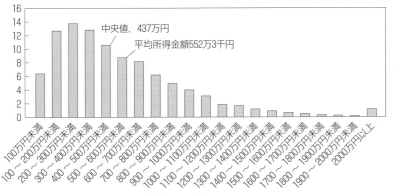

中央値，437万円

平均所得金額552万3千円

出典：厚生労働省「2019年国民生活基礎調査」図9。

参考文献

消費者庁『平成30年消費者白書』
総務省『国勢調査』各年版
厚生労働省『国民生活基礎調査の概況』各年版

第13章　消費経済と流通

 日本の低い完全失業率と非正規雇用の増加

▷完全失業率
総務省「労働力調査」における完全失業率は，労働力人口に占める完全失業者の割合を指す。労働力人口とは，15歳以上の人口のうち，就業者と完全失業者を合わせたものである。失業者は，「次の3つの条件を満たす者。①仕事がなくて調査週間中に少しも仕事をしなかった（就業者ではない）。②仕事があればすぐ就くことができる。③調査週間中に，仕事を探す活動や事業を始める準備をしていた（過去の求職活動の結果を待っている場合を含む）」と定義されている。

▷リーマンショック
リーマンショックとは，2008年9月15日にアメリカの投資銀行リーマンブラザーズが経営破綻し，それをきっかけに広がった世界的な株価下落，金融不安，不況のこと。信用力の劣る低所得者向け住宅ローン（サブプライム・ローン）の問題が注目された。

▷補完効果，代替効果，創出効果
「補完効果」では，人間の労働を機械が補完することで仕事の効率が上がったり，人間が重労働や危険な労働から解放されたりする。「代替効果」では，人間の労働が機械に置き換わり雇用の減少につながる。「創出効果」は技術革新により新しい産業が生まれること

1　日本の低い完全失業率

　日本の2019年の完全失業率は2.4％と，先進諸国と比較しても低い水準にある。完全失業率の推移をみると，2002年に過去最高の完全失業率5.4を記録したあと，2007年にかけて低下していったが，2008年のリーマンショックの影響を受け2009年，2010年と5.1％にまで上昇した。その後，徐々に低下し，2018年と2019年は2.4％まで下がってきた（資料13-3）。2020年の3月以降は，新型コロナウイルス感染予防のための小中高校と特別支援学級の臨時休校，4月7日からの人の移動を最小化する緊急事態宣言や営業自粛などの要請が出され状況は変化したが，それまでの過去10年余りは労働者にとっては職種や賃金水準，労働条件を選ばない限りは職の得やすい環境にあったといえる。

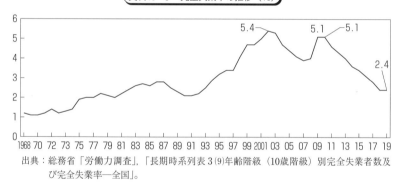

資料13-3　完全失業率の推移（％）

出典：総務省「労働力調査」，「長期時系列表3（9）年齢階級（10歳階級）別完全失業者数及び完全失業率—全国」。

2　非正規労働者の増加

　社会全体をみると，技術革新が雇用に与える影響には「補完効果」，「代替効果」，「創出効果」がある。今までの社会全体でみると，技術革新によりある分野の産業が衰退しそこで失業者が生まれたとしても，新たな別の産業が生まれることで失業者が吸収されていく動きが一般的であった。しかし，現在は新たな技術革新が生まれたとしても失業者を吸収できるほどの新産業の創出は難しくなっている。

　総務省「就業構造基本調査」に基づき，「役員を除く雇用者」に占める正規労働者と非正規労働者の推移をみると，1982年の正規労働者は約3,300万人，1997年がピークで約3,854万人，2017年は約3,451万人となっている。非正規雇

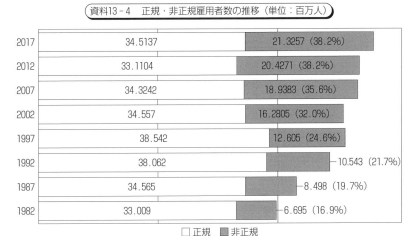

資料13-4　正規・非正規雇用者数の推移（単位：百万人）

年	正規	非正規
2017	34.5137	21.3257 (38.2%)
2012	33.1104	20.4271 (38.2%)
2007	34.3242	18.9383 (35.6%)
2002	34.557	16.2805 (32.0%)
1997	38.542	12.605 (24.6%)
1992	38.062	10.543 (21.7%)
1987	34.565	8.498 (19.7%)
1982	33.009	6.695 (16.9%)

□ 正規　■ 非正規

出典：総務省「就業構造基本調査」の時系列統計表（2018.07.03更新日）。

用者は1982年の約670万人から増加し続け，2017年には2,133万人弱となっており，雇用者総数に占めるその割合は38.2％にのぼる（資料13-4）。過去30年近くにわたり，雇用者総数は増える傾向にあったが，その増加分の多くは非正規雇用によるものであった。そして，近年の日本では雇用の4割近くを非正規が占めている。2017年の非正規雇用率は，男性で22.3％，女性で56.6％となっている。かつて非正規雇用は家計補助を主な目的とした女性の働き方として考えられてきた。だが，現在は非正規労働による所得が主な収入である人たちも増えてきており，かつ，男性にもこの雇用形態が広がってきている。こうした流れは，1990年代終盤以降の雇用の柔軟化と呼ばれる**不安定化を促進する法律**の改正により急速に後押しされたといえる。

③ 増える高齢者就労

　総務省「人口推計」（2020年6月1日現在確定値）によると，日本の総人口は1億2,585万8千人，65歳以上の人口は3,609万9千人である。65歳以上の人口が総人口に占める割合は約28.7％で，世界最高水準である。総務省「労働力調査」によると，労働力人口に占める65歳以上の割合は1980年に4.9％，1990年に5.6％，2000年に7.3％，2005年に7.6％，2010年に8.8％，2015年に11.3％，2018年に12.8％へと増加している。また，総務省「統計トピックス No. 126」によると，2019年の高齢者の年齢階級別就業率では，「60～64歳」は70.3％，「65歳以上」で24.9％となっている。同資料の「主要国における高齢者の就業率の比較（2019年）」では，最も高いのが韓国の32.9％，次に日本24.9％，アメリカの19.6％，カナダの14.3％，イギリスの10.7％，ドイツの7.8％，イタリアの5.0％，フランスの3.3％となっており，主要国との比較においても日本が高齢者就業率の高い国の1つであることがわかる。

で雇用が拡大する（大内2019）。

▷**不安定化を促進する法律**
不安定化を促進する法律の例として，労働者派遣法の制定（1985年，翌1986年施行）をあげることができる。この法律により，専門的な知識や技術や経験を要する業務などでの労働者派遣が可能となった。1996年の改正では，派遣労働対象業務が適用対象業務16業務から26業務に拡大，26業務は派遣期間を1年に限定した（常用雇用の代替防止のため）。1999年の同法改正では，適用対象業務が原則自由化され，それまで禁止されていた製造業での派遣労働が可能となり，非正規就業者の増加を促した。

（参考文献）
総務省『労働力調査』各年版
総務省『就業構造基本調査』各年版
総務省『人口推計』
総務省「統計トピックス No. 126」
大内伸哉『会社員が消える』，文藝春秋，2019年。

（推薦文献）
竹信三恵子『ルポ 雇用劣化不況』岩波書店，2009年。
伍賀一道『「非正規大国」日本の雇用と労働』新日本出版社，2014年。
本田由紀『もじれる社会』筑摩書房，2014年。

第13章　消費経済と流通

 格差の拡大

1 格差をめぐる議論

　日本の格差に関する議論の口火を切ったのは橘木俊詔（1998）『日本の経済格差』であろう。また，橘木（2010）では，経済格差が教育格差と密接に関係していることをデータに基づき論じ，親が経済的に豊かであれば子どもはより高い教育を受けるような時代になりつつあることを指摘した。

　2020年の 4 月以降は私立高校の**授業料実質無償化**も始まり高等学校までの授業料に関する家計の負担は減少している。だが，塾や習い事など学校の勉強以外の活動にかかる費用は親の懐次第といったことも現実であり，親の所得の違いによって子どもが受ける教育に差が生じることもある。教育以外では，所得，資産，男女，地域，医療，情報，さらには世代といった領域での格差がしばしば指摘されている。例えば，働いて賃金を得ている場合には企業規模や勤続年数，雇用形態等により賃金の格差がある。親からかなりの金額に相当する不動産や預貯金等の金融資産を受け継ぐことができる人，できない人の違いによって資産の格差が生じる。また，住んでいる地域によって大手の専門医療機関があるかどうかといった医療へのかかわり方での差が生じることもある。また，私たちは情報のあふれた時代に生きているとはいえ，情報機器を使いこなせるか，加えて，必要でかつ正確な情報を得られるかどうかといった面では各人による違いがある。総務省の『平成15年版情報通信白書』において，デジタル・デバイドとは「インターネットやパソコン等の情報通信技術を利用できる者とできない者の間に生じる格差」と定義されている。インターネットやスマートフォンの世帯保有率は大幅に伸びている。とはいえ，世代や収入の違いによりインターネットの利用にも違いが見られる。例えば，総務省「通信利用動向調査」で世代別にその利用率をみると，70歳以降は他の世代よりも少なく，また，世帯年収別では「200万円未満」は他の階層よりも利用率は低い。新型コロナウイルスの感染予防対応の中で情報格差はいままで以上にはっきりと表れた。例えば，快適に在宅ワークができる居住空間に恵まれた人やオンライン授業に不自由なくアクセスできる子どもや学生たちばかりではないことからも明らかである。

▷格差をめぐる議論
Oxfam（貧困撲滅や不平等の是正などを掲げ，世界各国で活動する非営利団体）によると，2019年に10億ドル以上の資産をもつ富裕層（billionaires）は2,153人で，彼らの資産の合計は46億人（世界人口の約 6 割）の資産の合計を上回っている。仮に，富裕層の 1 ％が10年間にわたり財産税を追加で0.5％払い続けるならば，1 億1,700万人の雇用が高齢者，保育，教育，医療の分野で生み出されると指摘している（出所：Oxfam, Time to care, January 2020）。

▷授業料実質無償化
高等学校等就学支援金制度は，所得等の要件を満たす世帯に対して高校の授業料を支援する国の制度である。私立学校は公立学校よりも費用が高いが，この制度により私立高校の授業料負担が軽減されるため，実質無償化ともいわれている。なお，世帯年収や学校の種類により支援額は異なる。

資料13-5　正規，非正規の職員・従業員の仕事からの年間収入階級別割合（2018年，単位：％）

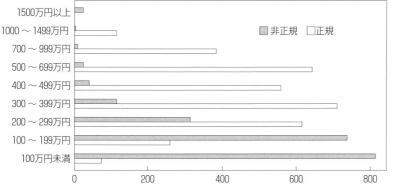

出典：「労働力調査（詳細集計）」2020年平均結果，第2表より作成。

2 雇用形態の違いによる格差

　雇用形態による収入にはどのような違いがあるのだろうか。総務省「労働力調査」によると「非正規の職員・従業員の年間収入（男女計，2018年）」は，「100万円未満」が39.4％，「100～199万円」が35.8％で，年収200万円未満が75.2％と非正規雇用では低賃金が多いことがわかる（資料13-5）。この傾向は女性ではさらに顕著で，「100万円未満」が44.1％，「100～199万円」が39.1％，両者で83.2％を占めている。これに対して，正規の職員・従業員を年収階級別割合でみると，男性では「500～699万円」が22.8％と最も多く，つぎに「300～399万円」の19.8％である。女性「200～299万円」が28.1％と最も多く，つぎに「300～399万円」の23.7％となっている。男性に比べて女性に非正規雇用が多いことが男女間の賃金格差にもつながっているといえる。

3 相対的貧困率，子どもの貧困率

　貧困に関しては，「相対的貧困率」や「子どもの貧困率」を用いて説明されることが多い。相対的貧困率は，等価可処分所得の中央値の半分を貧困線（2018年：127万円）としてとらえ，貧困線に満たない世帯員の割合を表す。可処分所得とは，所得から所得税，住民税，社会保険料及び固定資産税を差し引いたものを指す。厚生労働省「2019年国民生活基礎調査」によると，2018年の「相対的貧困率」は15.8％であった。同調査による「子どもの貧困率」（17歳以下）は14.0％となっており，およそ子どもの7人に1人が貧困線以下の収入の世帯で暮らしていることになる。2014年1月に施行された「子どもの貧困対策に関する法律」（平成25年法律第64号）の第1章総則（目的）第一条では，子どもの貧困対策の推進が目的とされている。しかしながら，その目的と到達点との間にはまだまだ乖離がある。家庭の所得，父親の学歴，母親の学歴の違いにより子どもの学校成績に差がみられるといった専門家による調査報告もある。

▷1　野村総合研究所によると，日本の富裕者層は約127万世帯，純金融資産総額は299兆円と推計されている。その内訳は，純金融資産保有額が1億円以上5億円未満を「富裕層」，同5億円以上を「超富裕層」として，前者が118.3万世帯で215兆円，後者が8.4万世帯で84兆円となっている。これらの世帯は2013年以降増え続けており，景気拡大と株価上昇，相続や生前贈与，起業や事業売却等が理由と考えられる（野村総合研究所，https://www.nri.com/jp/news/newsrelease/lst/2018/cc/1218_1）。
▷2　例えば，国立大学法人お茶の水女子大学，平成29年度「学力調査を活用した専門的な課題分析に関する調査研究」，2018年3月30日。

（参考文献）
橘木俊詔『日本の経済格差』岩波書店，1998年。
橘木俊詔『日本の教育格差』岩波書店，2010年。
総務省『平成15年版情報通信白書』
総務省『通信利用動向調査』各年版
総務省『労働力調査』各年版
厚生労働省『国民生活基礎調査』

（推薦文献）
橘木俊詔『教育格差の経済学』NHK出版，2020年。
藤田孝典『中高年ひきこもり──社会問題を背負わされた人たち』，扶桑社，2019年。
黒川祥子『8050問題』集英社，2019年。
濱口桂一郎『若者と労働』，中央公論新社，2013年。

第13章　消費経済と流通

 4　人手不足の現状と流通業界

▷人手不足
人手不足は需要と供給との関係だけでとらえれば，募集人員に対して応募人員が多ければ解決すると考えられる。仮に，日本全体での求人数が求職数を上回っており，誰もがどこででも働くことができるなら，人手不足の問題は生じない。反対に，日本全体の求人数が求職数を下回る状態が続いているとすれば，人手が不足していることになる。

▷介護関係職種
ここでいう介護関係職種とは，「福祉施設指導専門員」，「その他の社会福祉の専門的職業」，「家政婦（夫），家事手伝」，「介護サービスの職業」の合計である。

▷エッセンシャルワーカー
生活基盤を支えるために不可欠な領域で働く労働者。

▷1　雇用の需給のギャップについては，企業が雇用したい人材と求職中の人材との間に職業能力の不一致があったり，企業や労働者による選考があったり，企業と労働者との間（両者を媒介する組織も含む）の情報のやりとりが不十分であったりすることなどにより，求人側と求職側との間で不適合が生じるためといった説明がなされることが多い。

▷2　経済産業省「平成30年度 我が国におけるデータ駆動型社会に係る基盤整備（電子商取引に関する市場調査）」。

1　人手不足の業界

　2020年に新型コロナウイルスの感染が各国で急速に広がって以降は，日本でも失職する人が増えた。その一方で，**人手不足**が続く業界もある。

　厚生労働省「一般職業紹介状況（職業安定業務統計）」から職業別有効求人倍率（パートタイムを含む常用）をみると，2019年の「職業計」は1.45，「事務的職業」が0.5，「保安の職業」は7.77，「建設・採掘の職業」は5.23，**「介護関係職種」**は4.2と職業により大きな開きがあることがわかる。さらに詳細をみると，「生活衛生サービス」，「家庭生活支援サービス」，「介護サービス」が4を超えており，「接客・給仕」が3.95，「飲食物調理」が3.34などは軒並み高い数値となっている（資料13‐6）。新型コロナウイルスの影響により2020年以降の有効求人倍率には，多くの職業で変化がみられる。

　2020年8月の「有効求人倍率（季節調整値）」は1.04倍となり，2020年1月以降は毎月低下してきているが，**エッセンシャルワーカー**と呼ばれる労働者が働くスーパーや病院や介護の現場ではスタッフ等の人手不足の状況は続いている。

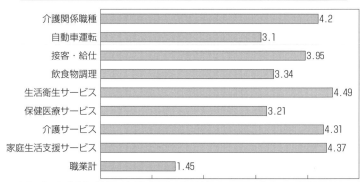

資料13‐6　2019年の職業別有効求人倍率（パートタイムを含む常用，単位：％）

介護関係職種	4.2
自動車運転	3.1
接客・給仕	3.95
飲食物調理	3.34
生活衛生サービス	4.49
保健医療サービス	3.21
介護サービス	4.31
家庭生活支援サービス	4.37
職業計	1.45

出典：「一般職業紹介状況（職業安定業務統計）」より一部を抜粋して作成。

2　EC市場の急成長

　インターネットやスマートフォン利用者の増大とともに，電子商取引（electronic commerce: EC）の市場規模は急速に拡大してきた。経済産業省の調査では，2018年の日本の企業と消費者との間（BtoC）に関するEC市場の規模は17兆9,845億円であり，その内訳は「物販系分野」が9兆2,992億円，「サービス

資料13-7　宅配便取扱個数の推移（単位：百万個）

出典：国土交通省「令和元年度 宅配便等取扱個数の調査及び集計方法」。

系分野」が6兆6,471億円,「デジタル系」が2兆382億円であった。

　宅配便市場に関する国土交通省の調査によると,2019年の宅配便取扱個数は43億2,300万個,その内訳はトラック運送が42億9,100万個,航空等利用運送が3,300万個であった。1985年以降の宅配便取扱個数の推移では,1988年に約9億1,100万個,1998年に約18億3,300万個,2008年に約32億1,200万個と急増しており,その大半がトラック輸送によるものであった（資料13-7）。

③ 宅配業界の人出不足

　財務省の資料によると,宅配便取扱個数の増加と配達ドライバーの雇用の増加とは対応しておらず,配達ドライバー一人当たりの荷物取扱数は急増している。時給上昇などの要因は労働者にとっては良い条件になるが,もともと営業収益に対する人件費の割合の高い宅配業界では,人件費の引き上げや雇用者数の増大は簡単ではないことなどが指摘されている。

　首藤若菜は,データを用いた詳細な分析をおこない,配達ドライバーに限らず,トラックの運転手全体での人手不足についてつぎのように説明している。人口減少,大学等への進学率の上昇,長時間や深夜に及ぶ仕事のため男性が多く雇用されてきたという現実があること,それに加えてトラックの運転手の賃金が低下してきており「仕事は辛くとも稼げる」といったこの職業の魅力が薄れてしまってきていること,従来は運転手の仕事ではなかった運送以外の作業（ex.荷物の積み下ろし）の増加などを理由として,新しく若手がこの業界に入ってこなくなっていること等が理由となっている。

▷3　国土交通省「令和元年度宅配便等取扱個数の調査及び集計方法」。

▷4　財務省『ファイナンス』57(7),2018年。
▷5　首藤若菜『物流危機は終わらない』岩波書店,2018年。

（参考文献）
厚生労働省『一般職業紹介状況（職業安定業務統計）』各年版。
経済産業省『平成30年度我が国におけるデータ駆動型社会に係る基盤整備（電子商取引に関する市場調査）』2019年。
国土交通省『令和元年度宅配便等取扱個数の調査及び集計方法』2020年。

（推薦文献）
今野晴貴『ブラックバイト』岩波書店,2016年。
大内裕和・今野晴貴『ブラックバイト 増補版——体育会系経済が日本を滅ぼす』堀之内出版,2017年。
NHK取材班『外国人"依存"ニッポン』光文社,2019年。

コラム 8

ウォルマート化と「格差社会」

『21世紀の資本』の衝撃

　長期的な経済不況のもと，社会の根底に横たわる格差問題が生活の様々な場面で明るみになるなか，トマ・ピケティ『21世紀の資本』の出版は，大きな衝撃をもって世界に受け入れられることになった。彼の主張は，経済成長による格差の縮小を説くこれまでの通説と異なり，資本主義経済は将来的にも格差が拡大する傾向にあり，経済成長が格差の縮小に結実した前世紀における成長こそ例外のパターンに過ぎないという，極めて刺激的な内容をもつものであったからである。まさに時代の寵児として，メディアに頻繁に露出する彼の姿

『21世紀の資本』（みすず書房，2014年）

を記憶している読者は少なくないだろう。「格差」問題を流通との関わりでどのように考えるかは，流通論を学ぶ私たちにとって極めて重要なトピックといえよう。

ウォルマート型ビジネスモデルの光と影

　ここで紹介したいのは，アメリカで注目された地域社会の「ウォルマート化（Walmartization）」の議論である。ウォルマート化とは，世界一の小売販売額を誇るスーパー，米国ウォルマートの社名を用いた造語である。ウォルマート社のビジネスモデルの革新性については，ＥＤＬＰ（everyday low price）戦略や製販連携型情報システム＝リテール・リンクの先駆的導入など，周知の通りである。だがこの造語の主旨は，同社の世界的成功やビジネスモデルの革新性に関する光の部分ではなく，影の部分にある。

　そこには，同社のローコスト経営を後方で支える低賃金や正規雇用率の低さ，低水準の福利厚生，組合活動の禁止など，従業員管理の内容への厳しい批判が込められている。ウォルマート化とは，同社に象徴される今日の大規模小売企業の大々的なチェーン展開が，地域社会に与える負の経済効果を表現する批判的コンセプトに他ならない。

ウォルマート化の進展と地域社会の低所得化

　重要なのは，ウォルマートに象徴される大規模小売チェーンの流通活動が，取引先をはじめ，競合関係にある他の小売企業に模倣され広く浸透してゆくことによって，地域社会全体の低所得化が社会的に進行してゆく点だ

ろう。メーカーや納入業者に対する小売チェーンの低価格での仕入れ強要は，彼らをコスト削減のための賃金カットや非正規雇用の増大，さらには生産拠点の海外移転などへと誘導する。また有力小売チェーンの新規出店は，進出先の競合する小売企業に，同様のローコスト経営を可能にするウォルマート型モデルの採用を余儀なくさせる。地域社会の低所得化が進行し，勤労者に量販チェーンでの低価格商品の購買選択を余儀なくさせるシステムが，社会的に形成されてくることになる（ウォルマート化の詳細については，原田英生

（ウォルマート化に関する一報道）

出典：True News（The Bund）2015. 5. 15.

『アメリカの大型店問題』有斐閣，2008年を参照いただきたい）。流通のなかでも小売部門は，飲食・サービス業と並んで，非正規雇用や長時間・深夜営業など不安定就労と低所得を代表する部門でもあり，まさに今日の「格差社会」を象徴する経済領域といえよう。

（大野哲明）

IV

流通論の新しい潮流

第14章　フードデザート問題と流通

 フードデザート問題とは何か？

1　日本における買い物弱者と買い物難民問題

　食と健康は密接につながる。食生活が偏り低栄養状態にある高齢者は，全体の17.9％に達する。こうした高齢者の居住地は，特定のエリアに集中する傾向にある。このことは，何らかの地理的要因（生活環境要因）の悪化が，高齢者の食生活を規定していることを示唆する。

　高齢者の食生活に悪影響を及ぼす要因の一つが，買い物利便性の低下であろう。2000年代初頭から，買い物弱者や買い物難民という言葉を耳にするようになった。これらは，中心商店街の空洞化などにより最寄りの買い物先を失い，生活が不便になった人々を意味する，日本独自の用語である。2010年5月に経済産業省の審議会「地域生活インフラを支える流通のあり方研究会」は，買い物弱者は全国で推定600万人に達すると報告した。また，2011年8月には農林水産省が日本全国の人口分布と食料品の位置関係を実際に算出し，自宅から500m以内に生鮮食料品店がなく，かつ自家用車を所有していない65歳以上高齢者が，全国に約380万人存在すると指摘した。この数は年々増えている。

　ただし，問題は買い物先の減少だけではない点に注意が必要である。たしかに買い物先空白地帯は，食生活が悪化した高齢者の割合が相対的に高い。しかしこうした高齢者たちの多くは，買い物不便だけでなく，社会や家族からの孤立や貧困などの問題も抱えている。後者のほうが深刻である場合も多い。買い物環境だけを見ていては，物事の本質を見失う恐れがある。

2　海外におけるフードデザート問題

　一方，フードデザート（食の砂漠：FDs）とは，1990年代に欧米で研究が始まった学術用語である。FDs は，買い物環境の悪化そのものよりも，その背後にある社会的排除（Social Exclusion）に力点が置かれている。本来公共であるべき社会サービスからの弱者排除の構図の一部として，住民の食生活に目を向けたものが FDs 問題である。

　イギリスをはじめとした欧米諸国では，1970～90年代半ばに中心商店街の空洞化と大型店の郊外出店が顕在化した。その結果，まちなかに取り残された低所得者層やエスニック・マイノリティ，シングルマザー，こうした世帯の子どもたちなどの，いわゆる社会的弱者を中心に，買い物環境が悪化した。研究開

▷1　厚生労働省『平成28年 国民健康・栄養調査結果の概略』（2016）厚生労働省。https://www.mhlw.go.jp/file/04-Houdouhappyou-10904750-Kenkoukyoku-Gantaisakukenkouzoushinka/kekkagaiyou_7.pdf（最終閲覧日：2020年6月10日）

▷2　農林水産政策研究所「食料品アクセス（買い物弱者・買い物難民等）問題ポータルサイト」（2015）https://www.maff.go.jp/j/shokusan/eat/syoku_akusesu.html（最終閲覧日：2020年6月10日）

始当初のイギリスでも，FDs 問題を買い物弱者と類似する定義で捉えていた。しかし現在では，買い物環境だけでなく，地区の平均所得（≒人種・民族構成）や公共交通機関の充実度，教育水準，ファストフード店の集積などの包括的な生活環境（建造環境：built environment）が，住民の食生活を規定していることが分かっている。

3 フードデザート問題の本質と定義

　同様のことは日本にも該当する。FDs とは，広義には「何らかの生活環境の悪化により，地域住民が健康的な食生活を営むことが困難となった地域」である。国や地域によって，FDs の性質は大きく異なる。筆者はこれまでの研究成果を踏まえ，日本における FDs を，①社会的弱者（高齢者，低所得者など）が集住し，②買い物利便性の悪化［買い物先の減少：食料品アクセスの低下］と，家族・地域コミュニティの希薄化［相互扶助の減少：いわゆるソーシャル・キャピタル（以下，SC）の低下］のいずれか，あるいは両方が生じた地域と再定義した。これらは，少子高齢化を前提とした東アジア型の FDs といえるだろう。

　資料14−1 は，FDs の発生要因を地域別に模式化したものである。都市から遠く離れた農山漁村などの縁辺地域（remote rural area）では，食料品店の消失や公共交通機関の不足が FDs を誘引している。その一方で，家族間や地域コミュニティの相互扶助が，高齢者の生活不便を一定程度補っている。一方，大都市中心部は相対的に買い物環境に恵まれている反面，SC は低い。SC が低下すると，買い物代行やお裾分け，悩み相談といった，家族や近隣住民からの支援が受けにくくなる。また，社会からの孤立も誘引する。社会から孤立し健康的に生きる意欲を喪失した高齢者は，たとえ近所に食料品店があっても，偏食になりがちである。

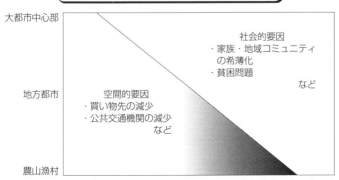

資料14−1　地域別にみるフードデザートの発生要因

出典：岩間信之編『改訂新版 フードデザート問題——無縁社会が生む食の砂漠』2013年，178頁を一部改変。

▷ 3　岩間信之編著『都市のフードデザート問題——ソーシャル・キャピタルの低下が招く街なかの「食の砂漠」』農林統計協会，2017年。

参考文献

経済産業省『地域生活インフラを支える流通のあり方研究会』（2010）https://www.mhlw.go.jp/shingi/2010/07/dl/s0720-2f.pdf（最終閲覧日：2020年6月10日）

第14章　フードデザート問題と流通

 フードデザート問題の発生要因と流通論の重要性

 空間的要因（食料品アクセスの低下，デジタルデバイド）

　本節では，空間および社会的側面から，フードデザートの発生要因を整理する。空間的要因の第一は，食料品アクセスの低下である。周知のとおり，大型店の出店規制緩和が始まった1990年代以降，大型店の郊外出店とそれに伴う中心商店街のシャッター通り化が全国で進んでいる。自動車を日常的に利用する人々にとって，多様な機能を有する郊外型大型店は便利な買い物先である。その一方，最寄りの店舗の減少は，高齢者を中心とした交通弱者の買い物行動を阻害する。資料14‐2は買い物弱者（食料品アクセス困難人口）の推計値である。この表から，65歳以上高齢者では24.6％，75歳以上高齢者では33.2％が，物理的に買い物が困難な状況であることが分かる。さらに，2000年代初頭に進められた路線バスの補助制度改正と規制緩和も，地方におけるバス路線の縮小と買い物困難者の増加に拍車をかけている。

　要因の第二として，デジタルデバイドの拡大が挙げられる。ICT の進展により，私たちの生活は便利になった。ネットサーフィンやソーシャルメディア，動画配信サービスなどは，われわれの生活に深く根付いている。ウェアラブルデバイス（アップルウォッチなど）を活用した健康管理なども人気であるし，自動車の自動運転も現実味を帯びている。ネットスーパーやアマゾンなどの通信販売市場の成長も著しい。直近10年における通信販売市場平均成長率は7.1％であり，2018年度における市場規模は 8 兆円を上回る[1]。その一方で，デジタル

▷ 1　日本通信販売協会『2018年度通信販売市場売上高調査』（2019）https://www.jadma.or.jp/statistics/sales_amount/（最終閲覧日：2020年 6 月10日）

資料14‐2　食料品アクセス困難人口（2015）

	65歳以上 a				75歳以上割合 (b/a)		
		65歳以上人口割合	75歳以上 b	75歳以上人口割合		65歳以上	75歳以上
全国	8346	24.6	5335	33.2	64.9	21.6	42.1
三大都市圏	3776	23.3	2194	29.5	58.1	44.1	68.9
東京圏	1982	23.2	1112	28.6	56.1	59.3	89.2
名古屋圏	609	21.5	407	30.8	66.8	18.5	43.7
大阪圏	1185	24.4	675	30.2	57	37.5	57.8
地方圏	4470	25.9	3161	36.4	70.7	7.4	28.1

出典：農林水産政策研究所「食料品アクセス（買い物弱者・買い物難民等）問題ポータルサイト」（2015）https://www.maff.go.jp/j/shokusan/eat/syoku_akusesu.html（最終閲覧日：2020年 6 月10日）

デバイドという新たな問題も生じている。13〜59歳までの世代では，インターネット利用者は全国で95％を上まわり，スマートフォン保有割合も80％に達している。その一方で，上昇傾向にはあるものの，高齢者におけるインターネット利用率は相対的に低い（80代以上では57.4％）。地域別では，東京都や大阪府などではインターネット利用者が90％を大きく上回る反面，岩手県や秋田県などの一部の県では，同値は80％前半に留まっている。このことは，地方在住の高齢者を中心に，ICTの恩恵を受けられない情報弱者が存在することを意味する。

2 社会的要因（人口高齢化，SCの低下，貧困化）

流通論の視点以外にも，FDsの発生要因は存在する。なかでも人口の少子高齢化，家族・地域コミュニティの希薄化，貧困の拡大といった社会的要因の影響は大きい。我が国における生産年齢人口（15歳以上64歳以下）は，1990年代以降減少を続けている。その一方で老年人口（65歳以上人口）は増加を続け，2017年現在の65歳以上高齢化率は27.7％に達している（総務省人口推計）。独居高齢者の増加も深刻である。家族構成では，世帯主が65歳以上の単独世帯比率の上昇が著しい。また都市部では，独居の高齢者や学生，高学歴ホワイトカラー女性，外国人など，社会・経済的背景の異なる人々の混住化・多様化が進んでいる。単独世帯の増加や住民の混住化は，家族・地域コミュニティ（地域レベルのSC）の醸成を難しくさせる。家族や社会から孤立した高齢者は生活の張りを失いやすく，かつ老化が急速に進むため，健康的な食生活の維持が困難となる。また，近年では相対的貧困率も増加しており，2015年の段階で15.6％に達している。内訳をみると30歳代未満が全体の27.8％と最も多いが，65歳以上高齢者も18.0％に達する。貧困は住民の食生活悪化に直結する。

3 流通論の重要性

これまで，FDs問題は主に地理学や農業経済の分野で論じられてきた。しかし，これらの多くはFDsを空間的要因から捉えたものであり，店舗の「分布」（いわゆる立地論）が議論の中心であった。一方，食料品店の実際の品ぞろえや，買い物困難地域における食料品店の持続性，中小小売店が持つ物販以外の機能（例えば高齢者の交流拠点など）などの，店舗の「質」に着目した研究はごくわずかである。これらは，商業まちづくり論の領域であろう。

さらに，社会的要因に関しては，社会学や疫学，福祉などの分野で，SCの低下や貧困の現状などが精緻に分析されている。これらはきわめて有益な研究成果である。しかし，4節でも言及する通り，地域コミュニティ（社会的紐帯）の再生やフードバンクなどのFDs問題対策を具体的に検討・実施するためには，流通論からのアプローチが不可欠となる。こうした点からも，FDs研究における流通論の重要性が確認できる。

▷2 総務省「令和元年通信利用動向調査」(2020) https://www.soumu.go.jp/main_content/000689454.pdf.（2020年10月29日最終閲覧）

▷3 厚生労働省『平成28年国民生活基礎調査 結果の概況』(2017) https://www.mhlw.go.jp/toukei/saikin/hw/k-tyosa/k-tyosa16/index.html （最終閲覧日：2020年6月10日）

▷4 詳しくは第17章を参照。

参考文献

国立社会保障・人口問題研究所2008.『日本の世帯数の将来推計（全国推計）』（最終閲覧日：2020年6月10日）http://www.ipss.go.jp/pp-ajsetai/j/HPRJ2008/t-page.asp（最終閲覧日：2020年6月10日）

第14章　フードデザート問題と流通

3 日本におけるフードデザートの性質

① 大都市中心部におけるフードデザートの実態

　本節では，これまでの FDs 研究を，大都市中心部，地方都市，および縁辺地域に分けて紹介する。大都市中心部は食料品店が相対的に多い反面，SC が低い傾向にある。東京都内はスーパーマーケットが相対的に少なく，かつ階段や坂道が多い。そのため，買い物弱者が多いという指摘も散見される。しかし，東京都心部で店舗の品揃え（**食料品充足率**）と移動の負荷（土地の高低差）を加味して食料品アクセスを計算したところ，当該地域の大多数のエリアでは，健康的な食生活を送るのに十分な食品群を，徒歩移動で入手可能であることが分かった[1]。

　筆者をはじめとした研究グループは，高齢者の食生活を計測するため，食品摂取多様性調査を実施した。多様性得点が基準値以下（低群）の高齢者は食生活が偏っており，低栄養に陥るリスクが高い。大都市中心部での調査の結果，住民の55.2%が多様性得点低群であることが分かった。高齢者の食生活は，個人的要因（年齢，性別など）のほかに，家族・地域とのつながり（集団参加・近隣住民とのつながり）や所得によって，大きく変化することが分かった[3]。

② 地方都市におけるフードデザートの実態

　地方都市の場合，食料品アクセスと SC の双方が，FDs 問題に影響を与えている。資料14-3は，地方都市 B 市における低栄養リスク高齢者集住地区の分布を示す。B 市は東京近郊の地方都市であり，いわゆる新住民向けの住宅団地が卓越す市域西部と，農業を営む旧住民が多い東部から成る。スーパーをはじめとした商業施設は西部に集中しており，東部には買い物先空白地域が広がる。アンケート調査の結果，住民の53.5%が低栄養のリスクの高い食生活を送っていることが分かった。低栄養リスク高齢者が多いのは，中心市街地および郊外の農村地域であった。なかでも中心市街地における食生活の悪化は深刻であった。低栄養リスクをもたらす要因としては，スーパーまでの距離（1 km 離れるほど，多様性得点低群となるリスクが10%増加）と集団参加の有無（趣味のサークルに参加していない人は，参加している人に比べて，低群となるリスクが20%増加）が析出された。中心市街地では集団参加（SC），農村部ではスーパーまでの距離（食料品アクセス）が強く効いていると考えられる。

▷**食料品充足率**
住民が健康的な食生活を維持するために必要な食品を，各食料品店がどの程度充足しているのかを計測する方法。一般にスーパーや移動販売車は80%以上，食料品の多いコンビニで60%程度，一般のコンビニやドラッグストアは40%以下である。個人商店の値は多様であるが，総じて40%以下である（岩間信之・今井具子・田中耕市・浅川達人・佐々木緑・駒木伸比古・池田真志。「食料品充足率を加味した食料品アクセスマップの開発」『フードシステム研究』2018年，25：81-96）。

▷1　岩間信之・浅川達人・田中耕市・佐々木緑・駒木伸比古・池田真志・今井具子「高齢者の生活環境とフードデザート問題――食料品充足率調査を用いた買い物環境の再評価。流通」『日本流通学会誌』2019年，44：111-119。

▷2　熊谷修・渡辺修一郎・柴田博・天野秀紀・藤原佳典・新開反省二・吉田英世・鈴木隆雄・湯川晴美・安村誠司・芳賀博「地域在宅高齢者における食品摂取多様性と高次生活機能低下の関連」『日本公衆衛生雑誌』2003年，50：1117-1124。

▷3　岩間信之編著『都市のフードデザート問題――ソーシャル・キャピタルの低下が招く街なかの「食の

資料14-3 　B市における低栄養リスク高齢者集住地区の分布

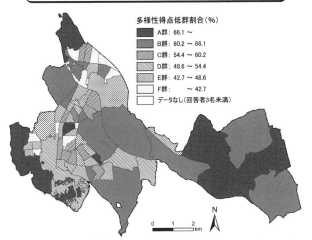

多様性得点低群割合（%）

- A群：66.1 〜
- B群：60.2 〜 66.1
- C群：54.4 〜 60.2
- D群：48.6 〜 54.4
- E群：42.7 〜 48.6
- F群：　 〜 42.7
- データなし（回答者3名未満）

出典：岩間信之編著『都市のフードデザート問題——ソーシャル・キャピタルの低下が招く街なかの「食の砂漠」』農林統計協会，2017年。

③ 縁辺地域におけるフードデザートの実態

　都市地域から離れた縁辺地域（≒限界集落）では，食料品アクセスの悪化がFDs問題の主要因となる。資料14-4は，西日本の縁辺地域であるC町における，食衣料品充足率（生鮮食料品）を加味した食料品アクセスマップである。C町は買い物先空白地帯が広く，かつ食料品充足率40%以下の店が過半を占めている。このことは，自家用車が無ければ十分な食材を確保することが困難であることを意味する。

　C町では自家用車での買い物が一般的であるため，買い物の困難さを訴える声は相対的に少ない。ただし，ドライバーの大半は高齢者である。また住民同氏の助け合い（SC）や，自家菜園なども，生活環境の維持に寄与している。しかし，低栄養リスク高齢者は極めて高い（75.4%）。このことは，近い将来に健康を害する恐れのある高齢者が多いことを意味する。

資料14-4 　食料品充足率（生鮮食品）を加味した食料品アクセスマップ

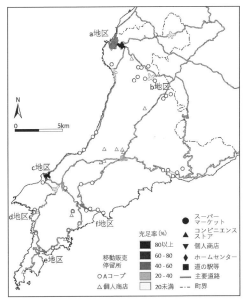

充足率（%）
- 80以上
- 60-80
- 40-60
- 20-40
- 20未満

- ● スーパーマーケット
- ▲ コンビニエンスストア
- ▼ 個人商店
- ◆ ホームセンター
- ■ 道の駅等
- 移動販売停留所
- ○ Aコープ
- △ 個人商店
- ━ 主要道路
- -・- 町界

出典：岩間信之・浅川達人・田中耕市・佐々木緑・駒木伸比古・池田真志・今井具子・瀬崎彩也子・野坂咲耶・藤村夏美「縁辺地域における住民の買い物環境評価」『E-journal GEO』2020年，15（2）：200-220。

砂漠』農林統計協会，2017年。

中村恵美・浅見泰司「経済的アクセス困難性からみた大都市中心部におけるフードデザート問題の実態把握と規定要因——東京都港区麻布・高輪地区を対象に」『日本建築学会計画系論文集』2019年，756：437-445。

▷4 　食料品充足率40%以上の店舗は，近隣住民の低栄養のリスクを下げる（健康的な食生活の維持に寄与する）効果を有することが分かっている（浅川達人・岩間信之・田中耕市・佐々木緑・駒木伸比古・池田真志・今井具子。「食料品充足率を加味したアクセス測定指標による食品摂取多様性の分析——高齢者の健康的な食生活維持に対する阻害要因のマルチレベル分析」『フードシステム研究』2019年，26：21-34。）。

参考文献

浅川達人・岩間信之・田中耕市・佐々木緑・駒木伸比古・池田真志・今井具子。「食料品充足率を加味したアクセス測定指標による食品摂取多様性の分析——高齢者の健康的な食生活維持に対する阻害要因のマルチレベル分析」『フードシステム研究』2019年，26：21-34。

第14章　フードデザート問題と流通

 ## フードデザート問題対策の課題と流通の役割

 フードデザート問題対策の整理

　本節では，FDs・買い物弱者支援事業（以下，支援事業）の課題を整理する。買い物弱者報道が過熱した2000年代初頭，新たなビジネスという視点から，全国で移動販売車事業などが展開された。しかし，買い物弱者という言葉が独り歩きする一方で，学術的な実態調査は追いついていなかった。その結果，予想に反して利用者が集まらず，事業開始後数年で廃業するケースが相次いだ。大きな反省点である。

　資料14-5は，これまでの支援事業を整理したものである。内容を類別すると，食事会の開催などの「共食型」，配食，買い物代行，宅配サービスなどの「配達型」，買い物場の設立や移送サービス，移動販売などの「アクセス改善型」に整理される。事業展開としては，本業と関係のある範囲で支援事業を行う「**事業拡大型**」，支援事業とは直接は関係のない事業主体による「**異業種参入型**」，異業種が連携する「**異業種連携型**」，企業，行政，研究者，地域住民が連携する「**産官学民連携型**」，特定の企業が行政と連携して高齢者福祉などを担う「福祉事業化型」，採算性の高い新たなビジネスを展開する「新ビジネス型」に分けられる。

▷**事業拡大型**
生協による移動販売車事業などが該当する。
▷**異業種参入型**
鉄道会社による，自社が分譲した住宅団地での移動販売車事業などが該当する。
▷**異業種連携型**
JAとヤマザキパンの連携による過疎地域での小売店舗運営などが該当する。
▷**産官学民連携型**
いばらきコープ移動店舗ふれあい便（茨城県牛久市）などが該当する。

資料14-5　FDs・買い物弱者支援事業を類型化

活動内容	事業展開
共食型	事業拡大型
配達型	異業種参入型
アクセス改善型	異業種連携型
	住民ボランティア型
	産官学連携型
	福祉事業化型
	新ビジネス型

出典：筆者作成。

社会的紐帯の再生に向けた取組

　都市部ではおもに社会的要因が高齢者の食生活を悪化誘引している。都市型FDsの対策例として，買い物先が少なくなった地方都市の高齢化団地で活動する「暮らし共働館なかよし」が挙げられる（資料14-6）。この事業は，資料14-5の「住民ボランティア型」に該当する。なかよしは地域住民が運営する

NPO法人であり，買い物場の運営だけでなく，地域コミュニティの活動拠点としても重要な働きをしている。なかよしの活動は重労働であるが，ボランティアの住民たちは生き生きと働いている。この活動に参加して地域住民とのつながり（地域の紐帯）が構築されたと喜ぶ高齢者も多い。また，地域の事情に精通する同組織は，児童の貧困問題にもいち早く気付き，こども食堂やこどもサロン（一種の学童保育）を開始している。こうした点も高く評価できる。

資料14-6　なかよしの店内

出典：筆者撮影（2020年6月）

❸ 支援事業の公共化・福祉化

縁辺地域での支援事業は，決して儲かるビジネスではない。商圏人口が年々縮小する地域で移動販売車や買い物バス等を巡回させても，採算確保は難しい。生協などの企業は，縁辺地域の生活環境を守るため，採算度外視で支援事業を続けている。また，住民の自助・共助によって生活環境が支えられている地域も多い。しかしこれらには限界がある。

縁辺地域の特筆すべき支援事業として，鳥取県で移動販売車を運行する安達商事の「あいきょう」が挙げられる。この事業は，資料14-5の「福祉事業化型」に該当する。同社は全国の支援事業のモデルともなった企業であり，長らく中山間地域で採算性の高いビジネスを展開してきた。しかし，近年同社もついに赤字となった。しかしながら，地域を熟知し住民に信頼された「あいきょう」の継続は，地域にとって公益である。そこで現在，地元自治体が当該事業を公共事業（福祉事業）に位置づけ，経済的に支援している。

❹ 流通の課題

持続的な支援事業を展開するには，利益の確保が必要である。筆者には専門的な提言はできないが，都市部の「新ビジネス型」に可能性を感じている。また，ビッグデータをうまく利用すれば，「具体的に誰が，どこで，具体的にどのような支援を必要としているのか」を示すFDsマップを全国スケールで作成できる。この地図は支援事業の一助となるだろう。一方，縁辺地域の事業は公共の視点で考えるべきである。

新型コロナ感染予防の自粛生活を通して，われわれはフィジカルな行動のリスクを学ぶと同時に，店舗に足を運ぶ楽しさも再認識した。この楽しさを共有することが，支援事業の基本であろう。少子高齢化の最前線である日本は，世界から注されている。支援策への流通分野からの貢献が期待される。

日本における欧米型フードデザート問題発生の可能性

欧米型のフードデザートとは？

　現在の欧米と日本では，フードデザート問題（以下，FDs）の性質が異なる。現在の日本では，買い物先の減少などにより健康的な食生活維持が困難となった高齢者が，FDs の主な被害者である。一方，欧米では，外国人労働者や低所得者層を中心とした「貧困問題」や「ファストフードの蔓延」などが，FDs 問題の本質である（欧米型 FDs）。筆者が一年ほど暮らしたイギリスの某都市では，商店街の空洞化は日本ほど進んではおらず，買い物環境は総じて良好であった。にもかかわらず，FDs を肌で感じた。たとえばイギリスでは，多くの人がフィッシュ＆チップス（フライドフィッシュとフライドポテト）を食べていた。作り立てのフィッシュ＆チップスはとても美味しく，かつ価格も手ごろである。しかし，こればかり食べていたら健康を害するだろう。

イギリスの食料品店

　イギリス生活で驚いたのが，スーパーマーケットチェーン各社の品ぞろえの差と，インド系やイスラム系，アジア系などの食材を専門に扱うエスニック・ストアの多さである。街なかには，いわゆる富裕層が使う高級スーパーが散見される。そこでは，鮮魚や精肉，生鮮野菜などが豊富に取り揃えられている。その一方で，外国人労働者をはじめとした所得の低い人々は，価格の安いスーパーマーケットチェーンをよく使う。そこでは生鮮食品はほとんど扱っておらず，冷凍食品やスナック菓子類が充実している。まちなかでよく目にする個人経営の雑貨店（corner shop）も，生鮮食品はほとんど扱っていない。こうした店で冷凍食品や菓子類をまとめ買いする住民を，しばしば見かけた。

　イギリスは多文化社会であり，多様な文化的背景を有する人々がともに暮らしている。住民の食文化も多様である。ムギ，コメ，イモといった主食の違いや調理・味付けの差，地域的な食材（日本の納豆など），食のタブーと宗教的制限（イスラム教のハラールフードなど）のように，食文化には故郷の地域性が色濃く反映される。食文化はアイデンティと深く結びついており，当人やその家族が他国に移住しても，移住先（ホスト社会）で故郷の食文化が踏襲されやすい。そのため多文化社会では，エスニック・ストアは必須である。

日本における欧米型フードデザート拡大の危険性

　イギリスと比べ，日本は健康食を志向するお国柄であろう。和食は栄養バランスが良く低脂肪・低カロリーであるため，理想的な健康長寿食とされる。しかし日本でも，1985年以降肥満率が右肩上がりに増えている。日々の食事の目を向けると，生鮮食品の支出額が減る一方で，単身世帯を中心に，中食や外食の割合が高まっている。

冷凍食品の消費量も伸びている。最近では質の高いチルド食品なども開発されているが，こうした食品の大量摂取がもたらす健康被害に警鐘を鳴らす研究も多い。

　前述のように，欧米型FDsでは外国人を含む貧困世帯が主な被害者となっている。なかでも立場の弱い子どもたちの肥満などの健康被害は深刻である。欧米ではこうした子どもたちに対し，フードバンクや子ども食堂などが実施されている。残念ながら日本でも，子どもの貧困は他人事ではない。しかし，日本ではこうした支援が，まだまだ不足しているように感じる。外国人労働者への支援も同様である。日本は慢性的に労働力が不足しており，外国人労働者の力を必要としている。しかし，こうした人々の生活環境に対しては，あまり関心が向けられていない。これはホスト国として問題であろう。最近，外国にルーツのある子どもたちに対する日本語学習支援が注目されている。素晴らしいことである。しかし，現在の日本では，海外の食材が安価に手に入るエスニック・ストアが不足しているように感じる。このことは，外国籍の子どもたちに肥満が多いことと，決して無関係ではないだろう。

　日本はアジア型FDsの最前線であり，多くの対策が進められている。しかし，欧米型のFDsを誘引するファストフードの蔓延や貧困の拡大は，世界的にみられる現象である。決して日本も他人事ではない。私たちは欧米型のFDs問題も注視する必要があるだろう。

（岩間信之）

第15章　食品ロスと流通

 食品ロスとは何か？

 食品流通と需給調整の特徴

　フードサプライチェーン（FSC）における小売店立地に関して都市と地方の空間的ギャップを中心に論じるフードデザート問題に対し，近年ではFSC内の時間的ギャップについても大きな注目が集まっている。その1つが時間の経過とともに食品が腐敗することで発生する「食品ロス」である。設定された賞味期限が厳格に守られていることは当然であるが，厳格すぎる商習慣や，外食産業の過剰な食中毒対策によりまだ食べられる食品が廃棄されたりすることを私たちはあまり知らない。

　実は，まだ食べられるにもかかわらず期限が近くなった食品は，小売店の棚から取り除かれ，卸売業が管理する倉庫の過剰在庫と一緒にメーカーに返品されることが多い。2019年の卸業者からメーカーへの返品額は，加工食品だけでも570億円にものぼるという（出荷額ベース，流通経済研究所推計）。また，食べ残しをもち帰ろうとしても食中毒を理由に飲食店が許可しないため，すべて廃棄されてしまう。外食産業の食べ残しによる食品ロスは年間約80万トンにも達する（農林水産省推計）。このように食品は，雑貨や耐久消費財に比べて生産から消費までの時間的ギャップが大きな課題となる。地域や国ごとに異なる食文化や公衆衛生対策の相違はあるものの，私たちは世界中で大量の食品が廃棄されていることを認識しなければならない。

　日本では，このようにまだ食べられるにもかかわらず捨てられる食品を「食品ロス」と定義しているが，その発生メカニズムは実に多様である（資料15-1）。またその発生量推計は，食品リサイクル法の対象となる不可食部を含む食品廃棄物を集計したのちに，食品ロス比率を調査し集計するため，発生年から遅れて公表される。そのため，執筆時点での最新データは2020年度となるが，その食品ロス発生量は522万トンで，内訳は食品事業者275万トン，家庭247万ト

▷販売機会ロス
食品ロスとして廃棄される際，費用がかかる。しかし，欠品した際にも「機会ロス（機会費用）」が発生すると経済学では考える。これは，仮に品揃えができていれば得られたであろう売り上げ分を損失と考えることである。確率を加味した廃棄費用が機会費用より安価ならば，もし廃棄されたとしても経済学的には正当化される。

資料15-1　食品ロスの範囲（概念図）

国内消費仕向量

食用以外（飼料用等）に向けられた量	粗食料		
	減耗量　食品ロス	不可食部分	食品使用料純食料（可食部分）　食品ロス
	①流通段階での減耗・期限切れ	・調理くず（野菜の芯，魚腸骨，米ぬかなど）	②直接廃棄（調理前食材のロス，調理済み食品のロス）③食べ残し④過剰除去（調理くずのうち可食部）

出典：農林水産省「食品ロス統計」に筆者加筆。

ン，発生量の傾向は，ここ5年は減少傾向がみられる。

　近年では，食べ残しや廃棄された食品がSNSなどにアップロードされたりメディアで報道されることが増えた。これまでにもコメを生産しない農家に補助金を配布する減反政策や規格外品の産地廃棄など，FSC上の過剰食品を需給調整する取組みには古い歴史があるが，それを食べて解決する政策はあまり実行されなかった。本章では，単価が低く生産調整が難しいFSCの特徴を踏まえ，食品ロス発生による諸課題を整理し，FSCの将来展望について考察する。

2 国内外の食品ロス調査と対策

　海外では食品の可食部と不可食部を区分して推計することはあまり一般的ではなく，Food Loss and Waste（以下，食品廃棄物）と表現されることが多い。世界で初めて食品廃棄物が集計されたのは1977年のアメリカであるが，それは単年度事業であり，年次調査を世界で初めて実施したのは日本であった。しかも，日本では2000年より「食品ロス統計調査」として，不可食部を除いた可食部だけを調査した点で画期的であった。しかし当時の対策は，2001年に事業者を対象とした食品リサイクル法が施行されたこともあり，不可食部と区分する必要のない食品リサイクルが対策の中心であった。日本の事業系食品リサイクルは，現在でも世界の最先端であるが，「3R」の最優先課題である「Reduce（発生抑制）」対策は遅れてしまったのである。

　しかし，2011年に国連食糧農業機関（FAO）が世界各地域別の食品廃棄物の発生量を発表してから大きな転機が訪れる。2015年にSDGs（持続可能な17の開発目標）が制定され，Target12.3に「世界全体の1人当たりの食料の廃棄を半減させる」という文言が盛り込まれたのである。

3 食品ロス問題と経済リスク

　世界の目標が設定されたとはいえ，その実現は簡単ではない。FSC（製造業，卸売業，小売業，外食産業）に消費者を加えた各主体が，できるだけ取引上の経済リスクを避けようとした結果，現在の食品ロスが発生しているからである。したがって，その食品ロスを削減するためには，いずれかの主体が新たに経済リスクを受容する必要がある。そのリスクとは，大きく3つに分類される。1つは，店頭に商品からなくなる「欠品」により**販売機会**を失う「**在庫リスク**」，次に「賞味期限」や「消費期限」にかかわる「**品質リスク**」，そして見切り販売を繰り返すことで値下げが常態化する「**価格リスク**」である（資料15-2）。

▷**在庫リスク**
スーパーやコンビニのような接客をしないセルフ販売により増加してしまうことがある。八百屋などの個人店でみられる対面販売ならお店の人が品揃えが少ない理由や代替品を伝えることもできる。しかし，自ら商品を選んで買い物かごに入れる非対面のセルフ販売では，十分な量・種類で顧客を圧倒する量感陳列（Volume Display）により売上を増やそうとする。そのため，小売店では売れ残るかもしれないという在庫リスクを常に抱えながら大量に仕入れることになる。

▷**品質リスク**
食中毒になるかどうかだけではなく，新鮮で美味しいことも小売業の競争優位となる。そのため，少しでも鮮度が悪くなるとまだ食べられるにもかかわらず廃棄されることがある。

▷**価格リスク**
値下げすれば売れると安易に考える人もいるが，値下げが常態化し安売りの評判が広まれば，通常価格では誰にも買ってもらえなくなるという価格リスクに直面する。

資料15-2　需給調整に伴う食品ロスの発生を誘発する経済リスク

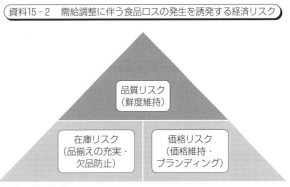

出典：筆者作成。

第15章　食品ロスと流通

2 フードサプライチェーンにおける食品ロスの発生原理

▷**過剰供給（Oversupply）**
伝統的な経済学では，供給超過のために発生する食品ロスは売れ残りを避けるため，いずれは生産抑制されると考える。しかし，実際には，捨てると分かっていながら過剰生産することがある。本章ではこれを供給過剰（Over supply）として，市場で調整される余剰（Surplus）と区別している。

▷**賞味期限**
期限を過ぎると食べられなくなる消費期限に対し，賞味期限とは，味や風味が維持される限度を意味しており，すぐに食べられなくなるわけではない。英語では前者を Use-by Date，後者を Best Before と区別しやすいが，日本語では発音が似ており紛らわしい。

▷**3分の1ルール**
1995年以降，製造日表示から期限表示に切り替わったことで国内に広まったといわれる。雑貨や家電ならば，返品された商品が他の流通チャネルで再販売されることも多いが，賞味期限がある食品はそれが廃棄されてしまうことが多い。

▷**延期-投機理論** →第8章 2 「延期型流通システムの展開」

▷1　マーケティング史学会『マーケティング学説史 アメリカ編Ⅱ』同文舘出版，2019年，83-102頁。

1 フードサプライチェーンの返品慣行——3分の1ルール

　小売店では，最後に来店した顧客にも十分な品揃えによって「おもてなし」をしないと次回から来店してもらえなくなるというほど，他店との競争が過熱している。コンビニエンスストアや外食産業では，フランチャイズシステムにより，本部は加盟店側のリスク負担で出店できるため，理論的にも Overstore（過剰出店）になりやすい。また品揃えについても，売上げのために加盟店へ大量の品揃えを促すことも一般化している。ただし，このような**過剰供給（Over-supply）**は，あくまでも消費者の需要に支えられている面もあるため事業者だけを非難しても解決しない。

　食品には賞味期限があるため，製造日から**賞味期限**までの残存期間が3分の2を切るとお店の棚から下げられ卸売業に返品される。また，卸売業では小売業からの発注にすぐ対応するために大量の食品を在庫している。しかし，残存期間が3分の1を切ると出荷できなくなり，メーカーに返品されている。このような加工食品の返品に関する商慣習を「**3分の1ルール**」という。2012年のアンケート調査（卸売業112社，製造業470社対象）では，小売業から卸売業へ返品された加工食品の21％，卸売業から製造業への返品では74％もの食品が廃棄された（金額ベースの実績値，流通経済研究所による）。

2 流通論における分析手法の応用と課題

　アメリカのマーケティング研究者であるルイス・P・バックリンが提唱した「**延期-投機理論**」は，流通チャネル分析の最も重要な理論的枠組みの1つである。そこでは，時間的ギャップを低コストで解消するために，サプライチェーンの途中で中間在庫をもつ意義が明確に示されている。在庫をもつ場合は見込み生産をするための多額の費用が事前に必要となることも示唆されている（投機）。一方，発注量がより確実になるまで生産を待って直接配送するメリットもある（延期）。これは，

資料15-3　返品後に焼却処分される食品

出典：「製・配・販連携協議会 総会／フォーラム」発表資料，2012年。

延期-投機のバランスを調整し，コストが最小となる流通チャネルを選択すべきであることを示しており，実践的な理論として日本では高く評価されている。

延期-投機理論は，FSCの分析においても欠品や予約後納品まで時間がかかると損なわれる消費者便益を最小化するため，卸売業による間接配送を組み込む意義を的確に示している。毎日3回の食料需要を充足しなければならないFSCに対し，空腹によるストレスや生命の危機にさらされる消費者は，長い納期を待ってくれることはない。そのため，通常FSCは農業，農協，食品メーカー，卸売市場，仲卸業者，小売業者，飲食店と多段階となることが多いことが同理論から説明できるのである。

一方で課題もある。この理論では，期限設定された食品の過剰在庫が食品ロスとなることによる外部性を説明できない。日本では一般廃棄物の処理を公的部門が負担していたり，途上国では腐敗による公衆衛生上のトラブル（感染症等）など様々な外部不経済を招いたりする。また，量感陳列による販売促進効果や食品の鮮度に関する消費者便益について明示的ではない点も，本理論では捨象されていると考えてよい。現在実務レベルで最も取組が進んでいるのは，過剰在庫の**見切り販売（Mark Down）**，IT利用の文脈でいえば**ダイナミックプライシング（Dynamic Pricing）**等である。小林（2020）は，Mark Downを小売業だけができることに注目して，「価格の延期」が，小売り業者のリスク回避的な行動を誘発し，過剰在庫が発生するメカニズムを明らかにしている。理論的にはチャネルを変更するなどして価格決定の主導権をメーカーと小売業がシェアすることが重要となる。

③ プロダクトマネジメントからデマンド・マネジメントへ

このように，メーカーに対する小売業者のバイイングパワーの歪みを是正することが重要である。小売業者からの値下げ圧力は強烈で，食品ロスは消費者からは**見えないコスト**であるため，3分の1ルールに従って返品してでも品揃えを充実している小売店の経営が成立しているのが現状である。

ではこのような問題を少しでも解消するには，Mark Down以外にどのような方法があるのだろうか。現在は農林水産省による「商慣習検討ワーキングチーム」により検討が進み，2019年10月時点で納品期限を2分の1などに緩和する取組が進んでいる。採用企業は，小売事業者は総合スーパー11社（売上シェア88%），食品スーパー60社（同25%）にまで増加している。今後は，消費者を含むFSC全体で課題を共有し，価格だけではない消費者の主体的な判断に依拠した需要のマネジメント（デマンド・マネジメント）も重視されるべきであろう。そうすることで，多少の欠品や無駄な品揃えを気にするよりも，高品質の食品の流通を通じた持続可能（サスティナブル）なFSCの構築が可能となる。

▷2 第15章1注「在庫リスク」参照

▷**見切り販売（Mark Down）とダイナミックプライシング（Dynamic Pricing）**
閉店間際になると，翌日まで在庫できない生鮮食品等を値引きして売り切ることがある。これを見切り販売（Mark Down）というが，セルフ販売では段階的にシールを張ることが多い。また対面販売では直接顧客に声掛けすることもある。近年ではAIを用いて，自動で時間の経過とともに連続的に値引きをするシステムが登場している。これをダイナミックプライシングという。

▷3 小林富雄『増補改訂版 食品ロスの経済学』農林統計出版，2020年。

▷**デマンド・マネジメント（Demand Management）**
本来は夏季のエアコン向け電力消費などで，システムがダウンしないように需要を管理するものである。システムがダウンすると，被害が消費者に及ぶことから，それを防ぐために消費者の協力を要請したりする。食品ロスも同様の社会問題ではあるが，すでに可燃ごみの処理方法が確立していることもあり，消費者の協力が得られにくい。

▷**見えないコスト**
廃棄コストのほかにも「一生懸命開発した商品が返品され，自分たちの手で燃やしてしまうのは心が痛む」など，メーカーからは悲痛な声が聞かれる。これは社員のモチベーションにかかわる「心理的コスト」といわれ，従業員や企業が負担する場合には組織マネジメント上の大きな課題となり得る。

第15章　食品ロスと流通

 外食産業の食品ロス問題

① 外食産業と食品ロス

　外食産業は，耐久消費財でいえば，半導体のような部品を仕入れて家電や車のような最終製品を作るセットアップメーカーに近い存在である。農産物を仕入れ，それをうまく組み合わせて味付け・調理し，最終製品に仕上げてゆく。ただし，海外ではホスピタリティ産業といわれているように，単に食事を提供するだけでなく，店内の様々な付帯サービスも提供している。その基礎となるのは，QSCマネジメントであるが，店舗や店員の醸し出す雰囲気やクイック・レスポンスなど，ホスピタリティを最大化することが飲食店経営の常識となっている。

　しかし，そのようなサービスも行き過ぎると，食品ロスの大発生を招いてしまう。社内の品質基準を下回っても食べられる食品は多いし，接客も過度に顧客本位になり過ぎると貴重な需給調整のコミュニケーションの機会を失うことにもなる。衛生管理は可能な限り厳重にやるべきだが，消費者はそれ相応のコストを負担したり労働者へ過度な負担を押し付けてしまっていることを忘れてはならない。もちろん，廃棄される食品の原価が安ければ低コストで衛生管理が可能となるが，品質を下げて消費者の目をごまかせるほど外食産業は甘い世界ではない。

　現在の日本の事業系食品ロス発生量は275万トン（2020年度）であるが，外食産業は81万トンと，食品製造業に次いで多く，そのうちの3分の2が食べ残しが占めていると推定されている。

② 世界の食文化と食べ残しの持ち帰り

　外食での食べ残しは日本だけの現象ではない。食文化のことわざで「中国人は味で食べ，日本人は眼で食べ，韓国人は腹で食べる」というものがあるが，中国では大皿料理，韓国では「パンチャン」というキムチなどのおかずを口にする度に追加され，必ずと言っていいほど食べ残しが発生させられる。アメリカでも戦後，レストランのポーション・サイズ（Portion Size：一人前分）が大きくなったことから食べ残しは多い。これらの国ではそれを廃棄しないように「ドギーバッグ（doggy bag）」という持ち帰りされることが一般的である。現在，中国・台湾では打包（ダーバオ），アメリカではTo Go Boxという呼称が一般的だが，「ドギーバッグ」は第2次世界大戦時に食料不足となった際，シ

▷ QSC マネジメント
現在では外食の店舗マネジメントの常識となっているが，マクドナルドの創業者レイ・クロックが掲げた理念（Quality：品質，Service：接客サービス，Cleanliness：清潔感）がその起源である。しかしその本質は，創業者の「マクドナルドはピープルビジネスである」という言葉からも分かるように，QSCに進んで取り組む人材育成にある。

▷打包（ダーバオ）
日本では食べ残しをもち帰りたいと思っていても，恥ずかしくて行動できないことが多い。しかし，中国でアンケートをするとほぼ100％の人が持ち帰りは良いことだとしたうえで実行している。言行不一致の日本の消費者行動を変容することは，非常に難しい。

アトルのホテルで「Bones for Bowser（骨を番犬のために！）」という食べ残しを入れる袋を食事客に提供したことの名残であるという。

　ヨーロッパ諸国ではドギーバッグは一般的でははなく，特にフランスではマナー違反とされている。しかし，1999年にEU内で食品廃棄物が埋め立て禁止（EU Landfill Directive）とされて以降，その発生抑制（Reduce）が少しずつ推進され，2015年には食品廃棄禁止法が施行されたことでドギーバッグ推進の動きが広まっている。2021年にはEGalim法（食料農業法）の中で，レストランがドギーバッグを断ってはならないという規制がスタートしている。なおフランスでは人が食べるものにドギーと名付けることに抵抗があるということで，グルメバッグ（Gourmet bag）という呼称が用いられている（資料15-4）。

3 食べ残しの持ち帰りと日本の消費者行動

　一般的に，このような食べ残しの持ち帰り行動には，消費者の心理的抵抗が伴う。特に日本では面倒だったりケチだと思われないか周囲を気にしたりして，持ち帰らないことも多い。しかし，最大の障害は食中毒が起こった場合の責任が飲食店に帰せられるという誤解にある。消費者が瑕疵を認めなかったり，保健所の立ち入り検査が悪い評判につながることを恐れたりして，日本の飲食店ではドギーバッグが禁止されてしまうのである。

　2009年に活動を開始したドギーバッグ普及委員会は，リターナブルで携帯性の高いドギーバッグを開発し，ドギーバッグを解禁する方法を飲食店に情報発信してきた。その中に，「飲食店にご迷惑かけない範囲で持ち帰りを認めてほしい」という自己責任カードを会員に配布する啓蒙活動がある。2017年5月には，農林水産省，厚生労働省，消費者庁などが「飲食店等における「食べ残し」対策に取り組むに当たっての留意事項」として，持ち帰り時の消費者の**自己責任**に言及するに至った。それまで，消費者はあくまでも保護の対象となりやすかったため，画期的な通達となった。そして2019年10月には食品ロス削減推進法が施行され，政府や自治体を巻き込みながら飲食店での食べきりやドギーバッグ利用を推進する活動が全国的に広がっている。

　現在，日本の多くの飲食店ではドギーバッグが解禁されつつあるが，あくまでも「消費者から頼まれたら注意喚起を前提に許可する」段階である。アメリカでは，店員から食べ残しを持ち帰るよう顧客に声掛けするほど積極的な飲食が多い。大阪府が2020年に実施した実証実験では，消費者の「持ち帰りたいという気持ち」と「声をかけてほしいという気持ち」には相関があり，自分からはなかなか言い出せない実態が示唆されている。飲食店から声をかけるには，まだまだ消費者の責任問題が解決されておらず，今後も両者が歩み寄る仕組みを模索し続ける必要がある。

資料15-4　フランス・グルメバッグロゴ

出典：グルメバッグHP（http://gourmetbag.fr/ 最終閲覧日：2022年6月24日）

▷自己責任
自己責任とは，自分が責任をとれる場合に負うべきものである。しかし，日本では責任を取れない個人に責任を押し付けることを懸念し，それがタブー視されることがある。本来，それは「自己犠牲」と表現すべきものであり，自己責任を果たすことをタブー視すべきではない。

第15章　食品ロスと流通

 食の過剰性と貧困問題

① 流通における適正配分の機能不全

　国連世界食糧計画（WFP）によると，2018年の世界の飢餓人口は 8 億2,160万人（9 人に 1 人）であり，20億人以上の人々（大半が低・中所得国に住んでいる）が安全で栄養のある十分な量の食料への定期的なアクセスができないといわれている。1998年にノーベル経済学賞を受賞したアマルティア・センは，1943年のベンガル飢饉では生産量が前年より多かったにもかかわらず価格高騰により飢饉が発生したことから，飢餓は食料の絶対量の確保だけでなく，それを分配するメカニズムに大きな問題があることを実証した。近年でも潤沢とはいえないまでも大豆などの生産性は伸びており，飼料作物を大量に消費する肉食消費をコントロールできれば，飢餓発生を抑制することができるという研究結果もある。

　市場経済のもとで食料需要を満たすためには，対価として消費者が相応の金額を支払うか，自ら食料を生産して自家消費するしかない。そのため，お金も土地も持たない人は生命の危険にさらされる。政府が関与する社会政策においては，生活保護による生活費の支給や教育等の自立支援などのいくつかの手段がある。しかし，いずれも手続きを含めて効果を発揮するまでに時間と労力を要するため，非営利団体（NPO）などによる緊急支援が行われている。食料問題は，かつて「南北問題」という国家間格差の問題であったが，現在は国内格差の深刻度が増していることから，民間主導の食料支援である FSC の「福祉チャネル」化は重要になりつつある。

② フードバンクによる食品ロスを用いた福祉チャネルの開拓

　日本では食品リサイクル法に基づき，不可食部を含む過剰な食料は堆肥や飼料にする**食品リサイクル**により廃棄を免れることが増えた。その成果もあり，2018年時点で事業系（製造業，卸売業，小売業，外食産業）食品廃棄物の85％がリサイクルされており，これは世界でもトップレベルである。しかし，「3R の原則」に従えばリサイクル（再利用）よりも，リデュース（発生抑制），次いでリユース（再使用）を優先したほうが環境負荷は小さくなるとされる。しかし，先述したとおり様々な取組が進んでいるものの，事故や自然災害などでも偶発的に発生する食品ロスのリデュースには限界がある。

▷**フードバンク（Food Bank）**
過剰な食品を福祉に利用する活動である。アメリカで1960年代にはじまったが，フランスでは1980年代，韓国では1990年代，日本では2000年にスタートした。

▷**食品リサイクル**
食べられない食品廃棄物でも処理できるため，埋め立てや焼却処理を抑制しようとする国々で実践されている。飼料化や肥料化が一般的だが，その他に嫌気性発酵により発生するメタンガスで発電したり，キノコ栽培で使用する菌床の原料にするなど様々な用途が試されている。

売れ残りやパッケージの印字ミスなどもあり，大量に発生する「食べられるのに販売できない」商品を福祉に活用する取組がフードバンクである。アメリカではフードバンクにより過剰な食料を生活困窮者に融通することが一般的で，ニューヨークでは富裕層が食べ残した高級レストランの料理をパックに入れてもらい，自らホームレスに振る舞う光景をみかけることもある。日本では，2019年時点で100を超えるフードバンク団体が活動し，年間4〜5,000トンの食品ロスを有効活用している。しかし，アメリカでは年間136万トン，フランスやドイツでは約20万トン，韓国でも約10万トンの食料をフードバンクで取り扱っている。寄付が少なくフードバンク活動が活発化しない日本において，今後どのような福祉チャネルの構築を目指すべきなのであろうか。

③ 食品寄付によるソーシャルキャピタルの再構築

営利企業は自社利益の最大化により雇用創出と納税を通じて社会貢献する。近年では，本業を通じた**共有価値の創造（CSV）**が企業による社会課題の解決につながる取組として注目されており，食品流通に関わる企業も例外ではない。

販売できない食品の寄付を通じて社会課題を解決することは，廃棄物の削減にもつながるが，実際はそう簡単ではない。寄付食品のために仕分けし，寄付先を探し，それを安全に管理して輸送しなければならないため，廃棄したほうが効率的な場合もある。また食品関連企業は，食中毒などのトラブルが発生により自社ブランドが毀損されることを強く懸念している。アメリカなど諸外国では，寄付食品によるトラブルの責任を寄付者に課さない免責法（グッド・サマリタン法）があるが，日本には存在しない。

一方で，日本のフードバンクは食品寄付以外の様々な取組を進めており，FSC の福祉チャネル化による社会課題の解決に挑んでいる。例えば，小田原で活動する NPO 法人「報徳食品支援センター」は，高齢者に特化した「買い物代行サービス」を実施している。フードバンク活動には様々な資金が必要だが，買い物代行の収益を活動資金の一部としつつ，生活困窮者への寄付食品の配達も同時に行う一石二鳥の取組である。利用する高齢者も，1回500円で複数個所の店舗の買い物代行をしてもらえるため，新型コロナ等やインフルエンザなどの感染リスクをなくすサービスとして好評であるという。

このようにフードバンク活動は，食品を寄付するだけではなく，「食」を通じて社会課題を解決する様々な活動を展開しつつある。孤立により貧困は助長されるが，それを防ぐ人同士のつながりをソーシャルキャピタル（社会関係資本）という。オーストラリアのフードバンクである Oz Harvest の CEO，Ronny 氏は「食はマグネットであり，コネクターである」としてフードバンクをソーシャルキャピタル再生活動と位置付けている。FSC がフードバンクのような福祉チャネルを内包する活動は，今後ますます重視されるだろう。

▷ソーシャルキャピタル（Social Capital）
フードバンク活動は，他の食品ロス削減対策よりも多額の費用と多くのボランティアを必要とする。しかし，環境対策ばかり意識すると，活動の効果を近視眼的に捉えてしまうことになる。食が持つコミュニティ形成機能は，食品ロス削減を通じて生まれる重要な副産物として認識し，積極的に取組を進める必要がある。

▷共有価値の創造（CSV: Creating Shared Value）
企業による経済利益活動と社会的価値の創出，つまり社会課題の解決を両立させること，およびそのための経営戦略のフレームワーク。

コラム 10

日本の「チラシ」文化と食品ロス

日本にチラシ文化が根付いた背景

　新聞の折り込み広告（以下：「チラシ」）をみて，食品スーパーへ買い物に行ったことがある人はどれくらいいるのだろうか？　近年はインターネット広告に押され気味の「チラシ」が，食品スーパーにとっては今でもMark Down による特売を告知するツールとして欠かせない。

　「チラシ」が日本ほど普及している国は海外では珍しい。その理由は新聞メディアの購読率が非常に高いことにある。世界新聞協会が公表している2019年度の「世界の新聞発行ランキング」によると，1位読売（日本）8,115万部，2位朝日（日本）5,604万部，と日本勢がツートップを独占し，3位以下に Dainik Bhaskar（インド），cankao Xiaoxi（中国）へと続く。日本の新聞社の発行部数には，残紙が含まれているため注意が必要だが，人口比でみれば日本の数字は突出している。

スポット特売戦略（HILO）の功罪

　チラシ特売は，集客と売上の増加というメリットがある反面，顧客が値下げ期待をして通常価格では購入しなくなったり，特売日に顧客が集中することで労務管理や在庫管理が煩雑になったりするデメリットもある。さらに食品小売業はチラシを発行する際にかかる様々な費用を負担しており，メーカーや卸売業者などのベンダーは，小売店からの様々なプレッシャーを受けながら欠品防止のために大量の予備在庫をもつのが習慣化している。もちろん各企業単位では無駄をなくすためかなり厳格に在庫管理を行うのだが，サプライチェーン全体でみると発注数が実需よりも大きく上振れしている。本章で取り上げた3分の1ルールは，過剰在庫を返品可能とすることにより，チラシ特売を下支えする側面がある。日本のフードサプライチェーンは，欠品のない品揃えによるハイレベルな棚づくりを実現したが，一方で食品ロスを発生させやすい構造に陥ってしまっているのである。

　このような，チラシ特売による低価格戦略を Hi-Low Pricing（HILO）という。一方，近年では常時値引をしている Everyday Low Pricing（EDLP）も増えている。EDLP は表のとおり，「チラシ」に関わるコストを値下げの原資に回すことができるが，その他にも HILO にはないメリットは多く，海外では EDLP を採用する企業は少なくない。

新型コロナ対策としての「チラシ」自粛と将来展望

　実は，新型コロナによる緊急事態宣言があった2020年5月から7月頃まで，国内の多くの食品スーパーが一斉に「チラシ」を自粛していた。そこで筆者は，自動発注のシステムベンダーの協力を得て西日本に100店舗程度

図表1　EDLPとHILOの比較

	EDLP	HILO
顧客メリット	いつでも，全ての商品が安価に購入できる。	特売商品が安い日に行くと，極めて安価に購入できる。
顧客デメリット	他店の方が安い商品もある。	バーゲン以外の商品は，他店より高いことが多い。
店舗の販促手法	チラシ制作など販促費用を抑え，その分を商品の値下げ原資に回す。	チラシや量感的陳列により特売品の価格をプロモーションする。
店舗の利益の源泉	一品一品の薄利多売により利益を積み上げる。	赤字のバーゲン品と一緒に購入する「ついで買い」により利益を積み上げる。

出典：筆者作成。

を有する小売チェーンの内部データを用いて，2014年から2020年までの5月の購入客数（≒来店客数）と需要予測精度の変化を分析した。その結果，チラシの自粛により購入客数のばらつきが減り需要予測の精度が向上したことが明らかとなった。また，売り上げを増加させながらも，一部店舗では統計学的有意に平均購入客数が減少した店舗もみられた。つまり，購買客数の平準化と客単価の上昇が同時に発生し，来店客数を増やさずに売り上げが増加した事実が確認されたのである。現場担当者へのヒアリングでは，平準化の結果，食品ロスも減少したことも示唆され，今後のフードシステムの発展方向が垣間見られた瞬間となった。ただし，2020年8月に入ると多くの食品スーパーはチラシ特売を復活させてしまった。

　なぜ日本の食品スーパーはHILOを止められないのであろうか。その根本的な原因には，都市部の店舗過剰問題がある。商圏内の競合店が増え，競争が激しくなればなるほど自店舗だけチラシを止めるわけにはいかなくなる。もし仮に，今後来店客数の平準化のためにHILOの見直しが進めば，落ち着いた消費行動を前提とした効率的なフードサプライチェーンが構築されるかもしれない。その結果，食品ロスが減る可能性もある。しかし，現在の店舗過剰が解消されないまま，インターネット販売がさらにシェアを伸ばしてしまうと，将来的に店舗間競争はさらに強まり品揃え競争により食品ロスが増加する可能性が高い。デジタル化が進むポストコロナ時代，食品スーパーの「チラシ」の行方を見守りたい。

（小林富雄）

第16章　環境問題と流通

 地球環境問題と法整備

▷日本の温室効果ガスの総排出量

温室効果ガスの総排出量は，2014年度以降 6 年連続で減少しており，実質 GDP 当たりの温室効果ガスの総排出量は，2013年度以降 7 年連続で減少している。その要因としては，省エネや，再生可能エネルギーの拡大や原子力発電所の再稼働等が挙げられる。再生可能エネルギーとは，温室効果ガスを排出せず，国内で生産でき，エネルギー安全保障にも寄与できる，太陽光・風力・地熱・中小水力・バイオマスといった，永続的に利用可能だと認められるエネルギー源から生み出されるエネルギーのことである。

▷最終処分場の残余年数

現存する最終処分場（埋立処分場）が満杯になって使用できなくなるまでの残り期間の推計値。新規施設数が増加すれば残余年数は増加するが，近年では規制強化や住民の不安感などの要因で新規施設の設立が難しく，総排出量減や再資源率増によって残余年数の増加を図ることが望ましい。

▷持続可能な開発

「持続可能な開発」とは，1987年に，国連の「環境と開発に関する世界委員会（WCED）」の最終報告書である「ブルントラント報告書」で大きく取り上げられた概念であり，「将来の

1 環境問題の広がり

　環境問題はいつの時代にも起こるものであるが，日本において環境問題が広く認識されるようになったのは，高度経済成長期の1950年から1960年頃に，水俣病，新潟水俣病，イタイイタイ病，四日市ぜんそくといった，いわゆる四大公害病が表面化してからであろう。1970年代に入り，四大公害病は患者側の全面勝訴という形で一応の終息をみせたが，そのころには天然資源の枯渇，オゾン層破壊や地球温暖化といった新たな環境問題が顕在化した。

　これらの新しい環境問題がそれまでの公害問題と異なる点は，発生源や被害地が非常に広いことである。例えば，2020年度の**日本の温室効果ガスの総排出量**は，11億5,000万トン（CO_2換算）であるが，その内訳は工場等の「産業部門」が34.0％，自動車等の「運輸部門」が17.7％，商業・サービス・事業所等の「業務その他部門」が17.4％，「家庭部門」が15.9％など多岐にわたっており，一部の誰かが対策をすれば解決できるというものではない（環境省「2020年度の温室効果ガス排出量（確報値）」）。地球環境問題の解決には，環境保全技術の革新はもちろん，社会経済システムの見直しや消費者意識の改革も必要であり，非常に広範囲で長い時間をかけた取組が求められるのである。

　同じく，非常に広範囲な取組が求められるものにごみ問題がある。1960年に891万トンであった日本のごみの総排出量は，90年には5,026万トンと，30年間で 5 倍以上に膨れあがり（『日本の廃棄物処理』（各年度版）環境省，『環境白書』各年度版），1990年の**最終処分場の残余年数**は一般廃棄物で7.6年，産業廃棄物で1.7年と逼迫した。この対策として，廃棄物の排出を抑制し，できる限り資源を再使用および再生利用して環境への負荷を減らすという持続可能な開発をめざす動きが起こった。

2 循環型社会と 3R

　持続可能な開発をめざすということは，限りある資源を現在の世代だけで開発し尽くさないように，将来の世代も長く利用できるように環境を保全するということである。そのためには，消費者が使用した後の製品が廃棄物になることを抑制し，排出された廃棄物のうち有益なものはできる限り資源として活用し，環境への負荷をできるだけ減らす必要がある。

　循環型社会の形成を推進する基本的な枠組みとして2000年に定められた循環型社会形成推進基本法は，廃棄物を処分する際の優先順位を，まずは廃棄物等の発生抑制（リデュース），次に再使用（リユース），そして再生利用（リサイクル），熱回収，適正な処分の確保と明示している。このうち，特にリデュース，リユース，リサイクルは「3R」と呼ばれ，循環型社会をつくるためのキーワードとなっている。

　この3Rにおいて，公害問題のときには脇役であった流通が，非常に重要な役割を担うようになる。

③ 循環型社会形成のための法整備

　公害問題や環境破壊の解決に向けて1967年に公害対策基本法，1972年に自然環境保全法が制定されたが，その後，より複雑化・多様化する地球環境問題に対応するために，1993年に**環境基本法**が制定された。

　さらに，2000年に「循環型社会形成推進基本法」が制定され，1971年に公害問題に対応するために設置された環境庁は，2001年に改組されて環境省に格上げされた。

　廃棄物のリサイクルに関する法律としては，環境基本法の下に，容器包装リサイクル法（1995年），家電リサイクル法（1998年），食品リサイクル法（2000年），建設リサイクル法（2000年），自動車リサイクル法（2002年），小型家電リサイクル法（2013年）といった個別法が制定され，資源の再生利用が促進された。バージン資源よりも再生利用された資源の方が高価な場合は，どうしても環境に優しい商品の価格が上がってしまうが，その場合であっても需要を確保できるよう，2000年に公的機関が率先して環境負荷低減に資する製品・サービスの調達を推進する「国等による環境物品等の調達の推進等に関する法律」（グリーン購入法）が整備された。

　このように法整備を行い，循環型社会形成を目指した3Rの推進，不法投棄対策の強化などが行われた結果，一般廃棄物のごみ総排出量は2000年の5,483万トンをピークに減少に転じ，2020年度のごみ総排出量は4,167万トン，このうち，焼却，破砕・選別等による中間処理や直接の資源化等を経て，最終処分量は364万トン，最終的に資源化された量（総資源化量）は833万トンで，リサイクル率は20.0％となった。また，一般廃棄物の最終処分場の残余年数は2020年に22.4年，産業廃棄物の最終処分場の残余年数は2019年に16.8年となっている。

世代の欲求を満たしつつ，現在の世代の欲求も満足させるような開発」をいう。

▷**環境基本法**
環境基本法が掲げる基本理念は，「環境の恵沢の享受と継承」，「環境負荷の少ない持続的発展が可能な社会の構築」，「国際的協調による地球環境保全の積極的推進」の3つである。

第16章　環境問題と流通

 流通論における環境問題の位置づけ

　「静脈流通」概念の登場

　市場システムを研究対象としてきた従来の流通論では，商品は生産者から消費者までの一方向にしか流れないものであり，商品が消費者に販売され，生産者や流通業者が利潤を得た時点で流通は完了する。したがって，その後消費者がどのようにその商品を利用し，廃棄するのか，廃棄後の商品がどのように処理されるのかといったことが問題とされることはほとんどなかった。

　しかし，循環型社会の形成が重要課題となったことで，廃棄物を回収し，リユース，リサイクルして環境への負荷を軽減させるべきだとの社会的要請が高まってきた。そこで，廃棄物の流通を従来の商品流通と同じ研究対象として扱うべく，従来の流通を動脈流通，廃棄物の流通を静脈流通と呼ぶようになった。こうして流通全体を人体の血液循環になぞらえたことで，商品流通と廃棄物流通はつながっており，どちらが滞っても循環型社会が成り立たないということが一目瞭然となった。

②　循環型社会における流通システム

　資料16 - 1 は静脈流通を市場に含めた流通システムである。従来は四角で囲まれた動脈流通のみを流通と呼んでいたが，循環型社会を目指すためには，点線で囲まれた静脈流通も含めた，角丸長方形で示された循環型チャネルを構築しなければならない。

　動脈流通は商品の原材料を地球の自然資源と環境から抽出し，生産，流通，消費を行い，消費し終わった商品を廃棄してきた。その際，環境破壊や公害問

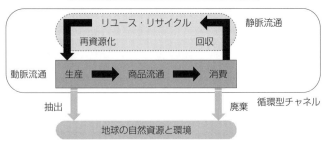

資料16 - 1　循環型社会における流通システム

出典：筆者作成。

題を引き起こす資源の抽出や廃棄の問題は経済的取引の外に置かれ，**外部不経済**をもたらしてきた。

環境への負荷に伴って社会全体に生じる費用は，本来，当該の財やサービスの市場価格に反映させることによって，市場の中で処理されるべきであろう。しかし，第1節で示したとおり，現在の環境問題は地球規模の広がりをもっており，被害者と加害者の直接交渉によって外部不経済の内部化を行うことは不可能である。したがって，**課税**や補助金，法整備などによって内部化を行おうとした。

③ 流通論における環境問題の位置づけ

環境問題は流通論の研究対象領域を広げたといってよいだろう。

静脈流通という概念自体は新しいものであり，従来の商品流通とは様々な異質の性格をもっているが，しかし従来の商品流通から全く切り離されたものではなく，流通論としての研究的連続性をもつものである。言い換えれば，従来の商品流通に対する長年の研究成果があるからこそ，その理論との差異を比較検討する形で研究を進めていくことができるのである。

また，動脈流通と静脈流通の違いを考察する中で，行政，企業，消費者の役割を新たに考え直すことにもなった。動脈流通では，チャネル参加者のいずれがより多くの利潤を獲得するかでコンフリクトが生まれるが，循環型チャネルにおいては，利潤だけではなく，チャネル参加者のいずれがコストを負担するかでコンフリクトが生まれるというのも，従来の流通論の延長として考えられる対立構図である。

さらに，静脈流通の出発点から排出された「ごみ」は，無価値または負の価値をもつものであり，そのままでは市場システムに乗らない「商品」である。しかし，循環型社会を形成するためには，この市場システムに乗らない「商品」を流通させる必要がある。循環型チャネルの研究対象が，こうした非市場や無価値物または負の価値をもつ財にまで広がったことにより，商品の価値がどのようにして生まれるのかといった，古典的で，しかし今なお研究対象とされている学問分野にまで議論が及ぶ。

▷外部不経済
ある経済主体の活動が市場での取引を通さず，第三者に何らかの影響を与えることを外部効果といい，その影響が，影響の受け手から見て望ましい場合は外部経済，望ましくない場合は外部不経済という。「公害」は外部不経済の典型例である。

▷課税
単位生産量当たりの外部不経済の限界費用に相当する税額を私的限界費用に付加して社会的限界費用に一致させ，税込み市場価格を引き上げて，生産量を抑制する生産物課税のことを，最初の提唱者 A.C.ピグーにちなんで，ピグー税と呼ぶ。

第16章　環境問題と流通

 流通業における環境対策とその意義

▷カーボン・オフセット
カーボン・オフセットとは，消費者，企業，行政，NPO/NGO 等すべての社会構成員が，自らの温室効果ガスの排出を認識し，主体的にこれを削減する努力を行い，削減が困難な部分の排出量については，他の場所で実現した温室効果ガスの排出削減・吸収量等（クレジット）を購入することや，他の場所で排出削減・吸収を実現するプロジェクトや活動を実施すること等により，その排出量の全部または一部を埋め合わせるという考え方である。オフセットの手法には，クリーンエネルギーの開発や，森林保護，植林といった事業への投資等がある。

▷再生利用実施率の達成目標
2019年 7 月12日に公表された基本方針で，2024年度（令和 6 年度）までに食品製造業は95％，食品卸売業は75％，食品小売業は60％，外食産業は50％を達成するよう目標が設定されている。食品小売業の具体的な取組は，食品循環資源を肥料・飼料として活用し，育てた農畜産物あるいはその加工品等を商品として店舗で販売する，食品リサイクル・ループの構築や，企業の枠を超え，地域のフードバンクを活用し，必要としている人に食品を届ける，などである。

① 店舗内における環境対策

　一般社団法人日本スーパーマーケット協会発行の『2020年環境報告書』では，店舗活動に伴う環境対策として，(1)店舗における温室効果ガス排出抑制と省エネの推進，(2)店舗活動に伴う廃棄物の 3R の推進，(3)**カーボン・オフセット**の導入，(4)自然保護・生物多様性対策があげられている。

　店舗における温室効果ガス排出抑制と省エネの推進としては，まず店舗全体のエネルギー消費量を把握したのち，省エネ機器の導入，店舗設備・店舗建築の改善，新エネルギーの導入（太陽光発電，小型風力発電，太陽光採光など），またこれらのエネルギーをより効果的に活用するために断熱材，複層ガラス，屋上緑化等の導入などがなされている。

　店舗活動に伴う廃棄物の 3R 推進としては，まず，日々の販売数の管理を厳密化させることで毎日の発注精度を高め，営業努力の強化により売り切り販売を実現し，加えて売れ残り商品の発生抑制の工夫による廃棄ロスやコスト削減などで廃棄物のリデュースに取り組んでいる。さらに，使用済み容器等のリユースの機会を増やし，廃棄物を極力リサイクルし，食品リサイクル法に基づく**再生利用実施率の達成目標**を，2024年度までに60％としている。

　カーボン・オフセットの取組としては，店舗で排出される CO_2 などの温室効果ガス排出量を把握し，その上で主体的に削減努力を行うとともに，削減が困難な部分については別の手段を用いて排出量に応じた温室効果ガスの削減活動をしている。

　自然保護・生物多様性対策としては，店舗，屋上・壁面の緑化，植栽維持管理，間伐材の活用，植樹，里山管理などに取り組んでいる。

② エシカル消費（倫理的消費）への対応

　近年，人や社会・環境に配慮した消費行動であるエシカル消費に注目が集まっている。

　海外においてエシカル消費が社会に広く認知されたのは，企業の社会的責任が声高に追究されるようになった1990年代であるが，日本における認知度はまだ低い。2016年に消費者庁が実施した「倫理的消費（エシカル消費）に関する消費者意識調査」によれば，「倫理的消費」「エシカル」という言葉の認知度は

それぞれ6.0％，4.4％だという。しかし他方で，国立環境研究所で2016年に行われた「日本人の環境意識についての世論調査」では，「気候変動や温暖化を少しでも減らすためにはあなた自身の生活や習慣を変えねばならないと思いますか」という質問に対し，「そう思う」（27％）と「ややそう思う」（46％）をあわせて73％となり，環境問題への関心の高さがうかがえる。したがって，エシカル消費の潜在的市場規模は高いと考えてよいだろう。消費者の要望に対応するために，流通業者は率先して環境配慮型商品や**フェアトレード**商品等を取り扱うことになると思われる。

エシカル消費のなかでも，特に流通と環境の視点からみると，**地産地消**は重要な取組である。地産地消は，食料を遠くから輸送したり長期間保管したりする場合に比べて，排出される CO_2 を抑えることができ，流通過程が短くなることで流通コストも抑えられる。そして，生産者が直接販売することで，少量の産品や，不揃い品，規格外品も販売可能となり，廃棄も抑制できる。

③ 環境対策に取り組む意義

地球環境問題は年々その深刻度を増しているとはいえ，流通業者が営利企業である限り，採算度外視で地球環境問題に取り組むわけにはいかない。一方で，法令遵守という受け身の形で環境問題に取り組んでも，他社との差別化にはならず，ただコストが嵩むだけということになりかねない。本業がおろそかになったり，思いも寄らないコストが発生したり，従業員にとっても負担になりかねない環境対策に，企業が前向きに取り組むためには，やはり経済的・社会的メリットが必要である。

メリットとして考えられるのは，まず，省エネや省資源，作業の効率化によってコストを削減することができることであろう。また，社会が求める環境対策に積極的に取り組むことで，企業の社会的責任を果たすことができ，その結果として企業イメージが上昇すれば，他社との差別化を図ることができる。顧客からの信用度が増し，売上・利益が向上することも期待できるだろう。

顧客満足だけでなく従業員の満足度やロイヤリティが向上することで，社員の離職率が減ったり，新規採用が容易になったり，人材不足の解消につながる可能性もある。

また，近年では世界的に **SDGs／ESG 金融**と呼ばれる，持続可能な開発目標（SDGs）や，環境，社会，ガバナンス情報（ESG）を考慮した投融資行動をとる傾向が拡大しており，環境対策を積極的に行うことで，融資を受けやすくなる可能性もある。

▷**エシカル消費（倫理的消費）**

エシカル消費には，エコマーク商品やリサイクル製品，持続可能な森林経営や漁業の認証商品といった「環境への配慮」，フェアトレード商品，寄付付きの商品といった「社会への配慮」，障害者支援につながる商品といった「人への配慮」，地産地消や被災地産品の応援といった「地域への配慮」も含まれる。

▷**フェアトレード**

発展途上国の農作物や製品を適正な価格で継続的に購入することにより，経済的に立場が弱い生産者や労働者に仕事の機会を作り出し，生活改善と自立を目指す貿易の仕組みのこと。

▷**地産地消**

地域生産・地域消費の略称であり，地域で生産された農林水産物や資源を，その生産された地域内において消費することを意味する。

▷ **SDGs／ESG 金融**

SDGs（Sustainable Development Goals；持続可能な開発目標）とは2030年までに，貧困や飢餓，エネルギー，気候変動，平和的社会などの諸目標を達成するための国際連合が主導する活動であり，ESG 金融とは，企業分析・評価を行ううえで長期的な視点を重視し，環境（Environment），社会（Social），ガバナンス（Governance）情報を考慮した投融資行動をとることを求める取組である。日本サステイナブル投資フォーラムの調査によれば，2019年3月末時点のサステイナブル投資残高合計は336兆396億2,000万円であり，前年比45％増である。

第16章　環境問題と流通

 流通に関する新しい環境ビジネス

リデュースを促進するシェアリング・エコノミー

　廃棄物の発生抑制方法の一つとして注目を集めているシェアリング・エコノミーとは，「個人等が保有する活用可能な資産等（スキルや時間等の無形のものを含む。）を，インターネット上のマッチングプラットフォームを介して他の個人等も利用可能とする経済活性化活動」（内閣官房シェアリング・エコノミー促進室）である。個人間の取引を重視しているものではあるが，「共有」という観点から，企業が保有する資産等の共有も，シェアリング・エコノミーとしてとらえることができる。

　シェアリング・エコノミーの代表的なものとして，**カーシェアリング**がある。カーシェアリングとは，自分の車をもたずに，必要なときのみ車を共同利用するシステムである。すでにカーリースやレンタカーというサービスはあったが，カーシェアリングはインターネットを利用した申込みや決済，IoT による追跡機能等により，来店する手続が不要であり，利用時間も15分単位など短時間であることが多く，手軽さや便利さが受けて，急速に普及している。

　共同利用という方法で資源の有効利用に貢献することのできるシェアリング・エコノミーは，商流は伴わないが，物流と情報流が非常に重視される環境ビジネスとして，今後も成長が見込まれている。

② リユースを促進する CtoC 取引

　リユースを促進する環境ビジネスとして，昔からリサイクル・ショップに代表される古物商は存在していた。しかし近年急速に発展してきたのは，**古物商許可**の要らない，ネットオークションやフリマアプリを利用した，CtoC（Consumer to Consumer：個人間取引）の取引である。なかでも2012年頃に登場したフリマアプリと呼ばれるスマートフォンのアプリケーションを介した CtoC 取引の成長は著しく，2017年にはネットオークションの CtoC 取引をフリマアプリによる CtoC 取引が上回った。

　ネットオークションでもフリマアプリでも，取引されている商品の種類はあまり変わらないが，ネットオークションは高価なブランド品や電化製品，ホビー品が多いのに対し，フリマアプリではアパレル・雑貨等が多い。アパレル商品は，商品を手にとって確かめたいという傾向が強いため，ネットオークショ

▷**カーシェアリング**
2010年頃から急激に増加をみせたカーシェアリングの会員数は，2018年には132万人，車両台数は2万9,208台となり，2008年から2018年の10年間で会員数は約400倍，車両台数は約50倍に増加している（環境省「平成30年度リユース市場規模調査報告書」令和元年）。

▷**古物商許可**
中古品の転売をビジネスとして行う古物商になるためには，古物商許可申請という行政手続が必要であり，古物商は古物営業法という法律で規制される。ネットオークションサイトやフリマアプリで自分のものを販売する場合は，古物商許可が不要であるが，古物を仕入れて販売したり，古物を買い取って修理して販売したりする場合には，古物商許可が必要となる。

ンではそれほど取り扱われていないが，フリマアプリでは多く取引されている。フリマアプリの取引が容易であるため，気に入らなかったり，サイズが合わなかったりした場合には，また売却すればよいと考える利用者が多いのだという。また，ネットオークションの利用者層は幅広く，法人による出品も多いが，フリマアプリは若年層，女性，主婦等が中心であり，取引の主体は個人である。さらに，ネットオークションはできるだけ高い値段で売りたいと考えているのに対し，フリマアプリでは，利用しない持ち物を手軽に処分したいと考えていることも大きな違いである。

　注目すべきは，フリマアプリがネットオークションの市場を奪っているわけではないということである。フリマアプリが急激な伸びを示している状況下で，ネットオークションも市場規模を拡大させているのである。

　こうして，ICT のプラットホームで，流通の出発点も最終点も消費者である CtoC 取引が発展することにより，より多くのリユースが行われ，循環型社会の形成が進むと考えられる。

③ リサイクルを担う循環型チャネルの構築と維持

　リサイクルを担う循環型チャネルの構成員は，市場システムに依拠した生産者や流通業者といった営利企業と，非市場的な活動を行う消費者や行政であるが，循環型チャネルは，自動的に安定性をもち，調和の取れたシステムとして，長期間にわたって維持されるものではない。なぜなら，企業も消費者も行政も，コスト負担をなるべく避けようとするからである。現時点で長期間にわたって維持されている循環型チャネルとしては，家電リサイクル法のもとで行われている，エアコンのリサイクルなどが挙げられる。エアコンという廃棄物を出す消費者も，それを回収してリサイクルする業者も，法律で定められているためにそうせざるを得ない。また，古紙のリサイクルも古くから行われている。かつて，多くの古紙回収業者がビジネスとして成り立っていたのは，素材としてのパルプの輸入価格が高騰すれば古紙を回収し，パルプの輸入価格が暴落すると，古紙の価格も暴落するので回収を止める，といった市場システムで需給調整が行われてきたからである。もっとも，近年，行政の補助金による古紙の回収が増加したことから供給過多となり，古紙の価格は暴落し，古紙回収業者はビジネスとして成り立たなくなっている。

　これらのことから，循環型チャネルを長期間にわたって安定的に維持するためには，構成員のコンフリクトを緩和するための法的規制や市場システムの存在が不可欠であることがわかる。

(推奨図書)

野村佐智代・佐久間信夫・鶴田佳史編著『よくわかる環境経営』ミネルヴァ書房，2014年

コラム 11

レジ袋有料化とライフスタイルの変化

海洋プラスチックごみ問題とレジ袋

　2020年7月から，日本でプラスチック製レジ袋の有料化が義務づけられた。対象となるのは，プラスチック製レジ袋を扱う小売業を営む全ての事業者であり，主な業種が小売業ではない事業者（製造業やサービス業）であっても，事業の一部として小売業を行っている場合は有料化の対象となる。

　この背景にあるのは，海洋プラスチックごみ問題である。海岸に流れ着く大量のプラスチックごみによる景観の悪化などは随分前から問題視されていたが，近年では，海流に乗って漂い続けたプラスチックごみが時間の経過とともに劣化し，5mm以下のマイクロプラスチックと呼ばれる小さな粒になり，海洋生物に悪影響を及ぼす事がわかってきた。もっと小さな1mm以下のプラスチックはマイクロビーズと呼ばれ，プランクトンとほぼ同じ大きさであるため，海の食物連鎖に紛れて，有害物質とともに人間の身体に入ってくることが心配されている。

　このような海洋プラスチックごみ問題は，世界全体での取組が急務であるという共通認識のもと，国際的な枠組みで議論されるようになった。2019年6月に日本で行われたG20大阪・サミットでは，2050年までに海洋プラスチックごみによる追加的な汚染をゼロにすることを目標に，「G20海洋プラスチックごみ対策実施枠組」が承認された。そして，そのプラスチックごみ削減の一環として，レジ袋の有料化が義務づけられたのである。

プラスチックのリサイクル

　2018年の環境省の「海洋ごみの調査」によれば，全国10地点に漂着したプラスチックごみのうち，レジ袋の占める割合はわずかだという。したがってレジ袋の有料化によってレジ袋の使用が減少しても焼け石に水であり，それよりもプラスチックをリサイクルする方が良い，という意見もある。実際，日本のプラスチックリサイクル率は世界的に見ても高いのであるが，プラスチック循環利用協会によれば，その内訳は，マテリアルリサイクル23％，ケミカルリサイクル4％，サーマルリサイクル66％の合計84％だという。このサーマルリサイクルというのは焼却など熱処理をしてそのエネルギーを利用するものであり，環境に優しいという点で，疑問をもたざるを得ない。やはり3Rはリデュース・リユース・リサイクルの順で達成されるべきであり，そのためには消費者の意識改革が必要である。

レジ袋有料化後のライフスタイルの変化

　環境省の「令和2年11月レジ袋使用状況に関するWEB調査」によれば，レジ袋有料化前にはレジ袋を1週間使わなかった人が30.4％だったが，レジ袋有料化後の12月には71.9％もの人がレジ袋を1週間使わなかったと答

えたという。

　また，プラスチックごみ問題への関心が高まったことで，どのような行動や意識の変化があったかという質問に対しては（複数回答），「もともと持っていたマイバックをさらに使うようになった」75.1％，「マイバック（エコバック）を購入した」27.1％についで，「レジ袋以外のプラスチック製品のリサイクルに協力するようになりごみの分別を，以前より行うようになった」22.9％，「海の生き物への影響を気にするようになった」21.5％，「レジ袋以外のプラスチック製品の使用も控えるようになった」16.7％，「CO_2 排出など他の環境問題も意識するようになった」15.8％と回答し，環境省の「みんなで減らそう　レジ袋チャレンジ」は成功したと言えるだろう。

　2022年4月からは，「プラスチックに係る資源循環の促進等に関する法律（プラスチック資源循環促進法）」が施行される。プラスチック製フォーク，スプーン，ナイフ，マドラー，ストロー，ヘアブラシ，櫛，剃刀，シャワー用のキャップ，歯ブラシ，ハンガー，衣類用のカバーの12品目を取扱う小売業，Eコマース，宿泊業，飲食店，配達飲食サービス業，クリーニング業に対して，プラスチック使用製品の提供の見直しが求められ，これらの対象製品を年間5トン以上取扱う事業所が取組不十分と認められた場合には，勧告・公表の対象となる。レジ袋同様，これらの対象製品も広く消費者の生活に根付いたものであることから，プラスチック資源循環促進法は，日々の生活の中でプラスチック問題を考える機会をさらに増やすことになり，消費者のライフスタイルがより一層環境に優しいものになることが期待される。

（武市三智子）

第17章　まちづくりと流通

 1 流通政策の展開とまちづくり

1 80年代流通ビジョンとまちづくり

「まちづくり」は戦前戦後の公共政策において，都市計画や都市政策と関連づけて進められてきた。それは，いわばハード面からのまちづくりであり，公共機関が主導するものであった。しかしその後，まちづくりは地域住民が主体的に関与するとともに，地域経済およびコミュニティの再生や活性化をソフト面から進めていく側面を強めるようになった。

　その意味で，わが国流通政策史上，初めて正面から流通や商業とまちづくりを関連させたものとして，通商産業省（現，経済産業省）内の専門会議によって，1984年にまとめられた「80年代の流通産業と政策の基本方向」（80年代の流通産業ビジョン）があげられる。同ビジョンでは，流通政策の基本方向の1つとして，「商業政策と都市政策との連携の強化」を掲げたほか，「流通における社会的有効性」の向上を目指している。これは，流通や商業が地域社会で果たす「社会的コミュニケーションの場」や地域文化の担い手としての機能に着目したものであり，具体的には，「コミュニティー・マート構想」を打ち出し，商店街を単なる「買い物の場」から地域住民が交流する「暮らしの場」へと，その機能を高めることを目的とした。

2 90年代流通ビジョンとまちづくり

　つづいて，1989年に，同専門会議は「90年代における流通の基本方向について──90年代流通ビジョン」をまとめた。その中で，商店街の活性化には商店街の社会的・文化的機能を高めることが重要であり，商店街にコミュニティ施設などを敷設し，商店街の整備をまちづくりと一体的に行う必要を説いた。また，このような商店街整備を推進するには，各種助成制度の受け皿となる「**まちづくり会社**」（資料17-1を参照）を設置していく必要性を唱えた。

　当時は，**大規模小売店舗法**（大店法）の規制緩和が推し進められ，かつ**商集法**（特定商業集積法）制定前で，郊外型の大規模商業施設の建設が標榜されていた時期であるので，まちづくりと一体化した商店街整備には，その後の中心市街地活性化法につながる要素が提示されていた。

▷**まちづくり会社**
商店街組織のみならず地方自治体や商工団体等と出資し，株式会社（第3セクター）や公益法人を設置することで，まちづくりを進めていくことを目的としている。法人組織をつくることで，助成金や融資を受けやすくなる。
▷**大規模小売店舗法（大店法）**
正式名称は，大規模小売店舗における小売業の事業活動の調整に関する法律。1973年10月1日に制定，1974年3月1日に施行され，2000年6月1日廃止された。大規模小売業と中小小売業との事業調整に関して，事前審査付届け出制を採用し，出店4項目（店舗面積，開店日，閉店時刻，休業日数）について調整する。
▷**商集法**
1991年の大店法改正に合わせて，関連法の1つとして制定された。正式名称は特定商業集積の整備の促進に関する特別措置法。特定商業集積を中小小売業からなる地域商業活性化型と大型店からなる高度商業集積型に分け，基本構想が承認されると，各種の助成措置が講じられる。

③ 21世紀に向けた流通ビジョンとまちづくり

さらに，同専門会議は1995年に「21世紀に向けた流通ビジョン」を発表した。ここでは，商業のもつ社会的側面も重視し，まちづくりと商業の関連をより積極的に提起した。

同ビジョンは，90年代以降の中心市街地商業を取り巻く環境変化として，商業機能の郊外化の進展，都市間競争の進展，中心市街地の商業の低迷（中心市街地の「商業の空洞化」），まちづくりと商業の問題に対する関心の高まり，という4点を指摘し，商業を核としたまちづくりを強調した。

そして，これらの問題に対応するには，中心市街地にある商店街を主とした地域内の商業施設や商業基盤施設，公共施設の一体的な整備を促進すること，サービス・アミューズメント施設を商業集積と融合させること，商店街と大型店が一体となり中心市街地を面的に整備し，活性化を図るといった方策を検討することを主張した。このように，同ビジョンでは，まちづくりの視点を取り入れた流通政策の概念図が，ある程度鮮明に描かれるようになっている。

④ 新流通ビジョン

2007年には，経済産業省内に組織された「新流通産業研究会」によって，「生活づくり産業へと進化する我が国小売業～コミュニティ貢献とグローバル競争の両立～新流通産業研究会とりまとめ」（「新流通ビジョン」）が発表された。同ビジョンでは，小売業は地域に根ざすコミュニティの一員であり，地域社会の持続的な発展を求めている。また，小売業はコミュニティの持続可能性に向けて，地域社会や行政と連携して積極的な取組を進めることが必要であるとし，小売業のまちづくりへの貢献の必要性を引き続き訴えている。そして，「まちづくりへの貢献や，環境問題への対応，安全・安心への対応等の課題につき，小売業も社会的責任として積極的に取り組むことが要請されている」と，まちづくりへの貢献は小売業の「社会的責任」であるとまで位置づけている。

資料17-1　まちづくり会社に期待される役割

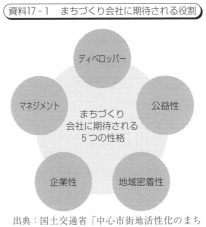

出典：国土交通省「中心市街地活性化のまちづくり」〈https://www.mlit.go.jp/crd/index/pamphlet/05/index.html〉（最終閲覧日：2022年6月24日）

推薦図書

加藤義忠・佐々木保幸・真部和義『小売商業政策の展開 改訂版』同文舘出版，2006年。

第17章　まちづくりと流通

 2 流通論とまちづくり

 流通論においてまちづくりを包摂する必要性

　元来，流通論において「まちづくり」は研究の対象外であった。流通論や商業論において，まちづくりを位置づけて検討していく潮流は，現実には商店街を中心とした地域商業あるいは中心市街地商業の衰退問題に直面する過程で現れるようになった。

　わが国の小売業は1982年の約172万店（商業統計調査）をピークに減少し，1994年には150万店を下回った。減少の中心は中小零細小売業であり，これが商店街の衰退，そして中心市街地の衰退を招いた。この点は，資料17－2の繁栄している商店街の減少にも示されよう。一方，90年代になって，モータリゼーションの進展を背景に，大型店のショッピングセンター（SC）建設を伴う郊外立地が進んでいった。ここに，流通とまちづくりを関連づけて論じ，また政策化していく必要が生じたのである。

　1980年代末から90年代にかけて，流通規制緩和が推進される下で，大型店の出店調整にかかわる流通政策が見直され，経済的規制に立脚する小売商業調整政策から，大型店の立地を社会的規制の枠内に限定し政策化していったことも，流通論や実際の流通政策にまちづくりの観点が取り入れられる背景であった。

資料17-2　繁栄している商店街の割合

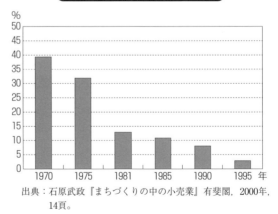

出典：石原武政『まちづくりの中の小売業』有斐閣，2000年，14頁。

 流通論とまちづくり

　流通論は，生産と消費を連結する「流通」という経済領域を研究対象とする

学問である。それゆえ，流通論は流通経済論と呼ばれる部門経済学の一領域として確立してきた。流通経済論としての流通論の目的は，流通過程に生起する諸現象を研究対象とし，流通の機能や本質，形態，法則を明らかにすることである。流通は，取引流通（商流）と物的流通（物流）から構成される。流通論の研究は広義にはこれら2つが対象となるが，狭義には取引流通が対象となる。

いずれにせよ，流通経済論としての流通論では，流通や商業にかかわる「まちづくり」は研究対象に含まれない。しかし，流通過程に生起する諸現象とまちづくりを関連させてとらえると，流通論にまちづくりを包含する必要性が出てくる。その際，キー概念となるのが流通や商業の**外部性**である。例えば，小売業は個店として存立するだけでなく，商店街やSCなどの商業集積を形成する。さらに，個店や商業集積は都市や地域を構成する一要素として存在している。とりわけ，商店街は商品販売を行う経済的機能のみならず，地域社会においてコミュニティの中心的役割を果たしてきた。そこでは，文化的な機能も発揮されてきたのである。ここに，流通や商業の外部性が生じるのである。

❸ 流通政策の2つの型とまちづくり

流通や商業の外部性に関して，流通政策との関連でとらえてみよう。流通政策とは，流通過程を対象とする公共政策である。その主体は国家や地方自治体であり，流通政策とは，これらの公的機関が流通過程に対して介入あるいは干渉を行うのである。このような流通過程への公的介入は，資本主義が独占段階に入ってから本格的になされるようになった。

流通政策の方法は大別して，流通の外的形式面への介入と流通の内的活動面への介入とに区分できる。前者は売買の自由を保障したり，インフラなどの流通基盤を整備したりすることを主な内容とし，独占禁止政策や物流基盤の整備，都市開発などを通じて展開される。流通政策におけるまちづくりは，この型に属する。後者は，国家による国内外市場の創出や商業活動への介入として行われる。商業活動への国家的介入は，大規模小売業と中小小売業との間の調整政策（小売商業調整政策），中小小売業の振興政策を通して実行される。

このように，流通政策は流通や商業の活動に直接関与するものと，いわばその外枠を整備するものとによって構成されるのである。従前の**百貨店法**や大店法は前者を代表する施策であり，まちづくりを標榜する政策は後者の中に位置づけることができよう。

▷**外部性**
ある経済活動が市場を経由せずに，取引関係者やその他の経済主体などに及ぼす影響や効果をいう。それが正に作用すれば外部経済，負に作用すれば外部不経済となる。

▷**百貨店法**
百貨店法は1937年に制定された（第1次百貨店法）後，戦後廃止されるが，1956年に再制定された（第2次百貨店法）。いずれも，百貨店の開業や増床その他の事業活動について許可制の下で調整するものである。

（推薦図書）
石原武政『小売業の外部性とまちづくり』有斐閣，2006年
森下二次也『商業経済論の体系と展開』千倉書房，1993年

第17章　まちづくりと流通

 まちづくり三法

① まちづくり三法の制定

　前節で説明したように，流通政策にまちづくりの視点が取り入れられ，実際に政策化されていく背景には，第1に中小零細小売業の店舗数（事業所数）の減少と商店街の衰退問題に伴う中心市街地の低迷，第2に大店法を中心とした流通規制緩和の推進があった。大店法の改廃論議においては，大型店の出店活動に対して需給調整を伴う**経済的規制**は行わず，大型店の立地に伴う周辺環境への影響に関する**社会的規制**の観点から調整する方向がとられることとなった。

　このような方向に沿って，1997年，産業構造審議会流通部会と中小企業政策審議会流通小委員会合同部会において，大店法の廃止と新法制定の方向，ならびに中心市街地の活性化のための総合的な施策の展開を盛り込んだ中間答申（12月24日）がまとめられ，大規模小売店舗立地法（大店立地法）と中心市街地活性化法（中活法），改正都市計画法が1998年5月27日に可決・成立した。中活法は同年7月24日に施行され，大店立地法は2000年6月1日から施行された。

② 大店立地法

　大店立地法の主要な目的は，「大規模小売店舗の立地に関し，その周辺の地域の生活環境の保持」を図ることにある。百貨店法以来，小売商業調整政策の政策原理は「大規模小売店舗における小売業の事業活動の調整」におかれていたが，大店立地法では小売部面における需給調整方式は放棄されるようになった。

　調整事項も大店法とは大きく異なる。同法の対象となる大型店は，店舗面積1,000 m²超で，調整対象事項として，①駐車需要の充足その他による周辺地域の住民の利便や商業その他の業務における利便の確保のために配慮すべき事項（交通渋滞，駐車・駐輪，交通安全その他），②騒音の発生その他による周辺の生活環境悪化防止のために配慮すべき事項があげられている。

③ 中心市街地活性化法

　中心市街地活性化法は，都市計画法とともに2006年に改正されたが，2016年には都市再生特別措置法や地域公共交通活性化・再生法と合わせて改正され，**コンパクトシティ**政策との連携を強化した。同法は地域経済の発展や少子高齢

▷**経済的規制と社会的規制**
経済的規制は経済的自由を達成するために行われる規制で，特定産業の保護・育成のための規制，自然独占に対する規制，過当競争防止に対する規制等が該当する。社会的規制は消費者や労働者の健康や安全，環境保護，災害防止等のために行われる規制である。大店法は前者に，大店立地法は後者に属する。

▷**コンパクトシティ**
都市の郊外化やスプロール化が進み，さらに都市機能が分散してきたこれまでの都市のあり方を見直し，さらに人口減や高齢化社会の進展する環境変化への対応をかんがみて，商業施設や都市工業，サービス業，行政機関，病院，学校等を中心市街地に集中させ，都市の持続可能性を図る都市政策である。青森市や富山市，川越市で積極的に進められている。

化への対応，消費生活の変化等の社会経済情勢の変化に対して，中心市街地における都市機能の増進と経済活力の向上を総合的・一体的に推進するため，中心市街地の活性化に関して基本理念，政府による基本方針の策定，市町村による基本計画の作成，内閣総理大臣による認定，認定された基本計画の事業に対する特別措置，中心市街地活性化本部の設置等について定めている。中心市街地を商業のみならず様々な都市機能を含めて一体的に活性化していくことは，制定時から引き継がれている（資料17-3）。

　旧法では，中心市街地活性化基本計画の実施に際して，TMO（タウンマネジメント機関）の設置が必要であり，TMO の設置や運営が課題となっていた。改正法では TMO にかわって，中心市街地活性化協議会が設けられ市町村長や商工会議所，商工会，公的機関のほか，NPO や地権者が加わることとなった。また，改正法ではコンパクトシティの形成が標榜されている。多くの地方都市では人口減に伴う財政の悪化が避けられない。郊外開発を抑制し，中心市街地に財政的支出の集中を図るのである。

▷ TMO

タウンマネジメント（まちづくり）機関。地域の商工会議所や商工会，第３セクター（特定会社，公益法人）のいずれかが，中心市街地活性化基本計画に沿った TMO 構想を作成し，それが認定されれば，事業の目的や時期，資金等を精査し，TMO 計画に沿って実際に事業を展開していく。

推薦図書

加藤義忠・佐々木保幸・真部和義『小売商業政策の展開』［改訂版］，同文舘出版，2006年。

資料17-3　中心市街地活性化法のスキーム

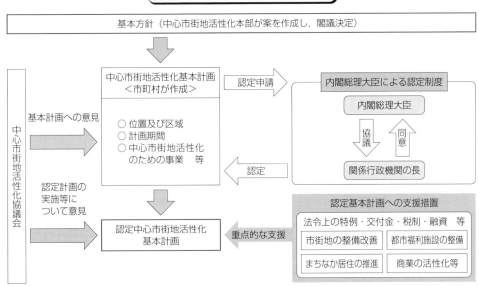

出典：国土交通省「中心市街地活性化のまちづくり」
〈https://www.mlit.go.jp/crd/index/pamphlet/06/index.html〉（最終閲覧日：2022年6月24日）

第17章　まちづくりと流通

地域商業とまちづくり

▷商店街振興組合法
商店街が存在する地域において中小小売商のみならず，大規模小売商や各種サービス業等が協同して経済事業や地域の環境整備改善を図るための事業を行う組織（商店街振興組合）の設置について定めている。商店街振興組合は，その後の商店街近代化事業推進等の主な実施主体となる。

▷小売商業連鎖化事業
中小小売商業者の共同化を図る事業。主にフランチャイズチェーン（FC）やボランタリーチェーン（VC）の結成促進を志向している。VCは資本力の小さい中小小売業者の参加が比較的容易であり，スケールメリットの追求が見込めるとして連鎖化事業の中心を担った。

1　地域商業振興政策の展開

　地域商業に目を向けた流通政策が行われるようになるのは，戦後の高度経済成長期以降である。

　1960年代に入ると，1962年に**商店街振興組合法**が制定されたのを機に，1963年には店舗等集団化事業，小売商業店舗共同化事業，商店および商店街診断，広域診断事業が始められた。1964年には，商店街近代化事業，1967年には**小売商業連鎖化事業**が相次いで行われた。1963年には中小企業基本法が制定され，中小商業も政策対象化されるようになっていった。中小商業の中核的存在は中小零細小売業であり，自ずと流通政策の対象として，商店街が取り上げられるようになったのである。また，この時期には，都市化やモータリゼーションが進行し，都市の商店街を再整備する必要が生まれ，これらの施策が展開されていった。

2　地域商店街活性化法

　以上のような流通政策に，1990年代以降，まちづくりを包含した理念や施策が取り入れられるようになったことは前節で記した。このような方向はその後も堅持されるが，2009年に地域商店街活性化法（商店街の活性化のための地域住民の需要に応じた事業活動の促進に関する法律）が制定され，再び地域商業として存立する商店街や中小小売業に焦点を当てた政策が進められるようになった。

　地域商店街活性化法は商店街が地域経済や社会に果たす役割を重視し，その活力が低下していることをかんがみて，商店街への来訪者の増加やその他の商店街活性化施策を推進するため，商店街振興組合等が行う地域住民の需要に応じた事業活動について，経済産業大臣が当該計画を認定し，各種事業に対して様々な措置を講じる。同法では，商店街が地域と一体となったコミュニティづくりを促進することによって商店街の活力を増進させようとしている点で，まちづくり政策を継承している。

　一方，これまで中小小売商業振興法や中心市街地活性化法が実施されてきたが，これらは中小小売商業全体や商業以外の要素も含んだ中心市街地全体を見据えるものであり，商店街のみに政策の焦点を当てるものではなかった。それゆえ，単独の法制度において，「商店街が我が国経済の活力の維持及び強化並

びに国民生活の向上にとって重要な役割を果たしている」（第1条）と位置づけたことは大きな意義を有している。

3 流通政策とまちづくりの新たな潮流

　商店街等地域商業の商機能の向上とまちづくりとの関連の両方を志向していくことは，古くて新しい課題である。この課題は，「80年代の流通ビジョン」以降今日に至るまで追求されている（資料17-4参照）。

　2016年末，中小企業内に「新たな商店街政策の在り方検討会」が組織され，その中間とりまとめが2017年7月に発表された。そこでは，今後も商店街が地域に求められ，地域の中での存在を維持するためには，商店街が自らの将来像を描き，商店街について商機能を担うインフラ・資産として活用しながら，単に商品やサービスを提供する場ではなく，地域に必要とされる何らかの価値を付加し，住民が集うまちの拠点であることが必要であると訴えている。そして，顧客を吸引することのできる「魅力ある個店」の創出を志向している。

　また，2020年3月に中心市街地活性化本部の下で，「中心市街地活性化促進プログラム」がまとめられ，中心市街地活性化に向けての重点的な取組を提示している。

推薦図書

岩永忠康・西島博樹編著『現代流通政策』五絃舎，2020年。

資料17-4　まちづくりに関連する政策の変遷

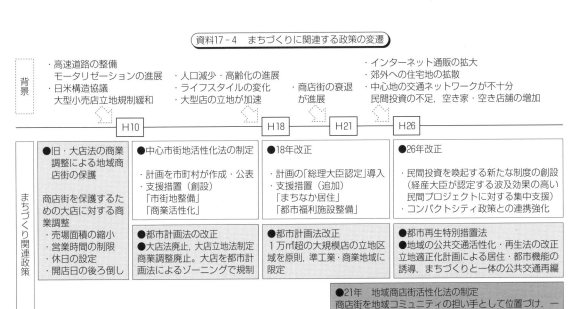

出典：新たな商店街政策の在り方検討会（2017）「新たな商店街政策の在り方検討会中間とりまとめ」19頁。

V

海外の流通事情

第18章　フランスの流通

フランスの小売業の特徴

① 戦前のフランス小売業：百貨店の誕生

　戦前におけるフランスの小売業は，伝統的な小規模小売商を中心に，百貨店（grand magasin），大衆百貨店（magasin populaire），消費者協同組合によって構成されていた。百貨店は世界最古の歴史をもっており，1852年にアリスティッド・ブシコー（Aristide Boucicaut）らによってパリで開設された**ボン・マルシェ**（Le Bon Marché，資料18−1）の後，ルーブル（Louvre），B. H. V，プランタン（Printemps），サマリテーヌ（Samaritaine），ギャルリー・ラファイエット（Galeries Lafayette）といった有力百貨店が次々と設立された。当時はフランス資本主義の発展期であり，ナポレオン３世治下でパリの大改造が行われるとともに鉄道も発展し，百貨店という大量販売を実現する新しい小売業が勃興したのである。

　20世紀に入ると，チェーンシステムを採用し多店舗展開をする大衆百貨店が現れた。この新しい小売業は比較的小規模な店舗で，食料品や日用雑貨，衣料品等の廉価品を均一価格で販売するものであった。代表的企業は1928年設立のユニプリ（Uniprix）のほか，プリジュニック（Prisunic），モノプリ（Monoprix）がある。この時期には，米国や英国，日本等でも**均一価格店**が成長し，小売業の発展と資本主義の発展が密接に結びついていることを物語っている。

② 戦後のフランス小売業——ハイパーマーケットの登場

　ハイパーマーケット（hypermarché）第１号は，1963年にパリ郊外に開設されたカルフール（Carrefour）であった。ハイパーマーケットは売場面積2,500㎡以上で，売上高の60〜70％を食料品が占め，ワン・フロアの倉庫型で，主に郊外に立地し広い駐車場を有している（Nathalie Brudey, Cédric Ducrocq (1998) *La Distribution*, 2ème édition, Vuibert を参照）。

　カルフールは，店舗の大型化を図るとともに多店舗化を進め急成長した。そして，1967年から1970年にかけてオーシャン（Auchan），コンフォラマ（Conforama），ユーロマルシェ（Euromarché），E. ルクレール（E. Leclerc），アンテルマルシェ（Intermarché），プロモデス（Promodès，カルフールと合併）など，今日のフランスを代表する有力小売企業が次々とハイパーマーケットを開設した。

ハイパーマーケットは，スーパーマーケットの販売面での**小売イノベーショ**ンを継承しながら，非食料品も加えた総合的な品揃えを採用している点で，ディスカウント・ストアとの一種のハイブリッドとして捉えることができる。

③ 小売商業構造の変化——フランスにおける大型店問題の激化

カルフールによるハイパーマーケット業態の確立は，同業態への新規参入を促した。そして，ハイパーマーケットは1970年代初頭から急激に増加した。ハイパーマーケットは1969年に27店であったが，1971年に113店，1973年には211店となり，総売場面積も100万 m²を超えるほどに成長した（INSEE, *Annuaire Statistique de la France* 各年版を参照）。ハイパーマーケットを中心とした大型店は，その登場から10年足らずの間に急速に拡大したのであった。

このようなハイパーマーケットの急成長は，フランス小売商業構造に重大な変化をもたらした。郊外に立地するハイパーマーケットの拡大に対して，市街地の中心地に立地する独立小規模小売商の店舗数および販売額シェアは一貫して低下傾向を示すようになったのである。実際，フランスの小売店舗数は1960年に56万店であったが，1975年には51万3,000店へと減少した。そして，ハイパーマーケットにスーパーマーケットを加えたセルフサービス型小売業は，1970年代初頭に食料品市場において高いシェアを実現し，反対に独立小売商はそのシェアを奪われていった。このような小売商業構造変化が，次節で述べる反ハイパーマーケット運動や新たな流通政策を招来させるのである。

▷**小売イノベーション**
イノベーションは技術革新と関連づけて捉えられることが多いが，経済学者のヨーゼフ・シュンペーターや経営学者のピーター・ドラッカーによると，経済や社会に新たな価値を創造する事象を指す。小売業のイノベーションは，業態に結実する店舗の立地や形態，販売，仕入れ等において実現される。

資料18-1　パリにあるボン・マルシェ

出典：筆者撮影。

(推薦図書)
佐々木保幸『現代フランスの小売商業政策と商業構造』同文舘出版，2011年。

第18章　フランスの流通

フランスの流通企業

▷ E. ルクレール
E. ルクレールは，エドワール・ルクレール（Édouard Leclerc）によって1948年に創設されたコメルス・アソシエ企業である。年間売上高は，毎年カルフールと1位を争うほどである。E. ルクレールも，ハイパーマーケットのほかコンビニ型業態やディスカウント・ストア等多様な業態を展開し，またヨーロッパ諸国への国外出店を行っている。

1　フランスにおける巨大流通企業グループ

　フランスの小売市場では，巨大流通企業グループによる市場占有が進んでいる。2021年4月時点の食料品販売額でみると，**E. ルクレール**が約22％，カルフールが約20％，アンテルマルシェが約16％，システームU（Système U）が約11％，オーシャンが約10％，カジノ（Casino）が約8％の市場占有率を有している。

　いずれのグループも，ハイパーマーケットやスーパーマーケットを中心に多様な業態を展開しており，また小売業以外の事業にも手を広げている。すなわち，小売業内外部の事業多角化を進め，事業相互間の相乗効果を図るグループもあれば，流通コングロマリットを形成しているものもある。これらの企業グループ形成には，活発なM&Aが利用されてきた。

　また，カルフールやオーシャンはフランス以外のヨーロッパ諸国やラテンアメリカ諸国を中心に活発な国外出店活動を行い，グローバル流通企業としての特徴も有している。カルフールは日本にも1999年に進出し，その後撤退した（2004年）。

2　巨大流通企業グループの業態戦略

　フランスの巨大流通企業グループは，多様な業態開発を進めている。業態（小売業態）とは，業種と異なり，店舗形態や立地，取扱商品，販売価格，販売方法等のいわばパッケージであり，小売イノベーションの源泉ともなる。カルフールを事例にみると，現在，カルフールは多様な業態の店舗をカルフールの看板に統一した名称で展開している。それらは，売場面積60〜300㎡でコンビニエンス・ストアに該当するカルフール・エクスプレス（Carrefour Express），売場面積900㎡程度のカルフール・コンタクト（Carrefour Contact），売場面積200〜300㎡でコンビニエンス・ストアと小型スーパーマーケットの中間的形態のカルフール・シティ（Carrefour City），中型スーパーマーケットに相当するカルフール・マーケット（Carrefour Market）が開設されている。

　これらの中小型店は，現在のカルフールの事業活動において，非常に重視されており，カルフールは国内外でコンビニエンス・ストアとスーパーマーケットの店舗数を増加させ，ハイパーマーケットの店舗数を抑制している。

③　コメルス・アソシエ（協同商業）の発展

　コメルス・アソシエとは，独立事業者の意思に基づき販売店の組織化を図り，彼らによって構成されかつ統制された協同商業を指す。小売部門における**アソシエーション**の歴史は19世紀から始まるが，コメルス・アソシエは1950年代から1960年代にかけて，大規模製造業者による流通支配に対して，流通マージンを引き下げるべく共同仕入れ機構が設立されていく過程で成立した。

　そして，コメルス・アソシエは1960年代以降，ハイパーマーケット等大型店の成長に対抗するために，本格的な発展をとげた。コメルス・アソシエは協同組合原則に基づきながら，民間企業と同様の企業活動を追求することで高い地位を築いている。

　E.ルクレールやアンテルマルシェ（資料18-2）は，フランス最大の流通企業であるカルフール等と同様に，ハイパーマーケットやスーパーマーケット，コンビエンスストアタイプの小型店等を運営している。そして，今日コメルス・アソシエはフランス小売市場において約30％のシェアを有している。これは，巨大ハイパーマーケットやスーパーマーケット企業グループのシェアに匹敵する規模である。

　コメルス・アソシエは，市場競争が激化している今日においても，持続的な成長を続け，その成長率はおおむね3％以上を維持している。しかも，コメルス・アソシエの販売額の伸びは，小売業全体のそれを毎年上回っている。

▷**アソシエーション**
アソシエーションは，1901年に制定されたアソシエーション法において，その定義や役割が規定されている。同法第1条では，アソシエーションの基本原則として，1人あるいは多くの人間が，利益の分配以外を目的に，共同の理念や活動を行うことを掲げている。フランスでは，法制定前の19世紀以来多くのアソシエーションが活動している。

（資料18-2　コメルス・アソシエ企業のアンテルマルシェ）

出典：筆者撮影

（推薦図書）
佐々木保幸・鳥羽達郎編著『欧米小売企業の国際展開』中央経済社，2019年。

第18章　フランスの流通

フランスの流通政策

① ハイパーマーケットの急成長とロワイエ法

　戦前には百貨店に対する規制等が存在したが，フランスで流通政策が本格的に行われるようになるのは，戦後の経済成長期以降のことである。新しい小売業態であるハイパーマーケットが急成長し，中小零細小売商が商店数を減少させる等，フランスの小売商業構造は大きく変化し，中小小売業者らの**反ハイパーマーケット運動**も激化した。

　このような状況に対して，1973年に「商業・手工業基本法」（担当大臣の名を冠して，通称ロワイエ法と呼ばれる）が制定された。大型店の出店活動に関しては，2段階審査体制がとられ，まず県レベルの審査委員会で出店の是非をめぐって審査が行われ，許可あるいは不許可の裁定が下される。不服のある企業は大臣に対して不服申し立てを行い，国家レベルで再審査が行われる。

　同法は，フランスにおける積年の課題であった，中小零細小売商に対する社会保障制度問題や若年層の失業問題に対処する側面を有している。それゆえ，同法は都市計画制度と連動した大型店の出店規制のみならず，中小小売商業振興政策や独占禁止政策，さらには社会保障制度，職業訓練等も兼ね備えた総合的な法体系となっている。

② 流通規制強化（ラファラン法）と　規制緩和（経済近代化法）の潮流

　ロワイエ法は，ハイパーマーケットに対して比較的厳しい裁定を行ってきた。その運用は法施行当初は厳しかったが，80年代後半に規制緩和が進んだ。その結果，90年代には大型店の出店活動が活発化し，中小零細小売業がいっそう衰退するようになった。

　このような状況に応じて，同法は80年代後半以降，数度にわたって改正され，1996年には「商業手工業の振興・発展に関する法律」（ラファラン法）へと改定された。ラファラン法では，売場面積300㎡超の店舗の新設等が規制対象にされると同時に，6,000㎡超の店舗に対して別規定を設ける等，大型店の出店活動に対する規制が大幅に強化された。

　その後のフランスでは，EUとの政策協調や流通規制緩和が進められ，2008年には経済近代化法が制定された。経済近代化法は起業の喚起，競争の促進，

経済活動の強化，金融の改善という4つの柱を掲げている。本法もロワイエ法と同様に，大型店の出店規制のみにかかわるものではなく，市場競争の促進に関与する幅広い内容を包含している。小売業の出店に関しては，規制基準面積を1,000 m^{2}に引き上げた。

③ 新たな流通政策

近年，カルフールをはじめカジノやアンテルマルシェ等の大手ハイパーマーケットないしスーパーマーケット企業は，小型店（**プロキシミテ**，proximité）の開発を強化しその多店舗展開を図るとともに，インターネット等を通じて注文した商品を，自家用車でハイパーマーケット等の駐車場に設置された専用のスペースで受け取るドライヴ（drive）と呼ばれる店舗を増設している。

このようなドライヴの急増に対して，2014年にALUR法（住居にアクセスする権利と新しい都市計画に関する法）が定められ，一定の規制が実施されるようになった。同法は，ドライヴという商業施設において，利用者が商品を受け取るスペースは，従来「倉庫扱い」であったが，これを商業上の「販売スペース」へと取り扱いを変更し，顧客が商品を受け取る固定スペースの開設や拡張に対して，県商業施設委員会による事前の商業開発許可の交付を義務づけるようにした。

なお，2014年における主要業態の市場占有率をみると，ハイパーマーケットとスーパーマーケットで75％以上となっているが，ドライヴやプロキシミテといった新興の業態の地位がみてとれる（資料18-3）。

また，2016年には，フランス小売業とりわけハイパーマーケット等大型店にかかわる食品廃棄禁止法が制定された。同法は，いわゆる食品廃棄問題に対応するもので，延べ床面積400 m^{2}以上の大型店を対象に，売れ残り食品の廃棄を禁止し，生活困窮者に配給を行う組織への寄付を義務づけ，違反した場合罰金を科す。このようにフランスでは，経済的側面と社会的側面から極めて多様な流通政策が行われているのである。

▷**プロキシミテ**
フランスではコンビニエンス・ストア業態をプロキシミテ（proximité）と呼ぶ。売場面積は60〜300 m^{2}程度で食料品から日用品を取り扱う。カルフール・エクスプレスのようなエクスプレス（express）と命名される小型店を指す。

資料18-3 主要業態の市場占有率および販売額
（2014年，下段：10億ユーロ）

HM	Drive	SM	Proximité	HD
50.4	3.3	26.0	7.3	13.0
53.4	3.4	32.4	8.0	12.6

注：HM：ハイパーマーケット，SM：スーパーマーケット，
Proximité：コンビニエンス・ストア，HD：ハードディスカウント
出典：*Libre Service Actualités*, 2015年4月28日付より筆者作成。

参考文献

岩永忠康監修，西島博樹・片山富弘・宮崎卓朗編著『流通国際化研究の現段階』同友館，2009年。

コラム 12

小売業の海外進出

大規模小売企業の海外進出の概況

　デロイト社の世界の小売業ランキング『Global Powers of Retailing 2022』によれば，2020年度小売売上高世界トップ250社にランクインしている日本企業は29社あるが，そのうち2カ国以上（日本を含む）で営業している「国際企業」は約半数の15社にすぎない。まして10カ国以上で営業しているのは，イオン（世界14位，11カ国），セブン＆アイ・ホールディングス（19位，17カ国），ファーストリテイリング（55位，24カ国），大創産業（223位，24カ国）の4社にとどまる。

　他国企業の場合と比較すると，アメリカ企業は世界1位のウォルマート（26カ国），2位のアマゾン（21カ国），3位のコストコ（12カ国）の国際展開が目立つが，ランクインした70社のうち34社は1国で営業する「国内企業」であり，日本と同様，大規模小売企業でも国際化していない場合が多い。これに対して欧州企業はドイツのシュワルツ・グループ（世界4位，33カ国），アルディ（8位，19か国），イギリスのテスコ（15位，5カ国）など営業国数「2」以上の国際企業が相対的に多い。日米と欧州の違いは本国市場の大きさに条件づけられていると考えてよい。

　日本の29社を業態別にみると，コンビニエンスストア（国際企業3，国内企業0），アパレル専門店（同2，0），ディスカウントストア（2，0）は国際化している場合が多く，家電専門店（1，5），食品スーパー（1，3）は国際化していない場合が多いようにみえる。

海外進出の歴史的傾向

　流通業の海外進出には，①現地国内流通に参入しない単純輸出（間接輸出および直接輸出），②出資をともなわないライセンシング（フランチャイズなど），③対外直接投資（合弁および単独）などの諸形態があり，内部資源や経験の蓄積，貿易・投資環境の変化などに応じて段階的に進行していくことが多いと考えられるが，ここでは③を中心に考える。

　日本貿易振興機構（ジェトロ）が整理した日本の業種別対外直接投資の長期統計によれば，日本企業の対外直接投資件数（全産業）はプラザ合意後の1980年代後半に急増したのち，90年代を通じて減少し，21世紀にはおおむね増加傾向にある。金額ベース（フロー）ではやはり80年代後半に急増し，1990〜2000年代に何度か増減を繰り返したのち，2010年代は増加傾向にある。なお，業種別にみると，商業の件数・金額は1970年代から80年代前半まで製造業とほぼ同じ水準だったが，80年代後半以降，製造業の多国籍化が急速に進行する半面，商業は件数・金額ともやや増加した後に停滞・縮小に転じている。2000年代後半以降は製造業・商業とも一定の格差を保

ちつつゆるやかな増加傾向にある。

　商業の内訳としては一貫して卸売業が際立って大きく，本来ローカル産業である小売業では，比較的最近になって日本国内市場の停滞傾向が顕著になったこともあり，成長する海外市場に活路を見出す企業が増えつつあると考えられる。

いくつかの事例

　百貨店は日本小売企業のなかで早期に海外出店に乗り出した業態である。三越伊勢丹ホールディングス（7カ国）の前身である三越は1971年にパリに，同じく伊勢丹は72年にシンガポールに海外1号店を出店し，2010年までにそれぞれのべ38店舗，26店舗を出店した（土屋2013）。百貨店の早期の出店は旅行中や現地在住の日本人を主なターゲットとするものであり，とくに三越の場合は欧米大都市にさかんに出店してきたが，近年では現地の一般消費者を対象とする出店戦略に変化してきている。

　セブン＆アイ・ホールディングス傘下で総合スーパーを展開するイトーヨーカ堂は，中国ビジネス，とくに成都での事業が同社の国内店舗よりも，現地の同業外資系他社よりも大きな売上を上げていることでしばしば注目される。同社は中国での進出先を成都（1996年合弁設立），北京（97年合弁設立）の両都市に絞りこみ，粘り強く従業員を教育し，日本的な店舗オペレーションを導入・定着させてきた。

　「日本発のグローバル小売業」を目指す大創産業は，ディスカウントストア「ダイソー」を世界25カ国・地域で計5,892店舗（うち国内3,620店舗）を展開している（2021年2月末時点）。この膨大な店舗網と自社物流システムが同社のビジネスモデル「高品質な商品×豊富な品揃え×ユニークネス」を支えている。すなわち，ダイソーが扱う7万6,000アイテムの商品のうち90％は自社開発商品であり，月に800アイテムの新商品を開発している（会社紹介パンフレットより）。店舗数ゆえに大量発注することができ，原価率を高めて相対的に高品質な商品を実現することが可能となる。

（参考文献）
大石芳裕『実践的グローバル・マーケティング』ミネルヴァ書房，2017年。
土屋仁志「大手小売業の新展開」大石芳裕・山口夕妃子編著『グローバル・マーケティングの新展開』白桃書房，2013年。
鳥羽達郎・川端庸子・佐々木保幸編著『日系小売企業の国際展開──日本型業態の挑戦』中央経済社，2022年。
矢野博丈「ダイソー，利益1円でもメーカーが日参する「規模の力」の凄まじさ」ダイヤモンド・オンライン，2018年4月16日。https://diamond.jp/articles/-/167226

（田中　彰）

第19章　アメリカの流通

 巨大市場と流通の特徴

▷年次小売調査（ARTS）
Annual Retail Trade Survey，国勢調査局が実施。ARTS には年間総売上，E－コマース売上，消費税，総営業日，売上総利益などの統計が含まれる。
▷スーパーマーケット→第19章2「チェーンストアと商取引・制度」
▷ショッピング・センター（SC）
ディベロッパー（開発業者）が建設・所有・運営する商業集積。百貨店やGMS（総合スーパー）など50以上の専門店などの核店舗（キーテナント）が出店するケースが多い。
▷ホールセールクラブ（Wholesale Membership Club）
40ドル程度の年会費を支払った会員に対し，倉庫型店舗で日用品や食料品などの多様な商品を安値で提供する業態。コストコ（Costco），サムズクラブ（Sam's Club），BJ's の3社が業界シェアのほぼ100％を占める。
▷ディスカウントストア
食品の低価格販売を行うスーパーマーケットに対し，非食品（衣料品や家電，家庭用品など）の低価格販売を行う業態。メーカーとの仕入れ契約による EDLP（Everyday Low Price）の実現，豊富な品揃え，大量販売によって利益を生み出

1 多様性に富む巨大市場

アメリカ合衆国（United States of America, 以下 アメリカ）は，962.8万平方キロメートル（日本の約25倍）の広大な国土面積を有する国である。50の州によって成り立ち，中国，インドに次ぐ世界第3位の人口規模（約3億3,275万人）をもつ（2022年6月，U. S. Census Bureau）。東海岸と西海岸との間には3時間の時差があり，気候や地域特性にも違いがみられる。歴史的に移民を多く受け入れてきたことから，人種的・民族的多様性に富んでいる。また，高所得者層も多い一方で低所得者層も多く，国民の所得水準には大きな開きある。

アメリカ国勢調査局（U. S. Census Bureau）が発表した**年次小売調査（ARTS）**によれば，2019年の小売業全体の年間販売額は，約5.4兆ドルにのぼる（資料19−1）。アメリカの小売業の2019年度の市場規模は日本の約3.7倍に相当する巨大市場である。

2 流通にみる特徴

○**ディスカウント業態の発達**：アメリカは**スーパーマーケット**（SM）やコンビニエンス・ストア（CVS），**ショッピング・センター**（SC），E－コマース（電子商取引）など，革新的な小売業態を多く生み出してきた国でもある。消費者の価格に対する関心が高い傾向があり，**ホールセールクラブ**，**ディスカウントストア**，**スーパーセンター**などの低価格販売を行う業態が発達し，既存小売店は絶えず業態の垣根を越えた品揃え競争，価格競争を強いられている。

○**郊外型大型店舗の発達**：公共交通機関による大量輸送が発達した日本に比べ，アメリカでは乗用車やトラックなどによる輸送システムが発達した。日本では住民の暮らしに近接した場所や駅前に商店街や商業施設が形成されてきた。それに対して，アメリカでは早い時期から道路網の整備が進み，中間層の郊外居

資料19−1　アメリカの小売業の年間販売額の推移（2009-2019年）（単位：兆ドル）										
2019	2018	2017	2016	2015	2014	2013	2012	2011	2010	2009
5.4	5.3	5.0	4.8	4.7	4.6	4.5	4.3	4.1	3.8	3.6

出典：U. S. Census Bureau（2021）Annual Retail Trade Survey: 2019に基づき筆者作成。〈https://www.census.gov/data/tables/2019/econ/arts/annual-report.html〉（最終閲覧日：2021年11月15日）

住が進んだ。そのため，小売業者は高速道路沿いや郊外に多く集まった。特に1950年代後半以降，郊外に広い駐車場を併設した大型ショッピング・センター（ショッピング・モール）が計画的に開発されてきたことも特徴の1つである。店舗の郊外化や大型化が進んだ結果，アメリカの消費者1人当たりの小売店舗の面積は日本の5～6倍に相当する23.5平方フィート（約2.2平方メートル）で，先進国の中でも群を抜いた大きさとなっている。

○E-コマースの急速な発達：自動車での移動を伴う場所に店舗があり，巨大な売場で商品を選び，レジ待ちの長い列に並ぶという日常的な買い物は時間的・心理的な負担も大きい。食料品の当用買いが多い日本とは異なり，アメリカではまとめ買いが多い。女性の約6割が仕事をもち，共働き世帯も多いことから，オンライン・ショッピングに対するニーズが高い。早い時期から多くの小売企業がオンライン販売に積極的に乗り出し，店舗事業のみならずE-コマース事業を強化している。

③ 世界の小売業ランキングにみるアメリカ小売企業の存在感

アメリカの小売企業は巨大な国内市場だけにとどまらず，海外にも積極的に進出し，高い国際競争力，売上規模をもつ。

小売業は地域密着産業としての特徴をもつが，アメリカの小売業は，国境を越えて利便性や価格面で競争優位性を発揮し，国内外の消費者からの支持を獲得している。海外に進出している小売業のランキング（資料19-2）で，売上が世界第1位の**ウォルマート**（Walmart），第2位の**アマゾン**（Amazon. com），第3位のコストコ（Costco Wholesale Corporation）など上位10社のうち5社をアメリカ企業が占めていることがその証左である。

右側コラム：

す。郊外に大型店舗を出店。ディスカウントストア業界はウォルマート（Walmart），ターゲット（Target），Kマート（Kmart）の3社が業界全体の90%を占める。

▷スーパーセンター
生活用品が1か所で手に入るワンストップ・ショッピングを実現するディスカウントストアとスーパーマーケットを組み合わせた業態。大きな店舗面積をもち，豊富な品揃えを実現。ウォルマート（Walmart）のスーパーセンターは1万1,000品目の食品，6万品目の非食品を取り扱っている。

▷ウォルマート →第19章3「熾烈な小売競争と市場動向」
▷アマゾン →第19章3「熾烈な小売競争と市場動向」

資料19-2　海外進出している小売業のランキング（2020）

順位	企業名	国	主業態	収益（単位：10億米ドル）
1	Walmart	アメリカ	スーパー	520
2	Amazon. com	アメリカ	E-コマース	281
3	Costco	アメリカ	ホールセールクラブ	163
4	Schwarz Group	ドイツ	スーパー	134
5	Walgreens Boots Alliance	アメリカ	ドラッグストア	118
6	Aldi	ドイツ	スーパー	116
7	The Home Depot	アメリカ	ホームセンター	110
8	Carrefour	フランス	スーパー	83
9	Aeon	日本	スーパー	79
10	Ahold Delhaize	オランダ	スーパー	78

注：3カ国以上に直接投資している小売企業を対象とし，主業態の名称は日本で一般的に使用される名称で記載している。
出典：National Retail Federation（2021）Top 50 Global Retailers 2021 に基づき筆者作成〈https://nrf.com/resources/top-retailers/top-50-global-retailers/top-50-global-retailers-2021〉（最終閲覧日：2021年11月15日）

第19章　アメリカの流通

 ## 2 チェーンストアと商取引・制度

① チェーン・オペレーション──小売業の革新的な販売システム

　厳しい競争環境の中で様々な新業態が生み出され，革新的なシステム構築とそのスピードにおいて，アメリカは流通革新の中心となってきた。数ある小売業の革新的な販売システムの中でも特筆すべきは，チェーン・オペレーションによる大量仕入れ・大量販売システムの導入である。

　1914年から1930年にかけて，多数の店舗を運営し，売上高の増大を目指すチェーンストアは企業数が約4倍，店舗数が約8倍，売上が15倍以上になるほどの急成長を遂げた。チェーンストアのバイイング・パワーの高まりを背景に，チェーンストアはメーカーに特別な納入価格を求める一方，来店を促すために仕入れ価格の半値で販売するなど価格競争を激化させた。

　1930年になるとセルフサービスを導入した新業態，**スーパーマーケット**がアメリカで誕生した。チェーン・オペレーションを導入したスーパーマーケットは大量に商品を仕入れ，セルフサービスによって人件費を削減し，低価格で大量に陳列・販売するシステムを確立した。対面販売を行う従来の食料品店と異なり，郊外立地で大きな駐車場をもち，セルフサービスの導入によって人件費を削減し，低価格販売を実現した点に革新性がある。車社会の到来と主要顧客である中間層の居住の郊外化をとらえ，スーパーマーケットは消費者の変化とニーズに合致していた小売業態であった。

② 反チェーンストア運動とロビンソン・パットマン法（1936年）

　日本とは異なり，アメリカには大規模小売業の出店や増改築の規制，営業時間や休日日数などの直接的な営業規則は存在しない。しかし，世界恐慌のただ中にあった1930年代には革新的な小売業態であるチェーンストアがメーカーから**ボリューム・ディスカウント**（数量割引）を受けるまでに急成長し，中小の独立小売業者の存在を脅かした。メーカーは大量に商品を仕入れるチェーンストアに対して有利な販売価格を示し，チェーンストアが行う極端な安売りに対して中小小売業者からは不満の声が上がり，組織的な反対運動が展開された。中小の独立小売業者は，チェーンストアが安売りすることができないよう税金を課すべきと主張して運動を行った。1939年までに27の州で特別課税法が制定された。しかし，連邦議会でチェーンストアを取り締まる法案は通過すること

なく，法律としては成立しなかった。

　1936年に，チェーンストアから中小小売業者を保護する目的で，差別的な広告割引や特定のチェーンに対するサービスを禁止するロビンソン・パットマン法（Robinson-Patman Act）が制定された。この法律は価格差別を禁止するクレイトン法を強化した法律であり，別名「差別対価禁止法」とも呼ばれる。同法は「商業に従事するものが同等級，同品質の商品を販売する場合，異なる購買者に価格において差別することは正当な理由のない限りこれを違法とする」と規定している。この法律はメーカーだけではなく，卸売業者が小売業者に販売する際にも適用される。買い手によって値段を変えることや，ボリュームディスカウントを規制している。これにより小規模の小売業者であっても，チェーンストアと同じ条件で商品を仕入れることが可能となった。

3 ゾーニング制度と商業による市街地の改善

　ゾーニングは，生活妨害を規制する法律「ニューサンス法（Nuisance Law）」の一部で，地方政府（県・郡・市町村・郡区）が住民の健康や安全，道徳，公共の福祉を維持・向上するための権限をもつ。開発によって，騒音や廃棄物，交通混雑など負の外部性を最小化する狙いがあり，駐車場の規模や施設のデザイン，色彩などに制限を加えたり，既存の商業施設や地域以外に商業ゾーンを設けることができないなど，実質的な立地・出店規制となっている。

　アメリカでは居住の郊外化にともない，中心市街地（Downtown, Inner City）が荒廃する傾向があった。1980年代は巨大化・複合化したショッピング・センター（SC）を多く抱え，「豊かで発展する郊外（Suburbs）」と「治安が悪化し，商業が衰退し，空洞化した中心市街地」の格差が顕在化した時期である。中心市街地が抱える問題を商業者の力で解決し，町の活性化を目指すBID（Business Improvement District：商業改善区）と呼ばれる政策がある。

　90年代初頭にニューヨーク市が行ったタイムズスクエアのBIDは1つの成功事例である。当時，タイムズスクエア周辺は治安が悪化していたが，BIDによって治安の悪化が食い止められてきた。具体的には，ニューヨーク市がBIDの対象地区のビルの所有者から固定資産税とは別に税金を徴収し，それを非営利法人タイムズスクエアBID（1992年発足）に交付し，掃除や警備，ダウンタウンでのイベントなどを実施した。結果として治安が良くなり，人々が安心して訪れることができる場所になった。また，ビル所有者の土地建物の資産価値が向上し，当該地区の商業者にもメリットがもたらされた。この政策の成功により，大きなビルボードが連なるタイムズスクエア周辺は，多くの人が行き交う活気あふれる観光名所，年末のカウントダウンの舞台へと大きな変貌を遂げた。

第19章　アメリカの流通

 熾烈な小売競争と市場動向

1　E-コマース（電子商取引）市場の急成長

　インターネットの普及，スマートフォンやタブレットなどのデジタル端末の普及により，いつでも，どこでも時間や場所に関係なく，買い物ができる環境が整備された。E-コマースは消費者の買い物行動を大きく変えただけではなく，販売の方法や流通のあり方を根底から変えてきた。

　2019年度のE-コマースの売上高は5,785億ドルにのぼり，全小売業の売上高の約11％を占める（U. S. Bureau）。E-コマースは急成長している小売業態であり，百貨店やディスカウントストアもE-コマース市場に参入するなど，小売業にとっての新たな主戦場となっている。

　小売店のオンライン・サービスには主に以下のような形態がある。

a）クリック＆コレクト（Click & Collect）

　オンラインで注文した商品を店舗で受け取るサービス。配送費がかからず，買い物時間を大幅に短縮できる。スーパーマーケットチェーンが多く採用している。駐車場や道沿いで車に乗ったまま商品を受け取ることができる「カーブサイド・ピックアップ（Curbside Pickup）」も導入企業が増えている。

b）オンライン・スーパーマーケット

　オンラインで注文した商品を自宅に配送するサービス。

c）買物代行サービス

　独立した個人のショッパーが顧客から依頼された食料品を契約店舗で購入し，顧客の自宅まで届けるサービス。配送料，手数料，ドライバーへのチップなどが発生する。

2　E-コマース市場を牽引するアマゾンと追い上げるウォルマート

○アマゾン・ドット・コム（Amazon.com）

　「地球上で最も豊富な品揃え "Earth's biggest selection"」を標榜し，急成長を遂げる世界最大のE-コマース企業である。2019年にはアメリカのE-コマース市場で40％ものシェアを獲得し，アメリカの全小売売上高の６％を占めている。取扱商品は２億点を超え，物販のみならず映画や音楽，書籍などの多様なサービスを提供している。生鮮食料品を配送する「Amazon フレッシュ」（2007年），音声アシスタント AI アレクサを採用した「Amazon エコー」，有料

▷**アマゾン・ドット・コム**（Amazon.com）
1995年に創業者ジェフ・ベゾス（Jeffrey P. Bezos：1964〜）がアマゾン・ドット・コムの前身企業をワシントン州・シアトルに設立。日本には2000年に進出。

19-3 熾烈な小売競争と市場動向

会員向けサービス「Amazon プライム」，無人コンビニの「Amazon GO」（2018年），自然・オーガニック食品スーパーのホールフーズ（Whole Foods Market）の買収（2017年）やリアル書店「Amazon Books」（2015年）の出店など様々な革新的なサービスの開発を進めている。2018年には，顧客拡大を図るためにヘルスケアの分野にも進出している。

○ウォルマート（Walmart）

2000年に Walmart. com を開設した。2016年以降，ネット通販事業を重視する戦略を採用し，国内4,742店（2020年）の実店舗をいかした**オムニチャネル**化を推進している。

2017年7月にはオンラインで注文した商品を店舗内に設置した機械（Pickup Tower）で受け取ることができるサービスを開始した（資料19-3）。

③ 業績不振に追い込まれる小売店

オンライン・ショッピングの利用が増える一方で，多くの小売店がアマゾンに客を奪われ，業績を悪化させている。こうした現象は「アマゾン・エフェクト」と呼ばれる。特に衣料品や生活雑貨のチェーン店をテナントとして抱える郊外の大型ショッピング・センター（SC）は，客足が遠のき店舗閉鎖に追い込まれるなど苦戦が色濃い。

豊富な品揃え，価格と便利さで利用者を増やすオンライン・ショッピングに顧客を奪われ，業績不振に陥った企業の経営破綻が相次いでいる。2018年10月にはかつて小売業の売上第1位であった GMS のシアーズ・ホールディングスが経営破綻に追い込まれ，125年の長い歴史に幕を下ろした。アメリカでは，2019年の1年間に9,800店もの小売店が閉店している。

さらに実店舗中心の小売業の多くは，2020年以降，新型コロナウィルスの感染拡大により致命的な打撃を受け，店舗閉鎖や経営破綻に追い込まれている（資料19-4）。

アメリカの E-コマースと実店舗をめぐる市場動向は，世界の小売業の現状と未来を展望する上で重要な意味をもっているといえよう。

資料19-4　近年の主な小売業の経営破綻

時期	社名	業種
2017年9月	トイザらス	玩具
2018年10月	シアーズ	総合小売
2019年8月	バーニーズ・ニューヨーク	衣料品（高級）
2019年9月	フォーエバー21	衣料品（カジュアル）
2020年5月	Jクルー	衣料品
	ニーマン・マーカス	百貨店
	JCペニー	百貨店
2020年7月	ブルックスブラザーズ	衣料品
2020年8月	ロード・アンド・テイラー	百貨店

出典：筆者作成。

▷**ウォルマート**（Walmart）
創業者サム・ウォルトン（Sam Walton: 1918-1992）1962年7月にアーカンソー州ロジャーズに第1号店を開店。1980年以降，競合のいない地域に相次いで出店。現在はスーパーセンター，ディスカウントストアなどを展開。Everyday Low Price（EDLP）と呼ばれる低価格の訴求と効率化によるローコスト・オペレーションを武器に店舗網を拡大。1983年に会員制ホールセールクラブ「Sam's Club」を開設。1991年に売上高で全米第1位となり，世界第1位の小売チェーンとなる。

▷**オムニチャネル**
→第10章2「インターネット社会の流通」

資料19-3　店内での注文品の受取り（ピックアップ・タワー）

出典：Walmart HP より。

▷**1**　アメリカには4万7,000ものSCがあるが，2024年までに大型SCの15％が閉鎖すると予測されている。

（参考文献）

公益財団法人 流通経済研究所『アメリカ流通概要資料集（新版）2018年版』，2018年。
佐々木保幸・鳥羽達郎編著『欧米小売企業の国際展開―― その革新性を検証する』中央経済社，2019年。
角井亮一『アマゾン，ニトリ，ZARA … すごい物流戦略』PHP ビジネス新書，2018年。

低価格競争に打ち勝つイギリス食品小売業の own brand 戦略

PB 商品とは？

　メーカーが作る商品は NB 商品（National Brand, ナショナルブランド）とも呼ばれ，全国的に単一ブランドで販売されている。一方，主に小売業者が主体となって商品を企画し，メーカーにその製造を委託したものに各社のブランドをつけ，各グループ店舗で販売する商品のことを PB 商品（Private Brand, プライベートブランド）という。この PB 商品は，今や世界中の小売店で販売されるようになった。その理由としては，同じような商品がすでにメーカーから開発されており，消費者に十分に認知されていることから，例えば，①広告費がかからない，②パッケージはできるだけ安く作ることができる，そして③コスト削減のおかげで NB 商品よりも安い価格で販売できるといったメリットがあるからである。

PB 商品の呼び名の違い

　まずイギリスでは，PB 商品を主に「own brand」と表記して扱い，特定の小売業者の商品であることがはっきりと識別できるように示している。他の呼び名としては，「retail brand」や「own label」などがある。

　一方，「private label」はアメリカ的用語とされ，メーカー（あるいは特許権所有者）のブランドで販売されていない商品を指している。ちなみにアメリカの private label 商品は，例えば，卸売業者や協同組合の名称のついた自己ブランド商品や，小売業者ブランドとして識別できない商品が含まれているため，用語のあいまいさを指摘する研究は多い。また，アメリカの PB 商品は，大量に仕入れた商品に他のブランド名を付けて包装し直したものとして認識されてきたせいで，長く「安い商品」というイメージが付けられてきた。イギリスの PB 商品はメーカー商品と同等で，しかも価格が安いものとしてイメージが確立しているので，両者の違いの大きさを指摘する研究もある。

　さらに日本の場合，既述のように「private brand」が主に使われているものの，多くの分野で小売業者よりもメーカーの市場支配力が強いことから，PB 商品は NB 商品への対抗策，メーカーへの価格交渉策，もしくは競争優位・利益確保の源泉として発展してきた。近年はメーカーと小売業者のパワーバランスが変化しつつあり，大規模小売業者による PB 商品開発は拡大している。また，中小規模のスーパーマーケットなども PB 商品を導入しているものの，メーカーに委託する際の条件として「最小ロット数（最小注文数）」の確保が難しいため，彼らが属するボランタリーチェーンに製造を委託するケースもあり，実態はますます多様化している。

　これまでの日本の PB 商品は，アメリカのように低価格販売が主流であったため，「安かろう悪かろう」というレッテルが長くつけられてきた。しかし，近年，PB 商品のカテゴリー化をすでにはたしているイギリスの食

品小売業のように，「健康志向」，「高級志向」，「低価格」，「オーガニック」など，部分的にカテゴリー化をおこなうケースも増えつつあり高い付加価値をもつ商品が増えている。

小売サプライチェーンによる強力な own brand 戦略

　イギリスの食品流通環境は，主に食品小売業者の上位4社が市場シェアの多くを占め，上位企業による市場の集中度が高い（上位集中化）。これまで上位4社にランクインする企業に変化は生じてきたものの，食品小売業者であるテスコ（Tesco）やセインズベリー（Sainsbury's）といった企業は長くトップに位置している。このような食品小売業者の own brand 戦略は，小売側がサプライチェーンを主導し，原材料・製造メーカーとの商品開発にも積極的に強く関与することで，自社にとって有益で強力な PB 商品開発が可能となっている。そのことがイギリスの PB 商品大国としての地位を高めているといえよう。

　イギリスには1990年代初め，アルディ（Aldi，独）やコストコ（Costco，米）といった多くのディスカウントストアが海外から参入したことで，低価格競争が加速することになった。そのことがイギリス食品小売業にとっては既述の PB 商品カテゴリー化を進めるきっかけとなり，低価格競争への差別化としての「高付加価値」な PB 商品戦略を拡大させる原動力にもなった。また低価格競争はイギリス小売業ランキングの入れ替えを生じさせる要因ともなったが，近年はアマゾン（Amazon，米）との競争が激化しつつも，いまだ外資系小売業者にトップの座を奪われたことはない。それは own brand 戦略を主導する食品小売業の，強力な小売サプライチェーン戦略によるものであるといえる。

（金　度渕）

台湾の流通の特徴

1　「零細過多」の流通構造

　2016年時点における台湾の卸売業の事業所数は22万4,716社であり，小売業の事業所数は28万5,221社である。人口1万人あたりの小売店舗数でみると，日本では2016年時点で約78店舗であるのに対して，台湾では約120店舗である。

　さらに，従業員数でみると，卸売業全体は111万5,926人で，1社あたりの平均従業員数は4.9人である。小売業全体では89万5,300人であり，1社あたりの平均従業員数は3.1人である。このように，台湾の流通構造は日本と類似して「零細過多」が特徴の一つである。

2　人口動態変化と流通

　台湾の面積は九州の0.8倍，約3万6,000平方キロメートルである。2020年5月末時点の人口は2,358万6,000人，人口密度は1平方キロメートルあたり651.6人で，1世帯当たり2.66人である。人口成長率は2019年で前年比わずか0.6％の増加であり，人口構造は15歳未満が12.7％，15歳から64歳までが71.7％，65歳以上が15.6％である（2019年）。そのうち，65歳以上の人口割合は10年前に比べて約5％の増加であった。日本と比較すれば，まだそれほど高齢化が進んでいないが，台湾の**合計特殊出生率**はわずか1.06人で，日本の1.42人よりも少ない（台湾内政部戸籍司「人口統計資料」）。すなわち「少子高齢化」が人口動態上の特徴の一つである。

　上記のような情勢の中で，近年では人手不足による労働コストの高騰が小売企業の大きな課題になっている。台湾経済部がスーパーを対象に行った調査によると，2019年4月時点において82.8％のスーパーが「労働コストの高騰」を経営課題として取り上げている。これは2016年の調査と比べると，31.9％の増加である。

3　国民所得と流通

　2019年の一人当たりのGDPは80万541元台湾ドル（前年比＋2.91％）（2万5,893USドル）である。経済成長率は2.7％である。また，2018年の一世帯当たりの可処分所得は103.6万元台湾ドルである。所得分布を20％ずつ分けた場合，上位20％世帯の可処分所得は209万元台湾ドル，下位20％世帯の可処分所得は

▷1　台湾行政院『105年工業およびサービス業の調査』，9頁，および総務省統計局『日本の統計（2020年版）』

▷2　日本では2013年以降，人口のマイナス成長が続き，2018年は－2.1％の成長率であった。また，日本では65歳以上の人口が1997年に15％前後，2018年に28.1％になった（総務省統計局の『日本の統計（2020年版）』による）。

▷合計特殊出生率
一人の女性が出産可能とされる15歳から49歳までに産む子供の数の平均である。

▷3　台湾経済部「ニュースレター」2020年1月15日付

▷4　台湾行政院主計総処『国民所得統計概要』2020年

▷5　1元台湾ドル約3.63円である（2020年7月22日時点の為替相場）。

34万5,000元台湾ドルであり，その差は6.09倍にもなる。そして，**ジニ係数**は0.338である。

このように，台湾では少なからず経済格差が存在し，貧困問題の解決が社会の一つの課題である。近年では，企業のCSR（Corporate Social Responsibility）活動に関心が高まっている中，政府だけではなく，大手小売企業によるCSR活動も貧困問題に対応し始めている。たとえば，在台湾のカルフール，セブン－イレブン，ファミリーマート，全聯スーパーなどは貧困家庭を対象に募金活動や商品の無料配布など，様々な取組を行っている。

④ 労働力と流通

台湾の2019年の**労働力率**は59.17%である。これはアメリカの63.1%や日本の62.1%より低く，フランスの55.3%より高い数字である。また，台湾の2019年の失業率は3.73%であり，前年比0.02%の上昇で，特に20歳から24歳までの失業率が12.27%で最も高い。さらに，高等教育の普及により，失業者のうち，大学以上の高等教育を受けた者の割合は46.12%である。高等教育を受けた者と若年層の就職が厳しい状況であることがわかる。

産業別の就業人口をみると，サービス部門の就業人口は2019年に684万9,000人で，総就業人口全体の59.55%を占める。前年と比べると，就業人口は5万9,000人増加し，特に卸売業・小売業就業人口は1万4,000人増加し，最も多い。なお，台湾のコンビニの店舗数は2006年の8,564店舗から2019年の1万1,465店舗に増加し，毎年平均200店舗が新設されている。近年では，大学を卒業してコンビニの加盟店のオーナーになる人も増えている。その背景には，コンビニ各社の努力による企業イメージの向上だけではなく，上記のような台湾の労働市場事情も影響していると考えられる。

⑤ 卸売業と小売業の年間商品販売額とW/R比率

台湾の卸売業全体の年間商品販売額は2018年に10兆4,747元台湾ドルであり，前年比4.9%の増加率である。うち国内市場向けが62.7%，国外市場向けが37.3%である。小売業全体の年間商品販売額は2018年に3兆7,371元台湾ドルであり，前年比の増加率は2.2%である。そして，台湾のW/R比率は1.43である。W/R比率は流通段階の多段階性を知る指標であり，それが大きいと多段階性が高いことを意味する。日本の2013年のW/R比率1.83に比べ，台湾の流通経路は若干短いといえる。

▷ジニ係数
ジニ係数は0に近いほど所得格差が小さく，1に近いほど所得格差が大きいということになる（厚生労働省の『平成29年所得再分配調査報告書』による）。
▷6 台湾行政院主計総処『2018年家庭収支調査報告』2019年，24頁。

▷労働力率
15歳以上の人口の内，働いている人と完全失業者の人数を15歳以上の人口で割った値。労働力率（%）=（労働人口／15歳以上人口）×100
▷7 行政院主計総処『人力資源調査統計年報』2020年。
▷8 台湾経済部「ニュースレター」2020年5月15日付。
▷9 国内市場向けの内訳は，本支社内移動が4%，産業使用者向けが11.5%，その他の卸・小売り向けが40.1%，政府・国内一般消費者向けが7.2%である。
▷10 W/R比率は一般的に2つの計算方法がある。一つ目は，小売業販売額に対する卸売業販売額の比率であり，その場合，台湾のW/R比率は2.8倍である。二つ目は，卸売業販売額から「産業使用者向け販売額」と「国外向け販売額」を差し引いた額を小売業販売額で除した方法であり，その場合，台湾のW/R比率は1.43倍である（100%-産業使用者向けが11.5%—国外市場向け37.3%）×卸売業全体の年間商品販売額10兆4,747元台湾ドル／小売業全体の年間商品販売額3兆7,371元台湾ドル）。

第20章　台湾の流通

 流通政策および新旧小売業への影響

▷伝統商業集積
日本での典型的な伝統商業集積は商店街と言われているのに対して，台湾では伝統小売市場と夜市である。伝統商業集積への台湾政府の政策とサポートは，国レベルと地方レベルがあり，国レベルでは資金面と教育面で支援するほか，法律規制と評価認証制度も導入している。また，地方レベルでは監督体制と経営支援活動が行われている（詳細は鍾淑玲「台湾の流通近代化における伝統商業集積の展開—伝統小売市場と夜市の事例を通じて—」『流通』No. 30，日本流通学会，2012年を参照）。

▷ 1　台湾経済部「重大政策」（2020年 6 月29日閲覧）。「デジタル国家（Digital Nation, Smart Island）」が台湾政府の五大政策の一つである。2016年11月に新たな「デジタル国家と革新的経済発展プログラム（Digital Nation & Inno-vative Economic Develop-ment Program（別名 DIGI＋）2017-2025）が発表された。インフラ構築だけではなくソフト面での整備も重視し，サービス業（電子商取引や物流，金融業の Fintech など）を含む「5＋2」産業（Asia Silicon Valley, Smart Machinery, Green Energy, Biomedi-cine, Cybersecurity, New agriculture, Circular eco-nomy）のイノ

1　流通政策の特徴と基本姿勢

　台湾の流通政策は産業の発展を促進する政策が多く，制限する政策はほとんどない。たとえば，商業施設の設置に関する法律は，一般的な建築法に基づく建築物の設置規制である。また，1998年に大型商業施設を対象とした規制が実施されたが，わずか 1 年半で廃止された。また，流通政策の基本姿勢は資本自由化などによって流通を近代化させる一方，**伝統商業集積**に関してはその存続を維持させる方針である。

　さらに，促進政策に関する事例をみると，近年，台湾経済部では以下の 5 つの方向で商業の発展とイノベーションを促進している。a. 越境 EC（インターネット通販サイトを通じた国際的な電子商取引），b. 商業のデジタル化，c. 物流発展，d. 飲食業の発展，e. サービス業のイノベーションと研究開発。[1]

　一方，台湾では消費者を守る法律はしっかり定められている。2000年代以降の電子商取引の増加により，2015年に台湾では小売業のオンライン取引に際して個人情報の取り扱いに関する法律が制定された。[2]

2　EC 化とキャッシュレス化

　上述した IT・デジタル政策による影響もあり，近年，多くの台湾小売企業はデジタル化によるイノベーションを進めている。たとえば，2017年に台湾ファミリーマートは自社のキャッシュレス支払いシステムの Fami Pay を導入し，[3]2019年にスーパーのトップ企業である全聯実業は PX Pay を導入している。

　小売業の商品販売チャネルを2018年の売上高ベースでみると，実店舗が占める売上は 9 割以上の90.7％であり，前年比1.3％の減少であるが，電子商取引を通じた金額は6.9％で前年比1.2％の増加であった。そのほかの商品販売チャネルが占める金額の割合は，それぞれテレビ販売が0.7％，カタログ販売が0.1％，自動販売機が0.1％，直接訪問販売が1.0％，その他が0.6％であった（資料20-1参照）。次に，企業数ベースでみると，2018年時点では小売業全体の34.6％が電子商取引を行っている。電子商取引の導入年数に関しては，5 年から10年が32％で最も高く，次は 3 年から 5 年の24.1％であり，さらに 1 年から 3 年が22.0％であった。

　消費者の支払い方式に関しては，小売業全体では現金決済の割合が37.6％，

資料20-1　小売業の商品販売チャネル（売上高ベース，％）

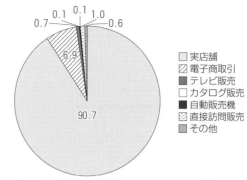

実店舗	90.7
電子商取引	6.9
テレビ販売	0.7
カタログ販売	0.1
自動販売機	0.1
直接訪問販売	1.0
その他	0.6

出典：台湾経済部統計局（2019）『卸売り，小売り，レストランの経営実態調査報告』，16頁より筆者作成。

クレジットカード決済が37％，小切手と銀行振り込みが19.4％，ICカード決済が2.2％，スマートフォン決済が1.1％である。すなわち，台湾におけるキャッシュレス決済比率は約40％である。これは2015年時点の日本の18.4％より高く，アメリカの45％より低い結果である。[4] 実店舗の状況をみると，百貨店の現金率は19％であり，量販店が33.5％である。しかし，スーパーでは現金率が76.3％，コンビニでは87.3％であり，少額支払いに関しては，台湾の消費者は現金で支払う習慣があり，まだまだキャッシュレス化が進んでいないといえる。

③ 伝統商業集積である夜市と屋台の概況

　一方，伝統商業集積である夜市と屋台は，上述した台湾経済部統計局の調査から除外されており，行政院主計総処の「屋台経営概況調査」を参照する。台湾の屋台数は2018年に合計約30万6,900軒であり，前回2013年の調査より2.73％減少した。また，従業員数に関しては3.29％減少して47.6万人であり，売上高も2.08％減少して5,395億元台湾ドルになった。屋台数の割合を商品カテゴリでみると，生鮮肉類が5.81％，生鮮野菜類が7.73％，生鮮果物類が9.75％，飲食物類が53.41％，衣服類が10.10％，その他の商品販売が10.85％，サービス類（娯楽，修理など）が2.35％であり，いずれも減少傾向である。

　なお，台湾全体の屋台数は2003年の10.55％増以降，増加率は少しずつ縮小している。そして今回の2018年の調査において，マイナス成長に転じた。[5] その背景には，台湾市場における大型量販店，インターネット・テレビ通販，コンビニなど多様な小売業態の成長により，消費者の消費形態が大きく変化したことがある。また，前述したように，自ら起業を考える際には，近年では屋台よりも近代的なコンビニが人気になっている。

ベーションやデジタル化を促進する（台湾行政院の公式サイト）。

▷2　全国法規データベースより，2020年6月20日閲覧）

▷3　日本の「FamiPort」のアプリは台湾より一年以上遅れた2016年9月のリリースである。

▷4　経済産業省『キャッシュレス・ビジョン』2018年，10頁

▷5　行政院主計総処『屋台経営概況調査』（2013，2018年）。

参考文献

鍾淑玲『製販統合型企業の誕生——台湾・統一企業グループの経営史』白桃書房，2005年。

鍾淑玲「台湾コンビニのデジタル・イノベーション」『流通』No. 46，日本流通学会，2020年。

第20章　台湾の流通

 台湾の主要小売業態および
小売企業の概況

❶ 主要小売業態の概況

　2018年の台湾小売業全体の年間商品販売額は 3 兆7,371億元台湾ドルであり，前年比2.2％の増加率である。そのうち，中分類の総合商品小売業の年間商品販売額は 1 兆2,226億元台湾ドルであり，3.8％増である。さらに，小分類はそれぞれ百貨店が1.6％，スーパーが4.5％，コンビニが6.3％，量販店が2.5％，その他が4.2％増である。また，その他無店舗販売の増加率は 6 ％である。

　全体的に見ると，コンビニ，スーパー，その他無店舗小売業の伸び率が高く，百貨店の伸び率が低い状況であることがわかる（資料20‐2 参照）。

資料20‐2　年間商品販売額に占める割合				
大分類	中分類・小分類		年間商品販売額に占める割合（％）	前年比の増加率（％）
小売業			100.0	2.2
	総合商品小売業		32.7	3.8
		百貨店	9.1	1.6
		スーパー	5.3	4.5
		コンビニ	8.6	6.3
		量販店	5.3	2.5
		その他	4.4	4.2
	（中略）		–	–
	その他無店舗小売業		7.4	6.0

出典：台湾経済部統計局『卸売り，小売り，レストランの経営実態調査報告』2019年，1 頁の表「近年小売業の年間商品販売額概況」より筆者作成。

❷ 売上高ベースで見る上位の小売企業

　台湾の天下雑誌は毎年2000大企業という調査を行っている。2019年の調査結果からみると，寡占状態が続くコンビニ業態では**統一超商**，**全家便利商店**，菜爾富国際が上位 3 社となり，スーパーでは全聯実業の 1 社が独走している。総合量販店のフランスのカルフールは第 4 位で高い売上高の成長率を出している（資料20‐3 参照）。

　筆者が過去に調べた2007年時点の小売ランキングと比較してみると，当時の第 1 位は同じくコンビニの統一超商であり，売上高は1,023億6,000万元台湾ドルであった。すなわち，12年で統一超商の売上高は2.5倍も成長した。また，

▷統一超商・全家便利商店
統一超商は台湾のセブン‐イレブンの永久運営権をもつ現地企業であり，親会社は台湾大手食品メーカーの統一企業である。全家便利商店は台湾のファミリーマートであり，日本のファミリーマートと現地資本との合弁企業である。
▷ 1 　鍾淑玲「台湾市場における小売国際化」向山雅夫・崔相鐵編著『小売企業の国際展開』中央経済社，2009年。

資料20-3　サービス業—百貨店，卸売業，小売業のランキング（2019年）

順位	企業名	主要業態	売上高 （億台湾元）	売上高の 成長率（%）	利益率 （%）
1	統一超商（セブン‐イレブン）	コンビニ	2560.59	4.56%	4.12
2	全聯実業（全聯）	スーパー	1300	8.33%	–
3	全家便利商店（ファミリーマート）	コンビニ	777.3	8.38%	2.36
4	家福（カルフール）	総合量販店	712	9.88%	–
5	太平洋 Sogo 百貨	百貨店	428.61	-1.11%	1.13
6	特力	ホームセンター	380.61	-4.60%	0.26
7	遠東百貨	百貨店	378.96	-3.43%	4.7
8	新光三越百貨	百貨店	266.62	1.74%	6.3
9	微風広場実業	ショッピングモール	236.67	28.02%	1.31
10	萊爾富国際	コンビニ	215.78	-1.23%	–

出典：天下雑誌（2020）「2019年二千大企業調査ランキングのデータベース」（最終閲覧日：2020年6月16日▶2）。

当時の第2位は総合量販店のカルフールであり，売上高は670億元台湾ドルであったが，スーパーとコンビニの成長により，第4位に転じた。そして，当時の第3位は新光三越百貨店であり，売上高は640億5,600万元台湾ドルであったが，現在の売上高は約6割減少して，2019年に第8位に降下した。さらに，当時の第4位は家電量販店の燦坤実業であったが，今回は第12位に転落した。最後に，当時の第5位はスーパーの全聯実業であり，売上高は350億元台湾ドルであったが，2019年には第2位に上昇して，12年間で売上高が3.7倍増加した。

③ 小売企業の業態転換とイノベーション

2000年代以降，無店舗販売の小売業が大量に出現し，台湾の消費環境が大きく変化しているなか，実店舗を中心に展開している小売企業は2019年に高い成長率を示している。

たとえば資料20-3における上位小売企業4社をみると，いずれも積極的にイノベーションを行い市場変化に対応していることが共通点である。具体的には，コンビニ上位2社では，時代変化に対応した商品の開発や新型の店舗の設置，デジタル化など様々な取組が行われている。また，第2位の全聯スーパーは十数年前に生鮮食品分野を導入し始め，現在はデジタル化も進んでいる。また，総合量販店のカルフールは一時的に売り上げが伸び悩んでいたが，近年ではスーパー型店舗の設置で業態転換を行っている▶3。そして，スーパーや総合量販店などではオンラインとオフラインを融合したオムニチャネルの構築も行われている。

▶2　外資系上位企業の多くは台湾の流通資本自由化が開始した直後の1980年代後半から1990年代前半までに台湾の小売市場に参入した。例えば，ファミリーマートは1988年，太平洋 Sogo は1987年，カルフールは1989年，新光三越百貨は1991年，特力（前，B&Q）が1995年である。なお，太平洋 Sogo と特力は現在，完全に現地資本企業に転換されている。

▶3　2019年現在，台湾ではカルフール137店舗のうち，69店舗がスーパー型店舗の便利購スーパーである。

コラム 14

激変する中国の小売流通20年

　過去20年間，中国の小売流通は目まぐるしく変化し，市場が大きく成長している。中国国家統計局が発表した2020年の社会消費財小売総額は39兆1,981億元であり（コロナの影響で2019年より3.9％減），2000年の3兆4,153億元から10倍以上の成長であった。過去20年間を前半10年と後半10年の2つに分けて特徴をみると，2001年から2010年は外資企業と現地企業が対抗した10年であり，2011年から2020年は現地企業の資本拡大と技術革新によって激変した10年であった。

外資企業と現地企業の対抗（2001～2010年）

　中国における流通近代化は，政府の経済改革と流通政策に大きく影響され，矛盾と衝突が時折発生しながら進行してきた。中国は1992年から段階的に流通の外資企業を導入し，外国からの資金投入と経営技術の獲得によって，国内流通企業の近代化を促進させた。しかし，1990年代後半以降の外資参入攻勢が一段と活発化し，WTO加盟をきっかけに，2004年以降は外資系の小売業，卸売業参入の出資比率，出店地域が大幅に緩和されて，ウォルマートやカルフール，大潤発などの外資系小売企業の巨大化がさらに現地企業の脅威になった。

　打開策として，中国政府は様々な流通政策を打ち出した。例えば，国家経済貿易委員会は2001年に「全国チェーンストア経営に関する発展計画」を公布し，商務省は2004年に重点的に育成する20の大型商業企業集団のリストを公表した。国務院は2005年に，国有流通企業の再編，経営不振企業の処分，大型流通企業集団の育成，中小流通企業の活性化，チェーンストア経営の促進，近代的な経営方法の導入，物流配送センターの設置，情報化などを内容とする「国務院による流通業の発展を促進する諸意見」を各地方政府に通達した（詳細は矢作敏行・関根孝・鍾淑玲・畢滔滔著『発展する中国の流通』（白桃書房，2009年）第1章と第2章参照）。なお，国内集団企業の再編は，北京の首聯集団（2001年），上海の百聯集団（2003年），武漢の武商聯集団（2007年）の3つが代表であった。

　一方，新しい小売業態ではEC（electronic commerce）を主体業務とするアリババ・グループ（以下アリババ）が2003年に「淘宝網」（タオバオ）を設立し，2004年に決済アプリ「アリペイ」を導入した。京東グループ（以下京東）も2004年に，京東商城（JD. COM）の前身である京東多媒体網を設置した。これらのほかに，この時期では1990年代までの百貨店に代わって，大型ショッピングモールが人気を集めた。

現地企業の資本拡大と技術革新によって激変した10年（2011～2020年）

　2011年から2020年の間では，資本力をもつ小売企業の拡張や，高速インターネットとスマートフォンの普及などによる新しい小売業態の躍進が特徴であった。まず，アリババと京東がその地位を固めた。アリババが2012年

に行った"双11"のキャンペーンでは，淘宝網と天猫（Tmall）の2つのサイト合計で1日191億元の販売記録を残した（のち淘宝網が天猫に統合された）。同年に，京東はアリババに対抗するために15億元の資本金を投入した。そして，2012年のEC全体の売上高が前年比69.2％増加し，社会消費財小売総額の6.23％を占めるようになった。2014年，京東とアリババが相次いでアメリカの株式市場に上場し，さらに巨大な事業資金を入手した。ほかに，実店舗をもつ小売企業もオンライン環境を整えた。たとえば，大潤発は2013年にECの飛牛網を設立し，ウォルマートは2016年に自社運営ECを売却して，JD. comとの提携関係を強化した。

　2015年，EC売上高のシェアが10％に上昇したが，依然として実店舗のシェアが高いことから，2016年にアリババが「新小売り」概念を提唱し，生鮮スーパー「盒馬鮮生（フーマーシェンシェン）」を設立し，同様に2017年に永輝スーパーが「超級物種」，2018年に京東が「7Fresh」を設立し，オンラインとオフラインの融合が進んだ。なお，2015年に，ショッピングモールの売上高が鈍化し始めた。

　コンビニ業界では全国展開を狙う日系コンビニ大手3社が出店を拡大し続ける一方，資金力をもつ現地企業が各地域で上位の地位を確保した。欧米系の大型小売企業に関しては勢力が落ちている。2014年にテスコは華潤万家に合併され，2019年にカルフールは蘇寧易購，メトロは物美に買収された。

　2020年にはコロナの関係で在宅機会が増えて，コミュニティで共同購入する販売方法「社区団購」と「ライブEC（直撥電商）」の人気が急増し，「社区生鮮店」と呼ばれる近隣住民密着型の小型食品スーパーの出店も増加した。さらに，既存の食品スーパーチェーンが「到家（ダオジャ）」と呼ばれる注文してから30分以内に宅配するサービスを始めた。

　このように，今後も変化が激しい中国の流通から目が離せない状況である。

（鍾　淑玲）

第21章　韓国の流通

韓国の流通の進化と特徴

▷伝統市場（在来市場）
利用者の声として駐車場設備や衛生環境，品揃えへの不満があるとされ，その打開策の模索や国の支援が続いているが，成果が出ていないのが現状である。衰退のおもな要因としては，価格競争力，商人の高齢化，サービスやマーケティング力の不足，施設の老朽化，返品対応やクレジットカード利用の脆弱性などが指摘できる。

▷大型マート
韓国では，一般的に「スーパー」と呼称した場合には「町の小型スーパー（ドンネ〈町〉スーパー，ビルの1階などに併設）」のことを指していて，日本でいう食品スーパーである。大型マートは割引店とも呼ばれ，日本でいう総合スーパーである。大型マートはディスカウントストアなので，外資系小売業として参入したスーパーをディスカウントストアと呼ぶことになった。

▷1　韓国統計庁。

① 韓国の流通の発展と消費トレンドの変化

　韓国の流通は，長く伝統的な零細小売業と**伝統市場（在来市場）**が主流であった。1970年代，政府の流通近代化政策によって政府主導での住居地域に点在する零細な「よろずや店」をスーパーマーケット（以下，スーパー）へ転身させる支援を行い，スーパーのチェーン化を推進した。1980年代から90年代にかけては，百貨店が1988年のソウルオリンピック開催の好景気に支えられて進化しつつ，2000年代以降，1982年に誕生したコンビニエンスストア（以下，コンビニ）が韓国流通の主役の一つとなった。

　ただ，本格的に韓国の流通が進化を遂げるきっかけとなったのは，1990年代の「割引店（低価格販売が基本だったため）」とよばれた大型ディスカウンター（以下，大型マート）の台頭であった。**大型マート**の発展は「大量陳列，低価格販売」が基本となるが，それまでは百貨店が唯一の大規模小売業であったため，当時としては新しく画期的な経営手法として消費者の支持を集めることとなった。それに加え，1997年には「韓国通貨危機」があったものの，2000年以降には所得の安定的な上昇による生活水準の高度化も進んだことで，自家用車を利用した大型マートへの買い物が一般的となった。

　近年，韓国の消費トレンドは変化しつつある。第1に，スマートフォンの普及もあって，アプリを通じて買い物が簡単にできるようになったことで，買い物の利便性がより高まっている。第2に，定期的に商品の宅配を受けるサービスや家事労働を代行するサービスなどの普及によって「マッチング消費」が増えつつある。第3に，人口構造の変化，特に平均世帯員数の減少（4.5人〈1980年〉→2.3人〈2020年〉）により，およそ2000年以降，家計消費支出は減少したとされ，また，「出産率の低下（一人当たり0.84名〈2020年〉，OECD加盟国最下位）」や「単身世帯（15.5%〈2000年〉→31.7%〈2020年〉）および共働き世帯の増加（45.4%，〈2020年〉）」などにより，オンラインショッピングやコンビニ消費といった個人消費が増える結果となった。第4に，海外運営サイトからの直接購入が増えたことで，消費トレンドは急激に変化しつつある。

② 外資系小売業の参入と SSM 業態の進化

　1996年，それまで制限的であった韓国の流通市場が全面的に開放されたこと

を受け，**外資系小売業**の市場参入が相次いだ。参入形態に違いはあるにしても，1996年にはカルフール（仏），1998年にはウォルマート（米），そして1999年にはテスコ（英）が相次いで市場に参入を果たす。近年では特に，コストコ（米，会員制の倉庫型小売業）の躍進が続いており，全世界売上トップ10店舗のうち，5店舗が韓国のコストコ・コリアとなっている。

また，韓国最大の大型マートの「Eマート」が1号店を出店してから10年後の2003年に全体の売上げ規模は21兆2,000億ウォン（当時のレートで約2兆600億円）にのぼり，百貨店全体の売上げ規模の19兆3,000億ウォン（約1兆8,779億円）を初めて上回ることとなった。これは，およそ2000～2003年ごろまでの大型マートの過剰な多店舗化によるものであった。

他方，このような事情により在来市場や零細小売業はますます市場での衰退や縮小が進む。その結果として町の小型スーパーがそれを補う格好となったのだが，韓国の住宅事情も度重なる「住宅法の改正」によって再開発事業が都市部の多くで発生した。さらには単身世帯の増加にともなったワンルームマンションや「オフィステル（オフィス＋ホテルの意味）」ブームの到来，そして大手建設会社が手掛ける大規模集合アパートへの需要が高まった。**大手建設会社**らによって再開発された住宅地域では，3節にみる大企業が運営するSSM（企業型スーパーマーケット，Super Supermarketの略）が新設され，地域の新たな主役となった。SSMは，外資系小売業に打ち勝った韓国既存勢力の大型マートに対して，流通市場での飽和状態を打開する目的から誕生したとされ，2007年ごろまで続いた競争差別化戦略の中心的業態となった。

③ コンビニの成長とインターネットショッピングの躍進

2008年になると，国内景気の急激な悪化により，百貨店やスーパー，そして大型マートの売上げが著しく低迷し始めたのだが，このころより売上げを安定的に伸ばした業態がコンビニであった。しかし，コンビニの新規出店数の顕著な増加が続いたことで，1店舗当たりの収益を圧迫する事態に陥ってしまう。2012年には公正取引委員会が1,000店舗以上を保有する代表的な5社のコンビニに対し，既存店より半径250m以内での追加出店を禁止する「模範取引基準」を制定したが，コンビニの飽和状態は今も続いている。

また，オンラインショッピングは年々拡大している。市場規模は約18兆4,052億ウォン（2021年12月販売額，前年同月比15.8%増，約1兆8,000億円）にのぼる。年間では約192兆ウォン（前年比21%増，約19兆円）となり，小売販売額に占める比率は約28.7%となっている。そのうちのモバイルショッピングは138兆1,951億ウォン（1前年比27.6%増，全体の約72%，約13兆8,000億円）を占めている。

▷**外資系小売業**
大型マートの韓国既存勢力との競争激化と大規模店舗への規制の強化も影響したことで，2006～2007年にかけてはカルフールとウォルマートが，2015年にはテスコが撤退した。そんななかでもコストコ・コリアは，全16店舗で約4兆ウォン（2018年，約4012億円）を売上げており，ソウル市内に位置する「ヤンジェ店」に限っては世界トップの売上げ店舗（同年売上げ約5千億ウォン，約501億円）となっている（デイリー社）。

▷**大手建設会社**
「サムスン物産（株）」「ヒュンダイ建設（株）」「GS建設（株）」「ロッテ建設（株）」など，いずれも財閥グループ会社である。つまり自らが建設した大規模集合アパートの地域に，グループ会社の小売店を置くことで，地域一帯を独占する形につながった。

▷2 『朝鮮日報』

第21章　韓国の流通

 ## 韓国の流通政策の変遷

 ### 1980～1990年代の流通産業近代化政策期

　韓国の流通政策の始まりは1951年の「中央卸売市場法」にさかのぼるが，本格的に整備されていくのは1980年代からであった。1961年に制定された「市場法」が廃止された1986年には「卸売・小売業振興法」の制定があり，**流通産業の近代化**を推し進めることを狙いとした「消費者保護法」「公正取引法」「訪問販売などにかかわる法律」などが施行された。

　この時期は，「流通産業近代化促進法」と「卸売・小売業振興法」が流通政策の中心であった。前者の促進法の目的は流通環境の改善と流通産業の近代化にあったのだが，後者の振興法の目的は健全な商取引を通じた消費者保護と国民経済の発展にあった。より具体的には，売場面積を基準にした大規模小売店の開設へは許可制を適用すること，そして大規模小売店の影響力が中小小売店へ多く及ぶ場合には営業時間や休日など，大統領令が定める事項の変更を勧告することもできた。また，流通業者の育成政策として，例えば，道路整備や駐車場・公共施設設置などへの支援を行い，さらには，当時，新しい販売形態であった分割払いや訪問販売，そして通信販売には，販売価格や商品種類などを記載した契約書を義務づけた。

　1988年になると「流通市場3段階開放計画」の施行を通じ，先進国が流通業に対して市場開放を要求する圧力への対応を準備していく。それまで，外国からの投資が制限されていた流通業に対して，一部の小売業は投資許容業種への転換を認め，取扱品目と売場面積の制限付きで開放が進められた。しかし，これにより段階的に進められていくはずだった外国からの投資は，1993年のウルグアイ・ラウンドの決定を受け，同時に国内の大型マートに対する規制が緩和されたことで，1996年1月からは売場面積の制限がないままに進められ，実質的な市場開放が促されたのである。そのため外資系小売業への対応策が進められ，1997年には「**流通産業発展法**」が制定，5年ごとの発展基本計画を確立していく。また，大規模店舗の開設にかかわる各種規制の緩和を進めながら，チェーン化の育成や専門商店街団地の建設を含む，中小事業主への保護を強めていき，流通情報化の推進や人材育成への支援を進め，流通産業の長期的発展の準備も進めた。さらには，地域の商店街振興のための支援策を講じ，保管や運送などの共同施設の設置や道路整備，公共施設の建設などを行った。

▷流通産業の近代化
ソウルオリンピックの開催に向けた国家を挙げての種々の近代化を全面的に推し進め，高度経済成長の土台を固め流通の重要性が認識されたといえる。

▷流通産業発展法
大規模小売業対中小小売業のバランスを模索する中，実質的には大規模店舗を規制する意味が強い。大規模店舗を休ませ，同時に大規模店舗によって強く影響を受け，夜間や休日も働かざるを得ない中小商人（大規模店舗に入居する店舗の労働者や関連する労働者）の休む権利を保障するため，「義務休業」を設けて営業日数の規制などを行うことであったが，その全体的な効果を疑問視する見方が多い。

② 2000年代以降の中小流通業への支援と大規模店舗への規制

2000年代になると，流通政策は中小流通業の支援政策に重点がおかれた。それは大規模小売業の拡大と大手小売グループが展開するSSMの発展により，中小流通業の競争力が低下したためであった。特に零細小売業は，流通市場の開放が影響し，1995～2002年の間に約30％も市場規模が縮小したとされる。

その主な政策であるが，①在来市場および商店街支援策，②中小規模流通業の競争力強化基盤の構築，③中小流通業の組織化・協業化の支援，④大規模・中小規模流通業者間の共存のための支援，⑤中小商人（大規模店舗に入店している商人）支援および構造改善事業，であった。まず，①については，1996年から伝統市場の再開発・再建築が進められ，2004年「在来市場育成のための特別法」の制定，2006年には伝統市場付近の商店街まで支援の対象を広げる法律に改定され，「商圏活性化区域」として指定して支援できるようにした。これにより老朽化した施設への支援が2002年から始まり，2010年までに835ヵ所の在来市場に対し，1兆2,000億ウォン（当時のレートで約1,000億円）の支援があったとされる。②は，例えばフランチャイズ・システムの積極的な拡大を目指しつつ，サプライチェーンの活性化を通じた事業者間の相互協力体制の構築を目指すためのデジタル化の推進である。③は，例えば共同卸物流センターの建設を通じた共同購入や配送が推進された。④は，公正な取引慣行の定着を誘導する事業を展開し，制度を設けて支援しようとするものであった。⑤は，自営業へのコンサルタント教育や研修，さらには海外進出への支援も含まれている。

その後，大手小売グループが新たな事業として展開したSSMによって，中小小売業への脅威が拡大したことで，徐々にSSMへの規制の要求が高まり，2010年，A.「流通産業発展法」とB.「大・中小企業相生協力促進に関する法律（相生協力法）」の制定に至る。まずAは，特に大規模小売業を規制する目的があり，①SSMを「準大規模店舗」として分類し，②「伝統商業保存区域」を指定できるようにしたこと，③準大規模店舗の開設登録制を導入したことで保存区域に店舗があった場合は登録を制限したり条件を付与したりし，場合によっては登録を取り消すことができるようにした。その後，2012年には営業時間を制限させて義務休業日を指定し，規制をより強めることになった。一方，Bについては，大手小売グループがSSM同士の競争状況の打開のために直営をやめ，フランチャイズ形式に変更を進めたことにより，さらに法改正の必要性が提起された。そのため，SSM加盟店にも，大規模小売業に適用する「事業調整制度」に含める法改正が行われたが，政策の効果が弱いとされ，近年においても大規模小売業に対する規制の議論は続いている。

（参考文献）

本節は，次の文献を参考にしている。
（韓国語図書）キムスッキョンほか著（2011）『流通業界の構造変化および競争力強化案——小売流通を中心に（研究報告書2011-602）』KIET産業研究院）。

第21章　韓国の流通

 韓国の小売業態の特徴

▷ SSM（企業型スーパーマーケット, Super Super-market の略）
アイテム数は約1万2,000（大型マートは約5万6,000アイテム）であり, 日本の総合スーパーの小型版といえる。上位3社（2020年）は, ①ロッテスーパーが453店舗で売上げ約1兆6,570億ウォン（約1,603億円）, ②Eマートエブリデイが240店舗で売上げ約1兆2,953億ウォン（約1,253億円）, そして③GSザフレッシュが322店舗で売上げ約1兆2,738億ウォン（約1,232億円）となる（イトゥデイ社, ニュースデイリー社）。
▷ PB商品
近年, 韓国のコンビニではPB商品であるレディ・ミール（電子レンジやお湯で温めて食すもの）や日本でいう中食（おにぎり, おでんなど）が注目を集めつつ売上げを伸ばしている。PB商品のカテゴリー別の割合でレディ・ミールは, 日本が27.1％, イギリスが67.5％, そして韓国は58.6％となっている（Euromonitorデータ）。コンビニ店内に一人用の席の配置も拡充され, 消費トレンドの変化を含め, 食生活の簡便化が進んでいる。

① 伝統市場（在来市場）

　伝統市場（在来市場）は, 3,000 m^{2}以上の規模を「登録市場」とし, 1,000 m^{2}以上かつ50店舗以上が要件を満たしていれば「認定市場」としている。認定市場を基準にすると, 韓国全土で1,437カ所が存在, 市場内の全店舗数は20万5,271店となる（2018年時点）。1970～80年代には, それまで唯一の大規模小売業であった百貨店と肩を並べるほど, 韓国の流通の主役であった。しかし, 大型マートやSSMのような新しい業態の台頭により, 現状維持が厳しく, 競争力の低下が著しく進んでいる。

　そのような状況において, 町おこしや村おこしの観点から, 在来市場の存続を目指して努力する若い世代が増えつつある中で, 在来市場の存続活動に対する政府支援策の具現化が大きな課題となっている。とはいえ, 在来市場は消費者にとっては価格交渉ができる唯一の場所となっているため, 貧困層にとってはなくてはならない存在となっている。

② スーパーマーケット

　韓国最初のスーパーは「韓国スーパーマーケット株式会社」で1964年に設立されたが, 当時の消費者にとってはスーパーの認識不足や在来市場中心の消費生活も重なり, 1960年代末には姿を消すこととなる。その後, 流通近代化を掲げた政府主導により多くの企業がスーパー事業への進出を果たすわけだが, それが現在のSSMの前身であった。

　外資系小売業の韓国流通への脅威は予想されたほどには大きくなかったが, 近年, 韓国の流通環境を大きく変えた存在の一つがSSMであった。SSMは1970年代に登場した第1期SSMと2000年代に登場した第2期SSMとに区分する見方もあり, 第1期SSMは, 政府主導により流通近代化の一環で登場し, 1990年代初めまでは順調に成長が見られたものの, 大型マートの台頭や「韓国通貨危機」により, その多くが消滅した。一方, 第2期SSMは, 大型マートの競争激化や出店の困難性から, 中小規模店舗を住宅街や大規模集合アパート地域に出店することになっていくが, これが現存するSSMとなる。

　韓国統計庁の韓国標準産業分類によれば, スーパーは, 「スーパーマーケット」と, 「その他, 飲・食料品中心の総合小売業」の2種に, あいまいに分類

されている。これは韓国の消費者の間でも，スーパーは「食料品を中心に販売するもの（日本の食品スーパーに近く規模は小さい）」，という認識が根強くあり，「規模による識別」のみで店舗分類してきたためであるとみられている。ちなみに統計庁では一般のスーパーとSSMも区分していない。つまり，営業時間や規模の規定を守れば規制の対象にはならないため，そのようなSSMに対する零細スーパーらの生き残り策の模索が続いている状況にある。

③ 大型マート

　日本の総合スーパーのような品揃えをする「割引店」とも呼ばれる大型マートは，Eマート（1993年ソウル市にて開店），Kim's Club（1995年同じくソウル市）から始まる。

　初期の店舗形態は倉庫型で，ローコスト経営と毎日低価格で販売するEDLP戦略を基本としたことで，それまでの大規模小売業が百貨店のみであったことから，ディスカウントストアの色彩がより強く作用したといえる。その後，ホームプラス（1997年，テグ市）やロッテマート（1998年，ソウル市）などが大都市圏だけでなく地方都市にも相次いで登場し，Eマート，ロッテマート，ホームプラス3社のの総店舗数は412店舗（2021年11月時点），総販売額が14兆ウォン（1兆3,535億円）を超えている。

④ コンビニエンスストア

　韓国のコンビニ業界の発展は単身世帯が増加するなか，近距離・少量購買の消費傾向が強く表れた結果であるとみられており，店舗数（2019年）の上位3社はGS25が1万3,899店，CUが1万3,820店，そしてセブンイレブンが1万5店となっている。

⑤ オンラインショッピング

　オンラインショッピングにはインターネットショッピングやテレビショッピング，モバイルショッピングなど，多様な形態がある。韓国統計庁（2021年12月）によれば，近年，オンラインショッピングの拡大は著しく，海外サイトでの直接購入も高い割合を占めている。具体的な規模は，5兆1,401億ウォン（約5,100億円，前年比26.4％増）で，構成比はアメリカ（40.5％），中国（26.0％），EU（22.3％），そして日本（6.4％）などである。

　オンラインショッピングの大きなトレンドは，①「1-Dayプロモーション」で，ブラックマンデー（米）のような限定的なショッピング日を指定すること，②「1日配送」が基本で，注文から配送まで1日で済ませること，③単身世帯を狙った商品提供をすること，などが挙げられ，若い単身世帯を狙った広告プロモーション活動が活発化している。

▷**韓国のコンビニ業界**
上位5社の年間売上高（2018年，店舗当たり平均額）は，GS25（LG系グループ，6億7,202万ウォン〈約6,740万円〉），ミニストップ（日本イオングループ，6億753万ウォン〈約6,093万円〉），CU（BGFリテール，サムスン系グループのボグァングループ，5億9,312万ウォン〈約5,949万円〉），セブンイレブン（ロッテ系列コリアセブン，米子会社からライセンス供与，4億8,759万ウォン〈約4,891万円〉），Eマート24（新世界グループ，3億9,631万ウォン〈約3,975万円〉）となる（韓国経済新聞）。
▷1 『韓国中央日報』
▷**オンラインショッピング**
2021年の動向について韓国統計庁によれば，商品群別オンラインショッピングの取引額は化粧品（−1.8％）で減少がみられたものの，食事サービス（48.2％），飲・食料品（26.3％），家電・電子・通信機器（25.8％）などで増加している。構成比でのトップ3は，食事サービス（13.3％），飲・食料品（12.9％），家電・電子・通信機器（11.8％）となっている。

（参考文献）
本節では次の文献を一部参考にしている。
パクチャンウク（2014）『韓国の小売業態および業種別流通経路』韓国生産性本部。

人名・企業名索引

ア行

阿部真也　*29, 39, 79*
アマゾン（Amazon.com）　*172, 175, 178*
アリババ　*188*
アンテルマルシェ　*166, 168*
石井淳蔵　*25, 31, 75, 83, 84, 86*
石原武政　*29, 31, 38, 39, 75, 82, 84*
イズミヤ　*58*
伊藤忠商事　*69, 72*
イトーヨーカ堂　*58, 64, 173*
ウィリアムソン, O. E.　*78*
ウェルド, L. D. H.　*45*
ウォルマート　*175, 179*
江上哲　*51*
オルダースン, W.　*28, 76*

カ行

花王　*64, 70*
カステル, M.　*101*
加藤司　*77*
カルフール　*166*
ガルブレイス, J. K.　*80*
関西スーパーマーケット　*67*
栗木契　*87*
コストコ　*175*
コトラー, P.　*48, 50*
コメルス・アソシエ　*169*
コンバース, P. D.　*45*

サ行

サイモン, H. A.　*80*
サムエルソン, P. A.　*81*
資生堂　*64, 70*

ショー, A. W.　*44*
鈴木敏文　*64*
セーフウェイ　*55*
セブン＆アイ　*65*
セブン＆アイ・ホールディングス　*69, 172*
セブン－イレブン・ジャパン　*65, 67*
セン, A.　*142*
全家便利商店　*186*
全聯実業　*184, 187*

タ行

ダイエー　*54, 64, 66*
田村正紀　*25, 27, 31, 75, 81, 90*
ディーン, J.　*41*
統一超商　*186*
トヨタ自動車　*71, 73*
ドラキア, N.　*102*
ドラッカー, P. F.　*50*

ナ・ハ行

中内㓛　*57, 64*
中曽根康弘　*57, 60*
ハーシュマン, E. C.　*29*
バーナード, C. I.　*80*
バックリン, L. P.　*76*
林周二　*64*
ピケティ, T.　*122*
ファーストリテイリング　*65, 71, 172*
フィラト, F.　*102*
盒馬鮮生（フーマーシェンシェン）　*189*

フォード　*46*
ブシコー, A.　*166*
風呂勉　*27, 39*
ベル, D.　*100*
ボードリヤール, J.　*99*
ホール, M.　*24*
細川護熙　*61*
ホランダー, S. C.　*31*
ボン・マルシェ　*166*

マ行

マックネア, M. P.　*30*
松下電器産業　*64, 70*
三井物産　*68, 69*
三越　*66, 173*
三菱商事　*68, 69*
向山雅夫　*31*
森下二次　*81*
森下二次也　*25, 33*

ヤ・ラ行

ヤマダ電機　*65, 70*
吉村純一　*79*
楽天　*113*
E. ルクレール　*166, 168*
レビット, T.　*81*
ローソン　*69*

事 項 索 引

A–Z

ALUR 法（仏）　*171*
AMA　*38, 42, 44, 48*
BAT　*94*
BID（Business Improvement District）　*177*
EC モール　*112*
EDI　*90*
EDLP　*144, 179*
Everyday Low Pricing
　　→ EDLP
FAO　*137*
GAFA　*94*
GATT（関税および貿易に関する一般協定）　*55*
GHQ（連合国軍最高司令官総司令部）　*54*
HILO　*144*
Hi–Low Pricing　→ HILO
LAN　*90*
Leegin 事件米連邦最高裁判決　*109*
NAMT　*42, 44*
NB（ナショナルブランド）　*180*
NPO　*91, 133, 142*
own brand　*181*
PB（プライベートブランド）　*64, 75, 180, 194*
POS（Point of Sales, 販売時点情報管理）システム　*7, 13, 90*
QSC マネジメント　*140*
SCM　*70*
SDGs　*137*
SDGs / ESG 金融　*151*
SNS　*95, 137*
S–O–R 理論　*98*
SPA　*71, 75*
SSM　*191, 193, 194*
STP　*47, 100*
TMO　*161*
TPO　*13*
WFP　*142*
W／R 比率　*15, 183*

ア行

「アコーディオン」理論　*31*
アソシエーション　*169*
アソートメント（Assortment）　*3*
アソートメント機能　*14*
熱海会談　*70*
アパレル　*71, 104, 152*
アパレルメーカー　*66, 71*
アメリカ・マーケティング協会
　　→ AMA
アメリカ的生活様式　*102*
E-コマース（電子商取引）　*155, 174, 178*
異業種参入型　*132*
異業種連携型　*132*
石井・石原論争　*84*
依存効果　*80*
一般懸賞　*111*
一般廃棄物　*139*
意図せざる結果　*81*
命がけの飛躍　*84*
意のままにならない他者　*81*
ヴァーチャルデータ　*95*
ウォルマート化（Walmartiza-tion）　*122*
エシカル消費（倫理的消費）　*104, 150*
エッセンシャルワーカー　*120*
エリアフランチャイジー　*21*
延期―投機の概念　*76*
延期―投機理論　*138*
大型マート　*190, 194*
大手建設会社　*191*
オープン API　*93*
犯された商業論　*38*
オムニチャネル　*92, 179, 187*
折り込み広告　*144*
卸売業の分類　*15*
卸売市場　*9, 139*
卸の多段階性　*64*
オンラインショッピング　*191, 195*
オンラインショップ　*19*

カ行

介護関係職種　*120*
開差　*45*
外資系小売業　*181, 191, 194*
回収物流　*9*
階層組織　*78*
外部不経済　*139, 148*
買回品　*2, 17*
快楽的消費　*99*
科学的管理法　*44*
価格リスク　*137*
格差社会　*101, 103, 122*
格差をめぐる議論　*118*
カーシェアリング　*152*
過剰供給（Oversupply）　*138*
過剰出店（Overstore）　*138*
課税　*149*
寡占　*42, 46, 80*
価値　*83, 86*
価値共創　*49*
稼働所得　*115*
貨幣　*12*
カーボン・オフセット　*150*
ガムの検証に1,000万円　*110*
為替レート　*60*
環境　*104*
環境基本法　*147*
間接流通　*8*
完全競争　*42*
完全失業率　*116*
機会主義的行動　*78*
企業家精神　*64*
企業型スーパーマーケット
　　→ SSM
企業集団　*68*
企業主義　*54*
企業的マーケティング論　*44, 49*
疑似百貨店　*55*
技術革新のマーケティング　*47*
基底はないが規範はある　*85*
規模の経済　*20, 42, 66, 76*
基本的属性　*82, 84*
キャッシュレス　*92*
90年代流通ビジョン　*156*
業種　*16, 31*

業種店　13, 74
競争的使用価値　82, 85
業態　13, 16, 31, 168
協同組合　17, 22, 79, 180
協同組合原則　169
共同懸賞　111
共同仕入れ機構　169
京都市　59
共有価値の創造（CSV）　143
許可制　57
均一価格店　166
銀行資本　37
近代管理論　80
近代的な商法　18
クイック・レスポンス　140
空間的ギャップ　136
偶有性　86
偶有性の中で，マーケティング秩
　　序はいかに生成するか　85,
　　86
偶有的な結果　84
具体的欲求　82
熊本県　57
暗闇への跳躍　84
クリティカル・マーケティング
　　50
グローバル化　5
グローバル流通企業　168
経済近代化法　170
経済的規制　159, 160
経済的懸隔　4, 6
経済のサービス化・ソフト化　48
京東商城（JD. COM）　188
景表法　110
懸隔相互関係　5
現代マーケティング論のスフィン
　　クス　81
高圧的マーケティング　46
公共的サービス　101
公共的な財や集合的なサービス
　　99
合計特殊出生率　182
公衆衛生　139
高度成長　54
購買代理機能　14, 16
小売イノベーション　167, 168
『小売企業の国際展開』（2009）
　　186
小売業態　30

小売商業集積　17
小売商業調整政策　159
小売商業調整特別措置法　→商調
　　法
小売商業店舗共同化事業　162
小売店起点型流通　75
「小売の３つの輪」論　31
小売の零細・過多性　64
「小売の輪」理論　30
小売部面における需給調整方式
　　160
小売ミックス　31
国際世界食糧計画　→ WFP
国連食糧農業機関　→ FAO
互州　79
個人的最終消費者　2, 14
国家との対立　95
国家による市場の人為的創出　47
固定資本　43, 47
呉服屋系百貨店　18
古物商許可　152
コミュニケーション資本主義　41
コミュニティー・マート構想
　　156
コンセ　67
コンパクトシティ　160
コンビニエンスストア（コンビ
　　ニ）　18, 67, 174, 195
コンビニ業界（韓国）　195

サ行

在庫リスク　137
最終処分場の残余年数　146
再生利用実施率の達成目標　150
再販売価格維持行為　108
再販売業者　15
サステナビリティ　104
サービス・ドミナント・ロジック
　　49
サービス・マーケティング　49
サブカルチャー　99
サプライチェーン　75, 91, 136,
　　138, 144, 145, 181, 193
サミット　60
産官学連携型　132
産業資本　25, 32, 38, 94
産業資本の運動　32
３分の１ルール　138
三位一体　37
シェアリング・エコノミー　152

時間的ギャップ　136
事業拡大型　132
資金の集積・集中　36
自己責任　141
市場　78
市場外流通　9, 22
市場像　84
持続可能（サスティナブル）
　　139
持続可能性　104
持続可能な開発　146
私的独占の禁止及び公正取引の確
　　保に関する法律　→独占禁止
　　法
自動受発注システム（EOS）　90
品揃え形成　28
品揃え物　28
ジニ係数　183
資本の自由化　55
地元民主主義　57
社会階層　100
社会経済的マーケティング論　44,
　　49
社会的規制　159, 160
社会的有効性　59
社区団購　189
集合消費論　101
十大総合商社　68
集中貯蔵の原理　25
需給結合機能　14
需給調整機構の３つのタイプ　78
授業料実質無料化　118
使用価値　82, 84, 86
商慣習　139
商業　3
商業・手工業基本法　→ロワイエ
　　法（仏）
商業改善区　→ BID
商業活動の本質　26
商業経済論　25, 32
商業資本　33
商業資本の回転　35
商業資本の排除　36
商業者　3, 12, 24
商業手工業の振興・発展に関する
　　法律　→ラファラン法（仏）
商業統計表　17
商業の社会性　33, 37, 38
商業の統合　13

商業の排除傾向　25
商業の分化　12
商業労働　35
商圏　16, 20, 133, 145
商権　68
商工族　55
商社　15
商集法　156
小振法　10, 162
商調法　54
商店および商店街診断　162
商店街　17
商店街近代化事業　162
商店街振興組合法　162
商店街の活性化のための地域住民
　　の需要に応じた事業活動の促
　　進に関する法律　→地域商店
　　街活性化法
消費期限　137
消費財　2
消費者アイデンティティ　103
消費者主義　81
消費者信用　46
消費者の命がけの跳躍　87
消費者便益最小化　139
消費の社会歴史的なパターン化
　　103
消費文化　49
消費文化理論　102
消費欲望の二面的性格　83
商品　2
商品が運ばれる際に使用した機材
　　9
情報縮約・整合の原理　24
情報処理モデル　98
賞味期限　137, 138
静脈流通　148
剰余価値　32, 34
食品廃棄禁止法　171
食品廃棄物　136
食品リサイクル　142
食品ロス　136
食料充足率　130
ショッピングセンター（SC）　17,
　　30, 66, 96, 101, 158, 174
ショッピングモール　175
所有権移転機能　6
仕分け・集積・配分・取り揃え
　　28

新行革審　60
「真空地帯」論　31
振興―調整モデル　11
新小売り　189
新流通ビジョン　157
垂直的マーケティング・システム
　　108
スーパーセンター　174
スーパーマーケット（スーパー）
　　13, 18, 54, 64, 167, 176, 190
3R　137
座り込み　58
生協　17
生産物流　9
生産力　82
製販統合　75
製販連携　75
政令指定都市　58
世帯　114
セリ　9
セルフサービス方式　66, 176
仙台市　57
全米マーケティング教職者協会
　　→ NAMT
専門商社　15
専門品　2
戦略的マーケティング　47
総合事業　69
総合商社　15, 68
総合スーパー（GMS）　18, 66
相殺　82
創出効果　116
総付景品　111
争点（選択ルール）選択効果　86
ソーシャル・キャピタル　127,
　　143
ソーシャル・マーケティング　48
ゾーニング　177
その他誤認されるおそれがある表
　　示　111

タ行

第1次石油危機　57
ダイエー・松下戦争　70
大規模小売店舗における小売業の
　　事業活動の調整に関する法律
　　→大店法
第3次産業　114
大衆百貨店　166
代替効果　116

大店法　11, 19, 67, 159
ダイナミックプライシング
　　（Dynamic Pricing）　139
第2次産業　114
対面販売方式　67
大量廃棄　105
到家（ダオジャ）　189
タオバオ　188
建物主義　56
多頻度小口配送　18
打包（ダーバオ）　140
地域商店街活性化法　162
チェーンオペレーション　20, 66,
　　72, 176
チェーンストア　20, 90, 166,
　　176, 188
チェーンストアシステム　13, 20
地産地消　151
地方百貨店　18
チャネル　8
中間組織論　39
中小企業基本法　162
中小小売商業振興法　→小振法
抽象的欲求　82
中心市街地活性化基本計画　161
中心市街地活性化促進プログラム
　　163
調達物流　9
直接流通　8
沈殿　83, 86
通達　59
低圧的マーケティング　46
定期市　22
抵抗　82
ディスカウントストア　174, 178,
　　190, 195
デジタル化　184
データの商品化　40
テナント　67
デマンド・マネジメント　139
伝達機能　7
電鉄系百貨店　18
伝統市場（在来市場）　190, 194
伝統商業集積　184
店舗等集団化事業　162
等価交換　34
動脈流通　148
当用買　17
ドギーバッグ（doggy bag）　140

特殊指定　107
特殊的・排他的欲望　82
独占禁止法　10, 54, 95, 106, 109, 110, 112
独占禁止法　106
独占的産業資本　36, 38
特定商業集積法　→商集法
特定デジタルプラットフォームの透明性及び公正性の向上に関する法律　113
届出制　57
苫小牧市　57
豊中市　57
ドライヴ　171
取引流通（商流）　159

ナ行

仲卸業者　139
21世紀に向けた流通ビジョン　157
『21世紀の資本』　122
日米構造協議　61
日本の温室効果ガスの総排出量　146
ネットスーパー　18, 128
ネットワーク型調整機構　79
農協　139

ハ行

バイイングパワー　139
配給　36, 38
配給過程　25
ハイパーマーケット　166
売買集中の原理　33
売買の社会的集中　33, 36
売買の社会的集約化　25
80年代流通産業ビジョン　59, 156
『発展する中国の流通』（2009）　188
パートナーシップ　91
バリューチェーン　68
販社　74
反トラスト法　106
販売機会　137
反ハイパーマーケット運動　167, 170
販売物流　9
非価格競争としてのマーケティング　43
非関税障壁　60

ビッグデータ　93
人手不足　120
百貨店　18, 54, 66, 74, 178, 186, 190
百貨店法　54, 159
平岩レポート　61
開かれつつ閉じられている　85
品質リスク　137
ファストファッション　104
不安定化を促進する法律　117
フィンテック　92, 96
フードサプライチェーン　136, 144
フードデザート　126, 136
フードバンク　142
フェアトレード　151
不完全競争　42
福祉チャネル　143
副次的属性　83, 85
不公正な取引方法　10
不公正な取引方法の一般的指定行為類型　107
不正競争防止法　111
不生産的労働　35
物的流通（物流）　159
物流機能　6
物流センター　70
不当景品類及び不当表示防止法　→景表法
不当な取引制限　10
プラザ合意　60
プラットフォーマー　40, 94, 112
フランチャイズシステム　71, 138
フランチャイズチェーン　21
ブランディング　137
ブランド　143
ブランド間競争　109
ブランド経営者の命がけの跳躍　86
ブランド内競争　109
フリー労働　41
プロキシミテ　171
文化　83
平均所得金額　115
返品や仕入れの慣習等　7
貿易黒字　60
貿易自由化　55
法定行為類型　107

法律による規制　19
他でもあり得る可能性　50
補完効果　116
保護主義　61
ポストペイ　97
ポストモダン　99
ホスピタリティ　140
ボランタリーチェーン　11, 20, 78, 162, 180
ボリュームディスカウント　176
ホールセールクラブ　174
本質的使用価値　83
本質的使用価値　86

マ行

マイ・カスタマイゼーション　77
前川レポート　60
マクロマーケティング　49
マーケットセグメント　100
マーケティング概念の拡張論　48
マーケティング科学哲学論　45
マーケティング科学論争　45
マーケティング戦略　47
マーケティングと消費の相互関係　82, 84
マーケティング・マネジメント　47
マーケティング・ミックス（4P）　31, 47
マーチャンダイジング　46
まちづくり　16, 23
まちづくり会社　156
まちづくり三法　11
まちづくり政策　11
マネジリアル・アプローチ　45, 48, 80
マネジリアル・マーケティング　45, 47, 81
見えないコスト　139
見切り販売（Mark Down）　139
道の駅　8, 23
無店舗小売業　16, 19, 186
無店舗販売　31, 187
メーカー主導型流通　74
メガフランチャイジー　21
モジュール化　77
モノの生産者と消費者の分離　4
最寄品　2

ヤ
行

屋台　185
誘引と貢献　80
優越ガイドライン　112
優越的地位　112
有利誤認表示　111
優良誤認表示　111
夜市　185

ラ・ワ行

ライブEC（直播電商）　189
ライフスタイル　101
楽天市場における配送料無料化
　　113
ラファラン法（仏）　170
リアルデータ　95
リサイクル　105
リーマンショック　116
流通・取引慣行ガイドライン
　　109

流通インフラ革命　90
『流通革命』（1962）　64
流通機能　6
流通近代化政策　10
流通経済研究所　136
流通経済論　159
流通系列化　9, 13, 39, 70
流通コングロマリット　168
流通サービス水準　27
流通サービス論　26
流通産業の近代化　192
流通産業発展法　192
流通システム化政策　10
流通システムの延期化　77
流通システムの多元的発展　74
流通段階　12
流通とまちづくり　159
流通の外的形式面への介入　159

流通の内的活動面への介入　159
流通や商業の外部性　159
量感陳列（Volume Display）
　　137, 139
リレーションシップ・マーケティ
　　ング　49
ルールは遅れてやってくる　84,
　　86
歴史的に沈殿した属性　85
レギュラーチェーン　20
レコメンデーション　93
ロイヤリティ　21, 151
労働力　80
労働力率　183
六斎市　22
ロワイエ法（仏）　170
ワンストップショッピング　18,
　　66

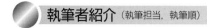
執筆者紹介（執筆担当，執筆順）

番場 博之（ばんば・ひろゆき，編著者，駒澤大学経済学部）第1章・第2章・コラム1

大野 哲明（おおの・てつあき，編著者，駒澤大学経済学部）第3章・第8章・コラム8

河田 祐也（かわた・ゆうや，熊本学園大学商学部）第4章・コラム2

中西 大輔（なかにし・だいすけ，駒澤大学経済学部）第5章・第9章・コラム3

廣田 誠（ひろた・まこと，大阪大学大学院経済学研究科）第6章・コラム4

田中 彰（たなか・あきら，京都大学大学院経済学研究科）第7章・コラム5・コラム12

吉村 純一（よしむら・じゅんいち，駒澤大学経済学部）第10章・第11章・コラム6

野木村忠度（のぎむら・ただのり，千葉商科大学商経学部）第12章

森脇 丈子（もりわき・たけこ，流通科学大学人間社会学部）第13章

岩間 信之（いわま・のぶゆき，茨城キリスト教大学文学部）第14章・コラム9

小林 富雄（こばやし・とみお，日本女子大学家政学部）第15章・コラム10

武市三智子（たけち・みちこ，東洋大学総合情報学部）第16章・コラム11

佐々木保幸（ささき・やすゆき，関西大学経済学部）第17章・第18章

天野恵美子（あまの・えみこ，関東学院大学経営学部）第19章・コラム7

鍾 淑玲（Chung Sulin，東京工業大学工学院経営工学系）第20章・コラム14

金 度渕（Kim Doyon，大阪商業大学総合経営学部）第21章・コラム13

やわらかアカデミズム・〈わかる〉シリーズ

よくわかる流通論

2022年12月20日　初版第1刷発行　　　　　　　　　　〈検印省略〉

定価はカバーに
表示しています

編著者　　番　場　博　之
　　　　　大　野　哲　明
発行者　　杉　田　啓　三
印刷者　　江　戸　孝　典

発行所　　株式会社　ミネルヴァ書房

607-8494 京都市山科区日ノ岡堤谷町1
電話代表 (075) 581 - 5191
振替口座 01020 - 0 - 8076

共同印刷工業・新生製本

ISBN978-4-623-09327-4
Printed in Japan